教育からみる南アジア社会

交錯する機会と苦悩

押川文子 監修

小原優貴—茶谷智之—安念真衣子—野沢恵美子 編著

玉川大学出版部

監修のことば――「多様性」を越えて

押川文子

南アジアの社会や文化を表す常套句の一つに「多様性」がある。教育に関してもこの言葉が当てはまる状況があることは、本書第Ⅰ部に素描された様々な教室の風景にも如実に表れている。１９９０年代に入ったころから機会があればインドの学校を見学してきた筆者の記憶のなかでも、その町や村、人々の様子や景色、子どもたちや先生たちの表情、辺りの匂いや音とともに、一つひとつの実に「多様な」学校の光景が思い浮かぶ。抽象化された「教育」という言葉や統計数字からだけでは教育現場の現実がわからないのは、おそらく世界のあらゆる地域に共通しているが、とくに南アジアではその感が強い。

ただこうした「多様性」に驚くのは、学校の標準化・均質化が進んだ日本の経験をもとにしているせいかもしれない。数年前にデリーの政府系初等学校の先生たちに「日本の学校」について訊かれて、なんの躊躇もなく手持ちのノートに校舎、校庭、体育館、プール、校門の桜と遊具、ランドセルを背負った子どもたちといった「日本の小学校」の絵を描きながら、「小学校」という語が定型化したイメージに直結するほど標準化している社会と、目の前の「多様な」インドの学校との対比が意味することをあらためて考えさせられた。それは国中の学校が標準化すればよい、ということではない。日本の学校教育は確かに大きな達成だが、そのなかで捨象されてきたものや「なかった」ことにされてきたもの、問われなかったことも多い。また同時に、学校には多様性が必要だといった単純な議論でもない。「多様性」が格差や分断に直結しやすいことも周知の事実だろう。学校は、その社会の個人、家族、コミュニティや社会、そして国家の関係の縮図であり、一つひとつの学校は、それが「標準的」であれ「多様性を持つ」ものであれ、それぞれの社会の構造や歴史が生み出した制度のなかにあることをあらためて痛感したのだった。

この「多様性」の持つ意味を考えるうえで最初の手がかりは、それぞれの社会でこの語がどのように使われているのかをみることかもしれない。現代日本において「教育の多様性」は、まずなによりもそれぞれの特性やバックグランド、あるいは志向性といった「子ども」一人ひとりの多様性や意思の尊重とそれに対応した教育の可能性の課題としてとらえられている。海外にルーツを持つ子どもたちに教育機会を保証するといった場合でも、子どもたちを育ててきた文化やコミュニティの紐帯がこの社会のなかの「多様性」として共存しうる方策を拓くよりも、それを子ども個人の問題として、つまりその子どもの「学校への適応性」の問題としてとらえがちである。海外にルーツを持つ子どもたちが集中する地域などにおける先進的な試みを除けば、こうした子どもたちへの対応は、日本語補習授業といった日本の教育環境への順応支援、言い換えれば平準化した教育を暗黙の前提としつつ「一つの学校教育」への包摂を意味することが多い。

日本の状況とは対照的に南アジアの場合、ほぼすべての国家において「多様性」という語は、歴史的にも、また現在の社会、政治状況の文脈でも、宗教、言語、カーストなどなんらかの特性を持つ集団の位置づけをめぐるキーワードとして使われてきた。それは多くの宗教や言語、コミュニティが並列的に存在し、共存しているという意味ではない。この語が意味を持つのは、それら複数の集団の間に多数派と少数派、権力を持つものと持たないもの、支配的な言語とそれ以外の言語といった明らかな力の差とアイデンティティをめぐる厳しい対立の歴史が存在したからである。多様性の尊重とは、弱者が求めるスローガンであると同時に、強者がその正当性を得るために許容した弱者への配分と配慮の範囲を示す語でもある。社会的文化的な多様性にもまして、経済的格差とそれにともなう生活様式の差異も大きい。南アジアの学校が「多様」なのは、こうした社会階層による分断が学校に直結しているからである。そのことを如実に示すのがミディアム（教授言語）であろう。植民地期にすでにエリート層の教育として英語による学校システムが成立していたインドでは、独立後に地域言語による教育普及が推進されるなかでも英語ミディアムの私立学校は縮小することなく発展し、とくに１９８０年代に入るころからは、教育の普及と学歴重視の同時進行のなかでむしろ拡大を続けた。本書にも言及されているような認可条件を満たさないような「英語ミディアム」無認可校が顕著に増加し始めたのもこのころからである。その結果、教室で使われる言語をみると、その地域の主要言語に加えて、英語（「正しい」英語から英語混じりの現地語まで）、さらに少数民族言語などが不均等な力関係のもとに併存することになる。日本では、戦前の階層的制度に代わって導入された「平準的」な学校制度のもとで、学校教育を通じた格差の生産・再生産が学校ブランドや暗黙の序列といった見えにくいシステムのなかで拡大することになった。対照的に南アジアでは、学校そのものの「多様性」として表面化することになったのだった。

ただ、集団が強調されると、個人はむしろ霞んでしまう。数学が嫌いな子どもや歴史暗記よりも空を見上げる方が好きな子どもはあらゆる集団にいるはずだが、その子どもたちの学校は、とくに弱者の場合は、その属性でほぼ決まってしまい選択の余地はほとんどない。南アジア社会は、たとえばガーンディーの基礎教育論やラビンドラナート・タゴールの自然から学ぶ全人教育など近代教育への批判的まなざしを持ち小さな人々の学ぶ力を基盤にしようとする魅力的な教育哲学や実践も数多く生み出してきた。しかし現実としての学校は、この集団の「多様性」を前提にして存在し、教育現場では試験重視、記憶力重視の画一的な運営が圧倒的に優勢という状況が続いている。

学校の「多様性」は、別の視点からみると、学校と「社会」の近さ、直接的なつながりを示しているともいえる。子どもは家族や育った環境の延長線上に、似たようなバックグラウンドを持った友だちと学ぶ。バス通学で遠くの学校へ通っている場合も、距離は遠くても社会的にも経済的にも学校は家庭や育った環境に似た場である。南アジアの学校、とくに初等学校を訪問する多くの人々が語る子どもたちの明るさや生き生きした振る舞いの一因は、この学校と子どもたちの普段の生活との近さにあるような気もする。厳格な近隣学区制をとる日本の公立小学校は、距離としては家から近いものの、実はどの子にとっても現実とは少し切り離された「学校空間」であり、それなりの振る舞いを求められる社会的な場である。子どもは本来的に平等であるとする戦後民主主義教育の最大の理念のもとで、子どもたちの背後にある社会的、文化的、経済的な背景、さらには「学力」差を、可能な限り見せない工夫が凝らされてきた。このある意味では創られた学校空間のなかで、子どもたちはその空気を読みながら、普段そのままではなく少し調整された「子どもらしい良い子」を目指して社会化されることになる。

こうした南アジアと日本で大きく異なる学校と子どもたちの日常の距離は、どのように考えればよいのだろうか。南アジアと日本の学校の情景を思い浮かべながら、いつもこれという考えがまとまらない。学校は、現実の社会の過酷な状況をそのまま反映した場であってはならない。多様性を名目に、恵まれない子どもたちが学びの場を選べないこともあってはならない。そのことは確かだろう。しかし同時に、学校が「子どもは平等」として保護され創られた空間であることは、とくに現実がより過酷になり、子どもたち一人ひとりの持つ現実の多様性がより大きくなれば、さらに多くの「標準」で縛られる現実から乖離した空間にならざるを得ない。そしてその現実と「学校空間」を毎日行き来する重荷は子どもたちが背負うことになる。

学校が社会の縮図である以上、こうした問題は社会の現実が変わらない限り抜本的には解決できないのかもしれない。ただ、たとえ理想の社会の実現が今すぐできなくても、社会の側、とくに政治や行政にも、また学校自体にも、学校と社会の現実の接点をよりバランスのとれたものにするためにできることはたくさんある。また本書にも描かれているように、制度の不備や恵まれない状況のなかでも、それぞれ持てる資源を最大限に活用しながら自らの学びの場を確保する様々な動きも存在する。南アジアの学校教育は、遠い社会の特殊な事例ではなく、日本の学校教育を含めた現代社会の「教育」に普遍的な課題を示している。南アジアの学校教育を多面から素描する本書が、「南アジア的」「インド的」「多様性」といった安易なレッテルを越えて、現代世界の子どもたち、教育、学校、そして制度としての近代学校教育に通底する課題を考えるための一助になることを願っている。

はじめに

南アジアの教育へのまなざし

２０１６年にインド、ビハール州で起こった集団カンニングのニュースは、世界各地のメディアで衝撃と好奇心をもって報道された。何十人もの成人男性が、５階建ての試験会場の各部屋の窓にかけたロープを伝って外壁をよじ登り、教室にいる息子や娘たちに向かって、次々とカンニングペーパーを窓から投げ入れたのである。中等教育段階で実施される共通試験でのカンニングは、ビハール州の報道以降もインド各地で告発されている。このようなカンニングはなぜ起こるのだろうか。その背景には、「学校化」が進む南アジアの教育が直面する変化と課題があるように思われる。

押川・南出（２０１６）によると、学校化社会とは、「学校が当然になるとともに、社会のさまざまな側面で『就学したこと』や『就学によって得られる資格』が必要とされ」、「学校経験が個人を計る有効な手段となった社会」である。南アジアの労働者の多くは、高い学歴を必要としないインフォーマルな中小零細企業に従事するが、学校化が進むなか、少しでも差別化を図ろうと、より高い学歴や資格を求める動きがみられる。とりわけ中等教育の修了資格は、多くの公的雇用の必須条件であり、大学の入学選抜にもかかわる。親たちは、こうした学歴や資格が提供しうる可能性に期待して、我が子が1点でも高い得点を獲得できるように、カンニング行為に走ったのかもしれない。あるいは、親たちの行為は、南アジアにみられる「学校化」に付随する諸問題から生じたものかもしれない。南アジアでは、経済発展や教育の普遍化政策、それにともなう国民の教育熱の高まりによって、学校の拡大が進んできた。しかしながら、急速な就学人口の増加に、予算や教員の確保が追いつかず、たとえば、インドの公立学校では、1教室で複数の学年を同時に教える複式学級や、無資格教員の雇用などが進み、教育の質が担保されないまま「学校化」が進められてきた。教員の育成・支援体制も十分ではなく、とりわけ公立学校では、教員の欠勤や指導力の問題がしばしば指摘されている。カンニングは、こうした日頃の学校教育の問題が要因となっているのかもしれない。いずれにしても、家族やときに親族をも巻き込んで行われる集団カンニングは、教育を渇望する人々の切迫感を象徴している。学校化が進む南アジアにおいて、教育は社会参加の必要条件となり、生存競争に欠かせない重要な要素とみなされつつある。

集団カンニングの様子は、日本のメディアでも報道されたが、こうした南アジアの教育を取り巻く社会変化や課題について踏み込んだ解説はなかったように思う。集団カンニングの映像を見た人々の目には、衝撃的な映像のイメージとともに、モラルの低い一部の市民が起こした不可思議な珍騒動として映ったかもしれない。カンニングの報道の例にみるように、複雑な様相を呈する南アジアは、外部者にとって理解しがたく、極端なイメージや先入観に基づいて、都合よく表象されたり、十分な背景説明もなく、受け手に間違った印象を与えたまま解釈されてしまったりすることが少なくない。たとえばそれは、「児童労働、児童婚が世界で最も多いインド」や「女性に差別的なパキスタン」といった「人権問題を抱える南アジア」であったり、それとは対照的な「経済大国インド」や「幸福の国、ブータン」といった「魅力に満ちた南アジア」であったりする。これらは南アジア社会の一面ではあるが、その多様な実態を反映した説明ではない。

また南アジア社会を体系的に紹介する書籍は、絶えず刊行されているものの、本書で扱う教育については、経済や社会に関する書籍のなかでサブカテゴリーとして位置づけられるか、概説的、断片的に紹介されることが多く、中心的に扱われることはほとんどない。教育は社会の縮図でもあり、そこには、各国の歴史、政治、経済、文化、イデオロギーをみてとることができる。何より、教育の場は、未来の社会を担う人材を育成する場であり、そこで生じる変化は、各国の将来を見通す手がかりとなる。本書では、多様な社会階層、宗教、民族、言語、カーストによって構成される南アジア社会のありようを、その発展の鍵を握る教育を通してみていくことにしたい。

本書のねらいと背景

南アジア社会は、その文化的多様性や顕著な格差などから特殊な社会として理解されがちである。しかし、教育という行為はどの社会にもみられる普遍的な営みであり、南アジアの教育においても、グローバルな共通現象がみられる。今日南アジアでみられる教育格差、教育の市場化、学力問題、英語教育の拡大、マイノリティの教育保障などは、事象の現れ方こそ違っても、国際社会が共通に直面する教育課題である。本書では、教育という営為に内在する課題やグローバルな共通現象を念頭に置きつつ、制度と社会の視点から南アジア諸国の教育の変化と課題を読者とともに考えていくことをねらいとしている。

南アジアの「学校化」については冒頭でも触れたが、重要な点として、それがすべての人に均質的な教育が平等に提供されるように進められているわけではないことを強調しておきたい。南アジアでは、政府の教育機関だけでは、国民の多様な教育ニーズに応えることができず、NGO、宗教組織、私立学校、民間組織、起業家、外国機関など、様々なアクターによって教育の多様化が進められてきた。とりわけ、1990年代以降は、経済発展による中間層の拡大に後押しされ、就学前教育から高等教育に至るまで、民間の教育機関の設置が急速に進められてきた。しかし、政府の統制が十分に行き届かず、これらの教育機関の質的実態は玉石混淆である。とくに高等教育における民間の教育機関の乱立は、「教育格差」や「教育の質」の問題のみならず、教育と雇用のミスマッチを悪化させ、多くの高学歴失業者を生み出してきた。

南アジアの教育の多様性は、言語や宗教などによっても形成されてきた。教育の場では、国民統合、グローバル化への対応、マイノリティの権利保障などといった国や地域の様々な文脈のなかで、公用語、英語、地域や民族の言語などが、選択され、使用されている。また南アジアでは、様々な宗教組織が公教育制度の内外で、多様な形態の教育を提供しており、世俗学校とは一線を画した宗教系学校もある。

個人や社会の視点から捉えると、「学校化」の進展によってもたらされた教育期間の長期化は、「学歴や資格」の獲得だけでなく、新たなネットワーク構築や、アイデンティティ形成、自己変容のための時間の確保にもなっている。なかには、就業、結婚後も教育を継続する者もみられる。

こうした「学校化」が進む南アジアにおいて、国家や、多様な社会階層、宗教、民族、言語、カーストに属する個人や集団は、教育に何を期待し、どのように関与しているのであろうか。その根底には、どのような意図や意識があるのだろうか。その教育的営為の総体は、南アジア社会にどのような変化をもたらしているのであろうか。教育にはどのような可能性があり、どのような限界があるのであろうか。本書は、これらの問いを検討するための手掛かりとなる様々な事象と視角を、教育学・地域研究・文化人類学などを専門とする執筆者陣の豊富なフィールドでの考察を交えて提供するものである。ここで紹介する「南アジア」は、多様な様相を持つこの地域の一部に過ぎないが、都市や農村における（あるいはそれらをまたぐ）教育のみならず、国際的な教育の動きも視野に入れて、異なる局面から南アジアの教育を捉えている。本書では、国家、政党、市民組織、宗教、民族、カースト集団、女性、無国籍者、障がい児、ストリートチルドレン、貧困層など、多様なアクターの視点から、南アジアにおける教育の意義や問題点を考えていきたい。

本書の構成と概要

本書は、南アジアの教育を「学びの風景」「教育熱」「言語――階層・国家・グローバリゼーション」「教育と市民形成の諸相――国家と社会のかかわり」の4部構成で紹介していく。各部を構成する複数の章では、各部のテーマに関連する様々なトピックを、執筆者陣のフィールドでのエピソードや写真なども交えて紹介する。各部の冒頭では、各章の内容をどのように関連づけて読めばいいのかを、各部のテーマに関する南アジアの動向などに触れながら示している。

まず第Ⅰ部「学びの風景」では、南アジアの多様な学校の教室空間（教員や生徒の様子、教室内の掲示物など）、制服、登校の様子、行事の様子などから、南アジアの教育の現状と課題、そして人々の教育に対するまなざしを紹介する。続いて、第Ⅱ部「教育熱」では、南アジアで高まる「教育熱」の様相を、人々が教育に何か期待をし、それを追い求める諸要因や社会状況をふまえて描く。第Ⅲ部「言語——階層・国家・グローバリゼーション」では、多言語社会南アジアにおける言語と教育の諸相を、公用語、国語、地方語、母語、英語の位置づけや、言語と国家、社会階層の結びつき、英語教育が南アジア社会にもたらす影響の二面性などに触れつつ紹介する。そして第Ⅳ部「教育と市民形成の諸相——国家と社会のかかわり」では、南アジア諸国における国家主導の公教育制度の特徴と課題、それを補完する公教育制度外の教育について紹介するとともに、教育が多様なマイノリティにもたらした変化と新たな課題を示し、南アジアにおける市民形成の諸相に迫る。

本書の巻末には、南アジア各国の「教育の現在」を統計データをもとに客観的に把握するため、7か国の基本情報と教育に関するデータを一覧で整理している。一覧からは、南アジアにおける教育格差、宗教、言語の多様性、主要産業などを読み取ることができる。南アジアの教育に関するデータは、国連教育科学文化機関（UNESCO）などの国際機関や各国政府が整理しているが、いくつかの項目については、データの欠損や妥当性の問題がみられた。そこで、本書では、各国の専門家の協力を得て、各国政府あるいは国際機関が発表するデータのうち、より信頼性の高いデータでできる限り最新のものを適宜選択し、掲載するように努めた。そのため、教育データに関しては、同じ項目であっても、国によっては、発表年や出所が異なり、7か国を横並びに比較して解釈するデータにはなっていないことをあらかじめ断っておきたい。

巻末ではさらに、南アジアの教育と社会についてより深く学びたい初学者のために、「南アジア社会一般」「教育制度と学校」「農村社会と教育」「教育と若者」「ジェンダーと教育」「言語と教育」「貧困・格差と教育」「政治と教育」というテーマ別に整理した関連資料・文献を紹介している。リストのなかには、テーマに関連する映画も含めているので、ぜひ、関心を深めるきっかけにしていただきたい。

南アジア諸国のプレゼンスが増すなか、世界各国は政治的、経済的、社会的、文化的な理由から、南アジア諸国との連携や交流を積極的に進めてきた。同じアジアに属しながらも、言葉の壁から西欧諸国に遅れをとってきた日本では、日系企業の進出や、大学や高校レベルでの教育交流が徐々にではあるが進められてきた。こうした南アジアとの接点の増加が影響してか、南アジアに拠点を置く企業に新卒で採用される若者も出てきている。ネパール人留学生の増加や、東京の西葛西に形成されたインド人コミュニティにみるように、南アジア諸国との接点は国内でも増加してきた。

コロナ禍の2022年現在、物理的な移動や、対面での交流の制約から、南アジア諸国が、以前にも増して、より遠い存在に映る読者もいるかもしれない。しかし、国境や地域を越えた交流は、オンラインでの交流に切り替わり、コロナ禍においても、断絶することなく、継続されている。むしろ情報技術の活用が積極的に進んだことで、地理的な制約がなくなり、より交流が進めやすくなった側面もある。こうした状況からも、南アジア諸国は、（とりわけ英語教育を受けた）若者人口の増加とその潜在力から、コロナ禍やポストコロナの時代においても、国際社会の関心の対象であり続けると考えられる。現地に赴くことが困難な今、本書を通して、読者が様々な課題を孕みながらもダイナミックに変化する南アジア社会の一端を、多様な教育のありようやそこに見出される人々の活力やしたたかさから感じ取り、南アジア社会について理解を深めるきっかけとなれば幸いである。

編者を代表して　小原優貴

◉参考文献

押川文子・南出和余（編著）、2016、『「学校化」に向かう南アジア―教育と社会変容―』、昭和堂。

教育からみる南アジア社会——交錯する機会と苦悩◉目　次

第Ⅳ部　教育と市民形成の諸相——国家と社会のかかわり……177

第Ⅰ部

学びの風景

地域の広場を兼ねるネパールの公立学校の校庭（2013年安念真衣子撮影、ネパール、カブレパランチョーク郡）

パキスタンのカラーチー市スラム地域のノンフォーマル学習の場（2018年小野道子撮影、パキスタン、カラーチー）

スクールバスで通学する私立学校の子どもたち（2009年小原優貴撮影、インド、デリー）

読者のみなさんは〈南アジアの学校〉というと、どのようなイメージを浮かべるだろうか。自身の学校体験をもとに、日本の小学校のような、地域の避難所にもなる校庭や体育館を備えた学校を想像するだろうか。あるいは、小規模の青空教室を想像するかもしれない。そもそも学校に通うのは一部の子どもだけだろうと想像する人もいるだろうか。第Ⅰ部「学びの風景」は、みなさん自身が抱いている〈南アジアの学校〉像と比較しながら読むと興味深いだろう。

第Ⅰ部では、南アジア地域において学びの場がきわめて多様な様相にあることを示す。学びをめぐる場面は数多くある。たとえば、学校に行って帰宅するまでの一日を想定してみよう。学校の始業と終業は何時ごろか、何を着て登校するか、誰とどのような手段で通学するか、朝礼や全校集会の様子はどうか、教室内には何人の児童生徒がいるか、どういう椅子や机や教材を使用するか、壁や黒板の掲示物はどのようであるか、教師の指導は何語でどのようになされるか、子どもたち同士は何語で意思疎通するか、休み時間にどう過ごすか、給食はどこで何を食べるか、どのような学校行事が行われるか、帰宅後にどのような自宅学習が期待されているかなど、挙げればきりがない。

しかし、こうした具体的な場面こそが南アジアの学校教育と、それに向けられている南アジアの人々の視点を紐解く鍵なのである。なぜなら南アジアの人々にとって、想像される「学校」なるものは分断されており、費用、言語、教育の質などの違いゆえに「標準化された学校のイメージ」はないからだ。南アジアにおいては、教育段階、都市と農村という立地、公立学校と私立学校、通学者の経済階層の違いなどによって、それぞれ想起される学びの風景が異なる。農村の公立学校と都市の私立学校とでは通学方法も校舎の設備も校庭での遊び方も異なり、そこに通う子どもたちの学校経験は全く違ったものになる（第1章・安念）。富裕層に向けて国際的なカリキュラムを採用し、教授言語を英語にするような私立学校もあれば（第2章・深町）、貧困層や無国籍者の学習機会を保障するためにＮＧＯやコミュニティが運営するノンフォーマル学校もある

（第3章・小野）。学費も求められる学力も千差万別な私立学校が幾重にも設立されてきた要因のひとつに、公立学校の教育に対する不満と不安が挙げられる。教育産業が発展し学校が多層化したことを受けて公立学校もまた教育の質の向上という目標に取り組んでおり、就学前教育の掲示物にもその努力は表れる（第4章・茶谷）。

南アジアにおいて、学校それ自体が多様に存在すると同時に、学校には様々な背景の子どもたちが集まることで彼らの社会に対する視野を広げる側面もある。学校行事は子どもたちにとって宗教的多様性や国民としてのアイデンティティを学ぶ機会となる（第5章・小原）。栄養水準の改善や就学率の向上などの目的で開始された給食は、共食の慣習を客体化する学びの機会という面も持つ（第6章・辻田）。多層的に学校が創立されたことは就学率の向上に貢献したものの、他方では社会経済的条件によって通学可能な学校が限定され、学校が同質の社会階層の子どもが集う場となってしまうことでこうした機会が奪われかねないと危惧もされる。

教育を受けた先に、子どもたちは何を想像しているのだろうか。誰もが「より良い将来」を期待するわけだが、どのようなロールモデルが存在するのだろうか。教師は具体的な仕事像として子どもたちの身近な存在である（第7章・古田）。また、過熱する教育競争を勝ち抜き高学歴になった女子学生が、既存の規範を利用したり読み替えたりしながら主体的かつ戦略的にムスリムファッションを着こなすさまに、教育を受けた若者の活力を感じることだろう（第8章・南出）。

第Ⅰ部を通じて、今日の南アジアの教育の現状と課題、そして人々の教育に対するまなざしに触れ、〈南アジアの学校〉の像を新たに描いてもらえるのではないだろうか。

（安念真衣子）

第1章

どの学校に通ったか？
――公立学校と私立学校の光景にみるネパールの学校間格差

安念真衣子

1　農村の公立学校の光景――通学路・校庭・校舎・教室・制服

2010年に当時大学院生だった筆者は、ネパールで3人の女子学生に連れられて、彼女たちが通うA公立学校を初めて訪問した。段々状に切り開かれた丘陵地の、頂上に位置する学校までの道のりはとても険しく感じられ、往路はゆっくりと登ることができたものの、下り坂となる復路は急斜面を迂回してなだらかな道路を通った記憶がある。当時、第1学年から第10学年（現在は第12学年）まで運営されていたその学校に、子どもたちは毎日急峻なこの道を通うのかと感心したものだ（写真1）。

丘陵地の頂上はひらけていて、この学校の広々とした校庭となっていた。休み時間には子どもたちが走り回ったり木登りをしたりしている。サッカーボールが大きく飛ぶと、あっという間に斜面を転がり落ち、ボールを追いかけて子どもたちも勢いよく駆けおりる。子どもたちにとっては急斜面も慣れたものだ。都市の私立学校にあるようなグラウンドが整備され遊具が設置されたような校庭でこそないものの、農作業の休憩がてら駆け回る子どもたちを眺める大人たちの姿があったり、ときには村内サッカー大会や村民の会合などで人々が集まったりと、地域の広場ともなっている。

当時A公立学校の校舎は、赤いレンガでつくられた平屋であった（ただし、2015年のネパール大地震により損壊したため、現在は2階建てのセメント造りの新校舎となっている）。校舎の壁面には、青地に白文字で学校名と設立年を記した看板が掛けられている。校庭を囲むようにコの字型に並んだ建物の端には、職員室がある。職員室といっても全教員用の机があるわけではない。奥に校長と教頭の机が置かれ、両壁に沿ってソファーが並んでいる。教員の座席として使われるだけでなく、応接室のように地域の人が訪問して座っている。壁にはネパールの地図、賞状、クリシュナ神とサラスヴァティー神のポスターが貼られ、教頭の机上にはネパール国旗、地球儀、仏像が飾られていた。

写真１　起伏のある通学路（2012年筆者撮影、カブレパランチョーク郡）

ドアを開放して採光する教室には、木製の机と椅子が所狭しと並んでいる。前方には黒板が設置され、低学年の教室にはアルファベットとデーヴァナーガリー文字の一覧表が掲示されている。

子どもたちは、水色やオレンジ色のシャツとグレーのスラックスを制服として着用している。シャツの下にはTシャツやカットソーを着ており、シャツの上にトレーナーやパーカーを羽織っている子どももいる。足元は色とりどりのビーチサンダルだ。荷物をリュックに入れて背負う子どももいれば、ビニール袋に教科書を入れている子どももいる。教科書とノートを脇に抱えペンを耳や髪に刺して登校する子どももいる。

晴れの土曜日には、このシャツとスラックスが、共同水場付近の木や芝の上で干されている。筆者の調査地であるカブレパランチョーク郡の農村では、たいていの子どもたちが保有する制服は1セットであるため毎日同じものを着る。公休日で学校が休みの土曜日には、土汚れや汗の染み込んだ制服を洗濯し、翌日から始まる次の一週間に備えているのだ。

2　都市の私立学校の光景——通学路・校庭・校舎・教室・制服

2015年、首都圏を構成する都市、ラリトプル市にあるB私立学校を訪れた。上述の通り、2010年に一緒にA公立学校を訪れた女子学生のひとりが結婚して同市に在住し、自身の子どもをB私立学校に通学させていたのだ。ときどき土が剥き出しになった部分もあるものの、舗装された道を歩いて向かった。道路の両脇には、3、4階建ての住居が所狭しと並んでいる。通学にはスクールバスが運行され、バスを使わない子どもたちは保護者がバイクや車で送迎している。

写真2　私立学校の校庭（2015年筆者撮影、ラリトプル市）

学校の敷地の周囲には大人の背丈を超えるほどの白い壁が立っている。門の前には、白地に青文字と赤文字で、入学募集のお知らせが目立つように掲示されている。そこには学校名と10点の学校の特徴（①手頃な費用、②アットホームな環境、③児童生徒中心の教育・学習活動、④洗練された校庭、⑤経験豊富で訓練された教師陣、⑥送迎手段、⑦健康的な食事を提供するカフェテリア、⑧男女別の寮、⑨スポーツやその他の課外活動、⑩耐震性のある建物）に加えて、入学者募集中であることとそれにかかる費用が無料であることが強調されている。壁囲いのなかに、校舎と食堂と舗装された校庭がある（写真2）。校庭には、赤・青・白・黄で彩られた滑り台とブランコが設置されている。間隔をあけて、鑑賞用の樹木が数本植えられている。

校舎はセメント造りの平屋で、壁面には、青地に白文字で学校名と住所と私書箱番号を記した看板が掛けられている。ガラス窓のある教室の前には、鉢植えの花が並べられている。筆者が案内された就学前教育用の教室には、色とりどりの画用紙で作成された多くの果物が天井から吊るされ賑やかな雰囲気を醸し出していた。木製の棚に学習教材を入れた青色のかごが置かれ、それぞれデーヴァナーガリー文字、大文字のアルファベット、小文字のアルファベット、計算、読解、作文という名札が貼られている。玩具が入っているかごもある。フローリングの床にはマットが敷かれ、靴を脱いで中に入る。

子どもたちは、白いシャツと深緑のスラックスの制服を着用している。首元にはネクタイを締め、足元には制服の靴下と黒色の革靴を履いている。教材はリュックに入れて背負っている。体操服も学校指定で、白いスニーカーに赤や黄や青の色鮮やかなジャージを着用する。背中には学校名と学校の住所が印字されている。制服のスラックスとシャツ1枚に持ち前の洋服を合わせて着こなす農村の公立学校の生徒の様子に比して、ここでは靴下からシャツの上に羽織るセーターまで、決められた制服をフル装備することで着こなすようだ。

3　教育の質の学校間格差という課題

ネパールではどの学校に通学したかにより子どもたちは全く異なる学校経験をしている。基礎教育（1〜8年生）の純就学率は、2018年の教育科学技術省による統計で92・7％であった。他の南アジア諸国同様に純就学率は100％に近い水準に達し、教育へのアクセスは改善されたが、現在、教育の質の学校間格差が問われている。

私立学校は、2000年代前半にマオイスト運動の影響により学校の閉鎖を迫られたことで一時減少したものの、その後は増加し続け、子どもに少しでも良い教育を受けさせたいと願い学校選択する保護者の期待の受け皿となってきた。この傾向はとくに都市部において顕著であり、首都圏にあたるカトマンズ市、ラリトプル市、バクタプル市の2018年の統計では、学校に在籍する児童のうち私立学校に在籍する児童の割合が基礎教育課程で全国平均の24・6%よりもはるかに高く、67・9%に至っている。私立学校の在籍には地域間格差がある。また、ひとことで私立学校といえどもその内実は学費も設備も多様である。玉石混淆に私立学校が設立されたことでかえって富裕層に限定されずに様々な経済階層の人々が、学校の選択肢を持つようになっているのだ。

無償の公立学校ではなく、家計が許すかぎり教育費を投じて私立学校に通学する傾向の背景には、公立学校の教育の質が批判される一方で、私立学校が公立学校にない教育の特徴を打ち出してきたことがある。私立学校が、英語を教授言語とすることで海外での就労機会獲得の可能性を広げるものとして期待されること、国内での進学や就労の際に重要な試験で好成績を残してきたこと、スポーツや芸術などの多様な課外活動に取り組んでいることなどは、その一例である。

他方で、現在教育の地方分権化が進められている。ネパールでは、連邦民主共和国として連邦制を施行するべく、2015年に新憲法が制定され、連邦を構成する7州が定められた。さらに2017年に施行された地方行政法により、学校教育の権限が地方自治体に移ったことで、公立学校の教育の質を改善するための方策を打ち出す自治体も現れ始めている。教育行政が大幅に変化する移行期を経たあとに、約7割の児童生徒が在籍する公立学校が、誰もが平等な質の教育を受けられる教育機会となっていくのか、今後の動向に注目したい。

◉参考文献

奥川由紀子、2020、「学校制度と教育行政―政府の教育開発への取り組み―」、公益社団法人日本ネパール協会（編）『現代ネパールを知るための60章』、明石書店、188～192頁。

Ministry of Education, Science and Technology, 2018, *Flash I Report 2075 (2018/19)*.

第2章

ムンバイーのインターナショナルスクールと子育て事情
——富裕層と中間層の育児を垣間見て

深町澄子

1　ムンバイーのインターナショナルスクールにおける学校教育

インド南西部の商都ムンバイーは、経済・文化・出版・映画・ファッションなどの中心地として栄え、人口に対する富裕層の割合が高い都市の一つである。海岸道路を高級スポーツカーが颯爽と走り抜けていくその横を、野菜が山積みとなったリヤカーをゆっくりと牽《ひ》く老人の姿が見える。同じ街でありながら富裕層の生活と路地裏の貧困層の生活はあまりに格差が大きい。この街ではそれが当たり前のように共存し、互いに他の領域を侵すことなくそれぞれの役割を果たしているように人々の目には映るのである。ここでは、ムンバイーの富裕層・中間層の生活について紹介する。

インドの社会における富裕層と中間層の定義はとても難しく、その線引きは容易ではないが、とくにムンバイーの富裕層に関しては、インド国内の各州から移住してきた人々が多く、ムンバイーに移住して財を成した財閥企業一族からボリウッドのスターや王族出身者まで、富裕度は様々である。インド国内の財閥系企業や老舗企業の経営者は、富裕層といってよいだろう。富裕層と中間層の境界に、大企業の社員役員や医師や弁護士なども含めた高所得者がおり、企業の会社員やＩＴ企業のエンジニアや公務員・教員などが中間層に位置している。

(1) インターナショナルスクールでの国際バカロレアのプログラムによる学び

富裕層・中間層の家庭の子どもたちはムンバイー市内のいくつかのインターナショナルスクールに在籍している。近年、インドの財閥系や欧米の教育システムを取り入れたインターナショナルスクールへの関心が高まり、多くの富裕層・中間層の子どもたちが幼稚園から小中高を通して私立の一貫校に通っている。

ムンバイーでトップの進学率を誇る財閥系の学校では、国際バカロレア（International Baccalaureate, IB）の教育カリキュラムを採用している。写真1のような「ラーナープロファイル」と呼ばれるＩＢの柱となる10の項目について、子どもたちは「どんな自分になりたいか」「そのためにはどうしたらよいか」を一人ひとり付箋に書き込み、壁面に貼り付けていく。各学年の始まりにクラス全員で分担し、壁面造形に取り組むが、途中で考えが変わったり目標を達成したりすると、新たに付箋を貼り直すことができるのである。校内のすべての教室を見て回ると、学年が上がるにつれその内容は濃くなり、個性も明確に表れてくるのがわかる。このように目標を具現化し視覚化すると、教育課題が明確となり、子どもたちは個々の学習の目的や学習成果について、相互理解を深めながら様々な考えを受容し、協調の大切さを学んでいくのである。

(2) 校内施設と安全管理

ムンバイー市内の富裕層・中間層の子どもたちが通う学校は、広大な敷

写真１　子どもたちによる IB の壁面制作（2020 年 9 月筆者撮影、ムンバイー市内のインターナショナルスクール）

地のなかに、緑豊かなグラウンド、プール、体育館、演劇ホール、講堂、図書館、プレイルーム、カフェテリアなどの施設を備えた大規模校である。なかにはクライミング用の人工壁やライブスタジオやダンスホールなどの施設を備える学校もある。

校舎のまわりは塀や柵などで隙間なく囲われ、校門にはセキュリティの保安員が常駐している。校内に不審者が侵入することができないよう、子どもたちや保護者、教員、スタッフには写真入りのＩＤカードが配布されている。子どもたちの通学には、スクールバスまたは自家用車が用いられ、スクールバスには運転手の他に、２名以上のスタッフが同乗し子どもの点呼を行っている。また、自家用車で通学する場合には、運転手や付き添いのシッターなどの使用人についても同様にＩＤカードが発行され、安全管理の体制が整っている。

教員やスタッフの数が多いのもインターナショナルスクールの特徴である。幼稚園・小学校は1クラス2～3名の教員、中学・高校は担任と副担任からなる。小学校から芸術、体育、理科などには専門の教科担任が、中学・高校ではすべて教科担任制で授業が行われている。その他にも、医務室、エレベーター、廊下、カフェテリア、トイレなど子どもたちが行動するすべてのエリアにインド人のスタッフが常駐し、清掃や警備を行っている。

富裕層の学校選びでは「清潔・安心・安全」な環境であることが第一条件となっている。しかし、同じインターナショナルスクールといえども、施設の充実度や教員の国籍などにより、学校によってその学費は2倍から3倍となるため、中間層の保護者は、家庭の経済状況に見合った学校を選択しなければならない。

（3）国際理解と語学教育

富裕層・中間層の保護者は両親ともに学歴が高く教育熱心であることに加え、富裕層の保護者は自身が留学や海外駐在の経験がある人が多いため、欧米やアフリカ、アジアなどの海外からやってきた駐在員家族の子どもたちを寛大に受け入れている。学校も国際教育に力を入れており、校内では、教員と子どもたちは英語のみを使用する。

ヒンディー語やマラーティー語など現地の言葉での会話は、語学の専門教科以外では原則禁止とするなど、外国籍の子どもたちに対し、排他的な雰囲気が生じないよう配慮されているのである。また、小学校の高学年からは、フランス語またはスペイン語の学習が必修となっており、将来子どもたちが世界で活躍できるよう、語学力の強化は、インターナショナルスクールの使命であると考えられている。

学校教育においては、言語や宗教や性別、また富裕層・中間層の区別なく、子どもたちは公平に学習活動を行うことができ、教員もそれを妨げない。しかし、家庭においては、子どもたちの環境は様々であり親の考え方も千差万別であるため、環境の違いをお互いに理解しながら交友関係を築き、コミュニケーションを図っている。では、家庭での子育てはどのような様子なのだろうか。富裕層・中間層の例を紹介しよう。

2　富裕層と中間層の子育ての違い

(1)　シッターの役割

インド人の富裕層の家庭には、多くの使用人たちがいる。守衛、運転手、料理人、サーバント（男性）、メイド（女性）、シッターなど、その職種は様々だ。なかでもシッターは住み込みで子どもの生活を援助する重要な仕事である。

赤ちゃんが誕生すると、ベビーシッターが雇われる。シッターは、高校を卒業したばかりの女子からベテランの高齢女性まで様々であるが、子どもが女の子の場合は、その子が成人するまであるいは結婚してその家庭を出ていく日まで同じ人が仕えることも珍しくないそうである。また、複数の子どもがいる場合には、それぞれにシッターが付くため、兄弟・姉妹の多い家庭では家のなかが使用人だらけになるということもある。子どもの公園遊びや近所の散歩に付き添うのもシッターの役目である。また家族旅行にもシッターを同伴するなど３６５日、雇い主の家族とともに過ごすのである。

富裕層の住まいは、フラットと呼ばれる高層マンションや庭付きの戸建て、またはビル一棟などである。子どもたちはシッターの援助により、各部屋に備わるトイレやシャワーを使用して着替えやヘアセットなどの身支度を済ませる。また、登校前には、料理人が朝食を用意し、メイドがテーブルをセットし、シッターがそれを食べさせるという至れり尽くせりの分業で、効率よく朝の支度が整えられている。母親は使用人たちに指示を出すだけで、家事は一切行わないのが美徳とされている富裕層ならではの習慣である。

一方、中間層の家庭では、3～4LDKのマンションに住み、運転手が家庭に一人または、自家用車を自分で運転して通勤することが一般的である。使用人の数も少ないため、通いのメイドが一人で掃除、洗濯などの家事全般から、子どもの世話や習いごとの送迎まで行うことが一般的である。コックやメイドやシッターが休みの日曜日には、母親が食事を作ったりチャイやコーヒーをいれたり、買い物や外食、ペットの散歩や公園遊びなどに家族で外出することが多い。

(2) 子どもの「世話」と「教育」の違い

インド人の富裕層・中間層の社会では、乳幼児期の子育てには二つの側面があると考えられている。一つは世話(Caring)、そしてもう一つは教育(Education)である。衣食住に伴う介助や支援は、親以外の他人でも可能であるが、子どもの心を育てるのは親や家族の役割であるという分業が確立している。

このような役割分業の背景には、インド人の生活様式が影響している。インド人の家庭の多くは三世代同居をしており、家族や親族とのつながりをとても大切にしているのだ。家のしきたりや宗教行事や地域の伝統などが、子どもたちが幼いころから大人たちにより伝えられ、とくにヒンドゥー教徒の場合は、神話を引用しながら、祀りごとの意味や善悪の判断、社会のルールやマナーを学ぶのである。

富裕層では、子どもの世話のほとんどをシッターやメイドに任せているが、このように家族や親族一同で子どもの成長を見守っているという自負があるからこそ、他人であるシッターに我が子の世話全般を託すことができる。一方、中間層では、母親が自ら離乳食を作り食べさせたり、ベビーカーを押して外出したりするなど、様々な世話にチャレンジしている人が多くみられる。近年は、シッターやメイドをパートタイムで雇い、母親自身も社会のなかで働きながら、子育てをする傾向にある。ムンバイーでは、富裕層・中間層女性の社会進出が顕著であり、インドの社会の格差がもたらすシッターやメイドの雇用と子育ての関係は、このようにして均衡が保たれていると推察できる。

◉参考文献

李霞（編著）、２０１８、『グローバル人材育成と国際バカロレア―アジア諸国のＩＢ導入実態―』、東信堂。

第3章

パキスタンの「ベンガリー」の子どもたちと教育
――ノンフォーマル小学校での学び

小野道子

1　「ベンガリー」の子どもたちのノンフォーマル小学校

次ページの写真1は、パキスタンの最大都市カラーチー市南西部、コーランギー地区のスラム地域でパキスタンの国内NGOが運営するノンフォーマル小学校である。この小学校に通う子どもたちは全員、「ベンガリー」と呼ばれる子どもたちで、バングラデシュ（1971年までは東パキスタン）出身のベンガル人ムスリムやミャンマーのアラカン地方出身のムスリム（ロヒンギャとも呼ばれるが現地ではバルミーと呼ばれることが多い）である。このNGOが市内110か所以上で運営するノンフォーマル小学校のうち、「ベンガリー」が多く住む地域では、約500人の登録児童のうち、300～400人程度が「ベンガリー」の子どもたちである。

ノンフォーマル小学校には、家の近くに公立小学校がない、私立小学校の学費を払える余裕がない、そもそも子どもの教育に対して親の理解がないなど様々な理由を持つ子どもたちが通ってくる。加えて、外国に出自を持つ子どもたちは、写真2のような国民身分証（Computerized National Identity Card, CNIC）を親が持っていないことが多いため、公立や私立の正規小学校への入学が許可されず、ノンフォーマル小学校に通う以外に就学の機会がないこ

写真1　ノンフォーマル小学校の教室（2020年1月筆者撮影、カラーチー）

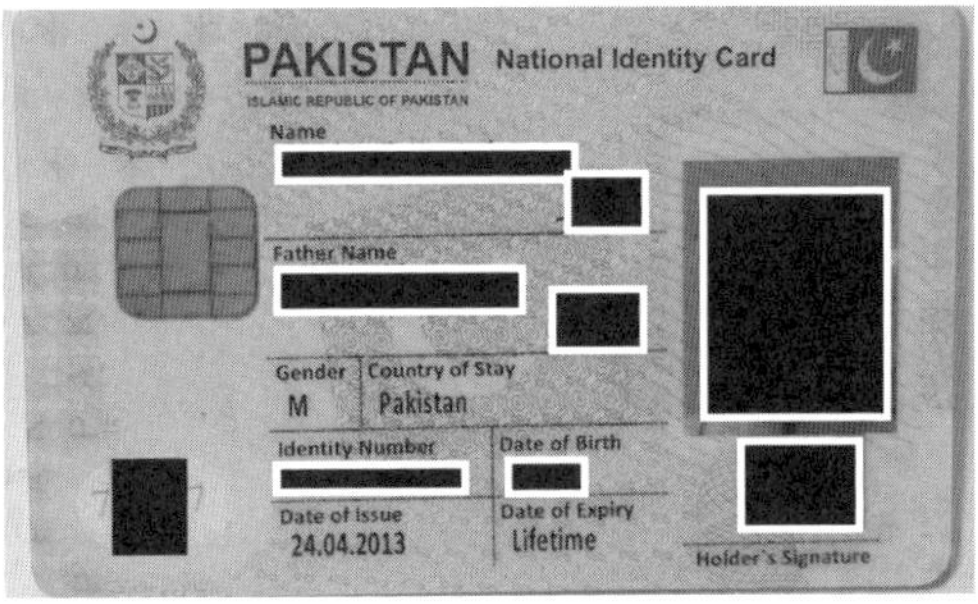

写真2　CNIC（2017年7月筆者撮影、カラーチー）

とも多い。

このNGOが運営するノンフォーマル小学校の教師は全員女性で、「ベンガリー」の女性たちも多い。10学年修了の中等教育修了証（Secondary School Certificate, SSC）は持っているものの、四年制大学や教員養成課程を卒業し、公立や私立の正規小学校でも教えられる資格を持つ人は少ない。授業は、コミュニティのなかにある女性教師の家の一室で行われることが多く、女の子を家から遠い学校に通わせることを嫌がる親からも好意的に受け入れられている。

このノンフォーマル小学校では、国語、算数、英語、理科、社会の5教科と宗教教育に加えて、美術や音楽、歌やゲームなども取り入れている。1日3～4時間の授業に3年間通い、修了試験に合格すれば、公立や私立の6学年（前期中等教育1年目）に編入できる政府に認可されたノンフォーマル教育を行っている。この小学校で使っている教材は、国際協力機構（JICA）の技術協力プロジェクトで作成されたもので、シンド州政府が認可し、国連児童基金（UNICEF）などが印刷を行い、他のノンフォーマル小学校でも広く普及されている。

2　パキスタンの教育事情

パキスタンでは、5歳から16歳の年齢に相当する初等教育5年間、前期中等教育3年間、中期中等教育2年間の計10年間が義務教育である。9学年と10学年で実施される中等教育修了試験に合格すると、SSCを取得することができ、卒業後の職業選択の幅が広がる。

初等教育の純就学率は、シンド州では男女平均69％（男子77％、女子60％。パキスタン全体では男女平均77％、男子83％、女子72％）である。シンド州では、小学校5年生まで進学できる子どもたちは小学校に入学する子どもの60％に過ぎず、40％の子どもたちは5年生までに中途退学してしまう。前期中等教育にあたる6年生に進学する子どもは男女平均31％（男子35％、女子28％）に過ぎない（AEPAM 2020）。

「ベンガリー」が多く住むカッチー・アーバーディーと呼ばれるスラム地域では、公立小学校の数が十分ではない。窓ガラスもドアもなく、机や椅子は先生たちが自前で揃えている公立小学校もある。シンド州では、小学校に就学する子どもの40％は私立学校に在籍しているが（AEPAM 2021）、カラーチーのような都市部では私立学校の割合はさらに高い。公立小学校の質があまりにも悪いことと、家の近くに公立小学校がない場合、とくに女の子の親は、通学途中の安全確保のために、貧しくても家の近くの私立小学校に通わせようとすることが多いためである。

最貧困層の子どもたちは、私立小学校の学費を支払うことが難しいため、NGOやコミュニティが運営する無償や安価なノンフォーマル小学校に通うことが多い。ノンフォーマル小学校に校舎は必要なく、先生や地域の人の家の一部や屋外を使用することもできる。パキスタンには様々なノンフォーマル小学校が存在する。1日1～2時間程度、地域のボランティアが運営する識字や算数など基礎的学習のみ提供するものもあれば、上記の小学校のように、政府に認可されたノンフォーマル教育のカリキュラムに則った教材を使用し、規定の授業年数を経れば、正規の学校への編入が保証されるものもある。

3　カラーチーの「ベンガリー」の子どもたちと教育

シンド州都であるカラーチー市は、1959年まではパキスタンの首都であった。英領からのインド・パキスタン分離独立（1947年）、東西パキスタン分離（1971年）、アフガニスタンへのソ連侵攻（1979年）などを経て、カラーチー市内には、パキスタン国内からの移民のみならず、近隣のインド、バングラデシュ、ミャンマー、アフガニスタンなどからの移民や難民など、様々な言語や民族、文化的背景を持った人々が居住している。「ベンガリー」は、カラーチー市の人口約2000万人のうちの200万人以上、人口の10％以上を占めている。そのうち大多数は、ベンガル人ムスリムであり、25万〜35万人程度がミャンマーのアラカン地方出身のムスリムである。

パキスタンでは、あらゆる場所でIDカードの提示が求められる。政府のデータベース登録局による出生登録が行われていれば、18歳になるとCNICを取得できるものの、「ベンガリー」は、出生登録されていない人々が多い。パキスタンへの入国時期を証明することも難しく、昨今の内務省によるテロ対策の厳格化もあり、CNICを取得できずに実質上の無国籍状態となっている人たちも多い。

CNICを持っていない無国籍者は、正規の仕事を得ることが難しく、賃金が安く労働条件の悪い仕事や路上での物売りなど不安定な仕事に就かざるを得ない。公立病院での無償医療も受けられず、銀行口座を開設することができないため、社会保障給付金やマイクロクレジットを利用することもできない。飛行機や長距離バスなどの切符も購入することができないため、移動も制限されてしまう。

小学校入学にあたっては、子ども本人の出生証明書が必須であるが、親のCNIC提示を求める学校もある。教育省は、最近になって、9学年進級時に親のCNICを提出するよう通達を出したが、9学年に進級できなければ

ＳＳＣを取得する道が閉ざされてしまうため、子どもの将来を左右する大きな問題である。先述のＮＧＯが運営するノンフォーマル小学校では、ＣＮＩＣを持っていない「ベンガリー」の女性教員たちに対して、銀行口座を開設しなくても給与を支払えるよう、携帯アプリの送金システムを使うなどの工夫を行っている。生活に困窮する家庭には、定期的に食料や文房具などの物資を配給したり、銀行口座を持たない家庭にも３万ルピーの利子不要の貸付を行うなど、子どもたちだけでなく、子どもたちの家族も支えている。「ベンガリー」の子どもたちにも教育機会を保障し、社会的に包摂していくような取り組みが重要である。

◉参考文献

Academy of Educational Planning and Management (AEPAM), Ministry of Federal Education and Professional Training, Government of Pakistan, 2020, *Pakistan Education Statistics, 2016-17*.

Academy of Educational Planning and Management (AEPAM), Ministry of Federal Education and Professional Training, Government of Pakistan, 2021, *Pakistan Education Statistics, 2017-18*.

第4章

子どもの描いた絵
——インドの公立保育施設アーンガンワーディー・センター

茶谷智之

1　アーンガンワーディー・センターという空間

インドの公立保育施設アーンガンワーディー・センター（以下、センター）の室内の壁には、アニメのキャラクターの絵やアルファベット表などが貼られている。また子どもの描いた絵が飾られている光景もよく目にする。保育施設に子どもの描いた絵が飾られていること自体は世界各地と比較しても何の変哲もない光景だろう。しかし、私はセンターに飾られた絵を見て違和感を抱いた。室内にいる幼い子どもがあのような上手な絵を描けるだろうか。また別のセンターでは、なぜか花の絵が一枚一枚飾られるのではなく、ひとまとめにして壁に釘打ちされていた。この少し違和感のある子どもの描いた絵には、いったいどのような真相が隠されているのだろうか。

そもそもセンターは公立の保育施設ではあるが、日本の公立保育所とは異なる点がいくつもある。たとえば、利用時間は午前9時から12時ごろまでの約3時間で、利用者登録が済めば無償で利用できる。センターといっても立派な専用施設が建設されているわけではなく、村の寺院や学校の一角に目印となる看板が掲げられ、そこがセンターとなっている。政府によると、センターが設置されるのは「恵まれない」農村や貧困地域に限られている。私が調査をしている首都デリーのスラムにも4か所のセンターがある。スラムというのは、国有地などを不法に占拠して形成された地域で、レンガ造りのワンルームが積み重なり、屋上はレンガが剥き出しの状態となっているような住宅が密集している。このスラムでは、不法占拠者に政府が賃料を支払って借りた住宅の一室がセンターとなっている（写真1）。

どこのセンターにも、書類などを保管する観音開きの戸棚や、アーンガンワーディー・ワーカー（以下、ワーカー）と呼ばれる保育者が座るプラスティックの椅子が見られる。センターによっては、電気の供給がなく玄関を開けて外の光を取り込んでいるところや、水道設備が壊れていて飲料水が必要なときには近隣住民から提供してもらうところもある。こうしたセンターに子どもたちは集まり、手遊び歌や詩、童歌の唱和、お絵描きといった就学前教育を受けているのである。

写真1　センターで遊ぶスラムの子どもたち（2018年8月筆者撮影、デリー）

2　求められる質の高い就学前教育

センターに子どもが集まって就学前教育を受ける。この光景は1975年に公的な保育制度（Integrated Child Development Services）が開始され、全国各地でセンターの運営が始まってからも決して当たり前のものではなかった。長らく0～6歳の乳幼児や少女、妊産婦に対する栄養補給食の提供のみが行われている状況であった。栄養補給食というのは、ミルクや砂糖を混ぜて作ったハルワーと呼ばれるペースト状の甘い菓子などで、日によって異なる食事が提供される。子どもたちは11時ごろになると、アルミやプラスティック製の皿を片手にセンターに行き、食事の配膳を受けたらそれを持って家に帰るというのが、長年のセンターの実態であった。

こうした食事提供の場であったセンターに変化が訪れたのは、私が調査をしているスラムでは2010年代後半になってからである。2018年8月にセンターを訪れると、ワーカーや補助的な仕事を行うヘルパーが敷物の上に子どもたちを円形に集め、手遊びや歌遊びなどを日常の活動として行っていたのである。この大きな変化の背景には、2010年代前半に始まった就学前教育改革がある。これはセンターだけではなく、公立学校の就学前学級、民間企業やNGOが運営する保育施設など、すべての施設で行われる就学前教育の質の向上をめざす動きである。2013年にインドで初めての就学前教育政策が策定されるとともに、各教育・保育施設のカリキュラムの指針となる枠組みや質基準が作られた。この改革にともない、ワーカーらには質の高い就学前教育を提供することが求められるようになったのである。

ここで注目しなければならないのが、質の高い教育を提供する責任を負うことになったワーカーらは、地域住民から雇用された女性たちであり、福祉や保健、教育などの特定の公共サービス事業のもとで働くスキームワーカーだということだ。彼女たちは、公共サービスの実施を支えているにもかかわらず、専門的な教員資格を持つ公務員ではない。また労働関連法が適用される一般的な労働者でもないため、彼女たちに支払われるのは賃金ではなく、少額の謝礼金なのである。2010年代後半に謝礼金が増額されたデリーの場合であっても、ワーカーには、1か月約1万ルピー（2018年8月時点で約1万6000円）の謝礼金が支払われる程度である。つまり、低額の謝礼金で働くワーカーらは、専門的な知識や資格、経験がないにもかかわらず、質の高い就学前教育の提供を求められるようになっているのである。

3　壁に貼られた子どもの絵の真相

ではワーカーらは専門的知識や経験がないなかで、何を頼りに就学前教育を行っているのだろうか。アキール・グプタ（２００１）も指摘するように、ワーカーの働きは上司による監視に左右されるところが大きい。ある日のセンターでは、11時20分ごろからお絵描きの時間が始まった。ラクシャー・バンダンというヒンドゥー教のお祭りのなかで、姉妹が兄弟の吉祥を願い右手首に巻く紐に付いている花模様を描くこととなった。WhatsAppというSNSに作られた同じ地域で働くワーカーらのグループチャットに、8月中のお祭りをセンターでもお祝いするようにという内容のメッセージが上司から届いたからだ。そのメッセージを見たワーカーは、絵画用紙の隅に一枚ずつ子どもの名前を書いて配った。1、2歳の子どもにはあらかじめ花柄を書き込み、それに色を塗るように伝えた。子どもたちはそれぞれ好きな色を使って花柄を描き、色を塗った。そして子どもたちが描き終えると、ワーカーは用紙を集め、すべての用紙を重ねて室内の壁に釘で留めたのである。それは上司が抜き打ち監査でセンターに来た際に、すぐに教育の成果を示すことができるようにするためであった。このセンターで働くヘルパーによると、従来の監査はセンターの利用者登録簿と実態に齟齬がないかを確認するものが主流であったが、近年は教育内容にも広がり、上司はワーカーから日々の教育内容を確認したうえで、子どもが暗唱できる詩の数の目標値など具体的な指示を出すようになったという。

写真２　センターの壁に飾られた子どもの絵（2018年8月　筆者撮影、デリー）

また別のセンターのワーカーによると、ある日、子どもの描いた絵や風船が飾られた壁面の写真だけが、上司からグループチャットに送られてきた。そこには何の指示文もなかったが、ワーカーは同じような壁面装飾を作りなさいという指示だと受け取った。とはいえ、主にセンターに通う2、3歳児の描く絵には限界がある。そこで、ワーカーが家庭教師の副業でかかわる小学生にフルーツバスケットや車の絵を描いてもらい、それらをセンターに飾ることで壁面を装飾したのだという（写真2）。

このようにセンターの壁に飾られた子どもの絵は、そこに通う子どものためでも、保護者に見せるためのものでもない。専門的な知識や資格、経験を持たないワーカーが、上司の指示に合わせて就学前教育を行った成果、もしくは就学前教育に適した室内環境を整備した証拠として飾られているのであった。壁に不自然に飾られた子どもの絵は、改革にともない質の高い就学前教育が求められるなかで、ワーカーらが教育内容や室内装飾にまでおよぶ国家からの監視と向き合う日々の一部を映し出しているのであった。

◉参考文献

太田仁志、２０１７、「乳幼児の保育と教育をめぐる取組み」、佐藤創・太田仁志（編）『インドの公共サービス』、アジア経済研究所、２０３～２３３頁。

Gupta, A., 2001, "Governing Population: The Integrated Child Development Services Program in India," in Thomas Blom Hansen, Finn Stepputat, George Steinmetz and Julia Adams (eds.), *States of Imagination: Ethnographic Explorations of the Postcolonial State*, Durham: Duke University Press, pp. 65-96.

第5章

インドの学校行事と文化
――デリーの私立学校における教室外の学びの風景

小原優貴

インドの学校を訪問すると、日本の学校では見られない光景を目にすることがある。たとえば、お菓子を教員や友人に配りながら教室を渡り歩く子どもの姿を見ることがある。インドでは自分の誕生日に、日頃の感謝の気持ちを込めて、友人や同僚にお菓子やご馳走などを振る舞う慣習があり、学校でもこの慣習が実践されているのである。「知を授けるグル（師）」として教員を称える「教員の日」（第2代大統領ラーダークリシュナンの誕生日の9月5日）になると、生徒たちは教員へ日頃の感謝の気持ちを綴ったカードを渡す。このとき、生徒が教員の前に跪き、教員の右足を触って挨拶をすることがある。これは、目上の人に対する敬意を込めてヒンドゥー教徒が行う挨拶で、この挨拶を受けた者は、挨拶をした者の頭に触れて祝福するのが慣例である。インドでは年長者を敬うことが美徳とされており、学校はこうした礼儀作法を身につける場ともなっている。このように学校では、様々な空間・場面で、インド文化の伝達・継承が行われている様子を垣間見ることができる。本章では筆者が訪問したデリーの中間層対象の私立学校における学校行事の様子から、インドの子どもたちの教室外の学びの様子をみていくことにしたい。

学校では年間を通して、様々な行事や課外活動が行われるが、子どもたちが楽しみにしている学校行事の一つに、「子どもの日」（初代首相ジャワーハルラール・ネルーの誕生日の11月14日）がある。日本のメディアで表象される「インドの子どもたち」は、児童労働や児童婚をするいわゆる「搾取される子どもたち」であることが少なくない。一

写真１　子どもの日。子どもたちを乗せて学校の敷地を歩くゾウ（2008年筆者撮影、デリー）

方で、インドでは、子どもの権利、ケア、教育に対する国民の意識向上を図るため、１９５６年より「子どもの日」を祝い、各地で啓蒙活動を行ってきた歴史もある。学校行事では、たいていの場合、生徒が何かしらの課題に取り組みその成果発表の場が設けられている。しかし、「子どもの日」は、子どもたちにとって特別な日であり、いつもとは違い、教員がすべての準備を行う。学校での祝い方は一様ではないが、筆者が訪れた私立学校では、子どもの日になると、普段クリケット（インドをはじめイギリス連邦諸国で人気の球技）などに使われる校庭は、一夜にして様変わりしていた。巨大なトランポリン、ゲームのできるパソコン、音響設備のついたダンス・ステージ、綿飴やゴール・ガッパー（真ん中に穴のあいた球状の揚げ物のなかにスパイス入りスープを入れたインドのスナック）などの軽食が準備され、子どもたちは笑顔で歓喜の声をあげていた。終盤には、この日のために学校に招いたゾウやラクダがサプライズで登場し、子どもたちを乗せて校庭を周回していた（写真1）。規律の多い学校において、この日、子どもたちは、ただ楽しむことを学ぶ。

　定期的に行われる発表会も子どもたちの教室外の学びの機会となっている。インドでは、独立記念日（8月15日）、共和国記念日（1月26日）以外に、各宗教の重要な日が祝日に指定されており（祝日は、州によって異なる）、発表会はこうした宗教的祝日にあわせて企画されることが多い。たとえば、ヒンドゥー教のクリシュナ神生誕祭（Janmashtami）、イスラームの断食明けの祝祭と犠牲祭（Eid）、キリスト教のクリスマスなど、多様な宗教にまつわる発表会が行われる。ここでは、筆者が参加したヒンドゥー教の三大祭りの一つ、ダシャラーにちなんだ発表会の様子を紹介する。ダシャラーは、インドの叙事詩「ラーマーヤナ」に登場するラーマ王子（ヴィシュヌ神の7番目の化身）が、猿の神であるハヌマーンとともに、悪の象徴である魔王ラーヴァナと戦い、撃滅したことを祝うお祭りである。ダシャラーまでの10日間にわたるお祭りの最終日には、街中に設置された10メートルほどの巨大な魔王の人形を燃やすパフォーマンスが行われる。学校では、毎年、ダシャラー前になると、教員によって演技や合唱の指導が進められ、美術教員は発表会のステージに飾るヴィシュヌ神やハヌマーンなどの油絵制作に取り組む。発表会当日は、ラーマ王子やハヌマーンなどに扮した生徒たちがステージに立ち、練習の成果を披露する（写真２）。インドでは、公的な場から宗教を切り離すフランスの政教分離にみられる世俗主義とは異なり、公的領域において多様な宗教を平等かつ公平に扱う世俗主義が目指されている。宗教にまつわる発表会は、インドの世俗主義のありさまを反映しており、子どもたちはこうした行事を通じて、自らの宗教や異教徒の生徒への理解を深めている。

写真２　ヴィシュヌ神とハヌマーンの前でラーマ劇を演じる子どもたち（2009年筆者撮影、デリー）

　毎朝行われる朝礼もまた重要な学校行事の一つである。朝礼の時間に校庭に足を踏み入れると、制服姿で整列する生徒たちの姿が見られる。15～20分ほどの朝礼では、校長や教員が講話をすることもあれば、生徒が時事問題や文化的行事について紹介をしたり、ヨガや体操などを行うこともある。朝礼の最後は、決まって、国歌斉唱で締めくくられる。インドでは、イギリス植民地時代まで、イギリスの国歌「神よ、（女）王を守り給え（God Save the Queen/King）」が歌われてきた。しかし独立後は、アジア人としてはじめてノーベル文学賞を受賞したインドの詩人、タゴールの作詞・作曲した「ジャナ・ガナ・マナ（jana gana mana）」が、インドの国歌となっている。「ジャナ・ガナ・マナ」は、ヒンディー語で、「すべての民の心」を意味し、特定の宗教の神ではない、すべてを超越する存在に向けた歌となっている。歌詞には、パンジャーブ、グジャラート、オディシャー、ベンガルなどのインド各地の名称が登場し、宗教や出身地域にかかわらず、インド国民としての団結意識を高めることをねらいとした内容になっている（各地の名称のなかには、作詞当時インド領であったシンド〈現パキスタン領〉も登場するため、改訂を求める裁判が行われたが、シンドをルーツに持つインド国内の人々への配慮などから最高裁判所は改訂不要の判断を下している）。国歌斉唱を義務づける憲法上の規定はないが、朝礼以外にも、発表会、運動会などの学校行事の後には、たいていの場合、国歌斉唱が行われる。筆者が訪問した私立学校では、国歌斉唱の後に「ジャイヒンドゥ！（ヒンディー語で、「インド万歳！」の意味。ヒンドゥはインドの別名「ヒンドゥスターン」の略であり、ヒンドゥー教（徒）を意味しない）」という子どもたちの力強い敬礼の声が、校庭やホールに響き渡り、この敬礼を聞くたびに、インドという新興国の未来を支える若者のエネルギーを肌で感じた気持ちになったのを覚えている。

　以上のように、インドの子どもたちが学校で経験する学びは、教室のなかだけではなく、教室外にも広がっており、その内容はインドの文化に深く根ざしたものになっている。ただし、本章で紹介した学校行事の様子は、デリーの中間層を対象とした私立学校の様子であり、インドすべての学校の様子を代表するものではない。学校間格差の著しいインドでは、生徒の教室外の学びの風景は学校ごとに異なるものとなろう。

◉参考文献

Sequeira, Rosy, 2013, “Petition in High Court over Replacement of ‘Sindh’ with ‘Sindhu’ in National Anthem,” *The Times of India*, https://timesofindia.indiatimes.com/india/petition-in-high-court-over-replacement-of-sindh-with-sindhu-in-national-anthem/articleshow/20499227.cms（最終閲覧２０２２年１月４日）

第6章

みんなで一緒に食べるランチ
――世界最大のインドの給食制度

辻田祐子

1　給食の風景

下記は2020年新型コロナウイルス感染症パンデミック発生前のビハール州の給食メニューである。広大な国土を持つインドでは、食文化の地域差も大きく、給食のメニューは地域によってバラエティに富む。各州政府は、中央政府によって定められたエネルギー摂取基準、栄養水準、補助金額に応じて、子どもたちに調理された料理を提供することが求められている。

月曜日：ライス、レンズ豆類のミックス、野菜料理
火曜日：クミンシードのライス、大豆、ポテト
水曜日：野菜のお粥、チョーカー（郷土料理である野菜の煮込みペースト）、果物
木曜日：月曜日に同じ
金曜日：プラーオ（炒めたコメや香辛料を野菜の具とともに炊いた米料理）、ひよこ豆または豆類、サラダ、卵か果物
土曜日：水曜日に同じ

2　世界最大の給食制度

インドの給食は、子どもの飢えの解消、栄養水準の改善、定期的な通学の促進、ひいては就学率の向上などを目的として、現在、全国の公立校と政府から補助金を受ける私

立校（ノンフォーマル教育機関やマドラサも含む）の前期初等教育と後期初等教育課程（憲法上、教育については中央、州政府の共同管轄事項で州政府に一定の裁量が与えられているうえ、歴史的な経緯からも各州独自の教育制度が残るため1年生~州により7年生または8年生に該当する）で学ぶ全生徒に無料で提供されている。その受益者は少なくとも1億人とみられることから、世界最大の給食制度とも称される。

インドにおける給食の起源は、イギリス植民地下1920年代のマドラス（現在のタミル・ナードゥ州チェンナイ）にまでさかのぼることができる。インド独立後、いくつかの州で独自に実施されていた時代を経て、1995年に中央政府の補助金事業として全国で給食が実施されることになった。しかし、実施主体である州政府によりその取り組み姿勢は大きく異なり、2001年の最高裁判決を契機として、本格的な全国展開が始まったのである。

近年では全国対象校在校生（6~14歳）のうち86・1%（2014年全国標本調査）にまで給食の受益者は拡大している。とはいえ、州、県、地域、学校などにより給食の実施状況、運営形態（業者やNGOによる配達方式、校内の調理場での調理方式など）、給食の時間帯などの詳細は異なる。以下に最貧困州のひとつであるビハール州の例を紹介しよう。

3　現場の実態——ビハール州の例

ビハール州では、1995年まで「給食」の開始を待たなければならなかった。それも当初は各生徒にひと月あたり3kgのコメが配給されていただけであり、ようやく2003／04年度になって調理された料理が出される給食制度が州の一部で試験的に開始された。それでも「お粥」制度とも揶揄されるほど、初期の給食メニューは限定されているという。

いささか古い調査であるが、2011／12年度に同州農村部80村94校に対して行った筆者らの調査によると、調査日からさかのぼって過去15日の登校日に毎日給食を実施していたのは24校（25・5％）で、一度も実施しなかった学校も17校（18・1％）にのぼった。なぜ定期的に給食を実施できないのか。学校への聞き取りでは、最大の理由は主食のコメが届かないためであり、次いでコメとは別に政府から支給される野菜、豆、食用油などの食材や調理用燃料を購入するための予算が振り込まれないためだった。

たとえ給食が出されたとしても、生徒の満足度は高くない。中央政府の調査では、ビハール州の生徒の72・3％が給食の質が低いと回答し、給食に満足している生徒は22・1％に過ぎなかった。対照的にタミル・ナードゥ州では85・1％の生徒が給食の質が高いと回答し、87・6％が満足していた。

写真１　ビハール州農村部公立校で給食を食べる女生徒たち
（2009年8月筆者撮影）

ビハール州では、まず、衛生的に食糧を保管するための食糧貯蔵庫、調理場などの基本的な設備が不足している。農村部の学校を回ってみると、校庭や廊下など空いたスペースでの調理は珍しくなかった。２０１３年7月には、州農村部の公立小学校で給食を食べた生徒23人が死亡する事件が発生し、給食の安全性がクローズアップされた。事件の舞台となった学校でも、校内に十分な場所を確保できなかったため、校長宅で食糧が保管され、殺虫剤が混入したと報道されている。

給食に対する教員の不満も大きい。州の標準的な開校時間（5〜6時間）のうち、教員が給食に費やす時間は1日平均2・2時間であった。タミル・ナードゥ州などでは給食専任の職員が各校に配置されているが、ビハール州では教員たちが資金の管理を行い、近くの市場まで野菜や燃料の買い出しに行き、調理人に指示を出すなど、多くの作業を担っていた。２０２０年国家教育政策では昼食にくわえて栄養価の高い朝食の提供も謳われており、ビハール州では教員の負担がさらに増えるのではないかと懸念されている。今後、業者や地元の自助グループへの委託も検討されているという。

4　給食の評価と今後の課題

こうした学校給食の効果に関しては、インド各地での調査からいくつかの肯定的な評価がみられる。たとえば、旱魃が発生すると子どもの栄養状態ひいては健康にマイナスの影響を与えるが、給食にはそれを食い止める効果があり、とりわけ入学間もない若年齢層でその効果が高いという。また給食が学校での教材を使った授業などとの相乗効果により、生徒の学習理解を上昇させると指摘される。

他方で、給食の質については課題も挙げられている。首都デリーでの調査によると、補助金額の不足や給食業者の腐敗により給食の栄養水準がしばしば満たされておらず、子どもの貧血が蔓延していると指摘される。

2020年の新型コロナウイルス感染症パンデミック発生以降、学校は閉鎖され、自宅学習が長期化し、給食も中断している（執筆時点）。多くの州政府は現金支給、コメ、小麦、豆といった穀物の現物支給、またはその両方を代替手段として打ち出している。しかし、必ずしもこうしたイニシアティブがうまく機能しているわけではない。もともと子どもの栄養水準が低いインドでは、コロナ禍での給食の中断が子どもの栄養、健康に与える影響が懸念されている。

長期的により重要な課題としては、「誰が公立校に通学しているのか」という点に起因するものがある。近年、家庭の経済力に応じて子どもたちの通う学校が決定される傾向が顕著になっている。経済社会階層が上位になるほど公立校離れが著しい。それは、伝統的に異なるカーストがともに食事をする習慣がなかったインドにおいて、子どもたちが出自の垣根を越えて共食し、差別や偏見について理解を深める機会が失われてしまったことも意味するのではないだろうか。

◉参考文献

辻田祐子、２０１０、「インド・ビハール州　楽園のなかの楽園をゆく」、『アジ研ワールド・トレンド』１７６、40～43頁。

Government of India, 2010, *Performance Evaluation of Cooked Mid-Day Meal (CMDM)*, Planning Commission, Programme Evaluation Organization. http://planningcommission.nic.in/reports/peoreport/peoevalu/peo_cmdm.pdf（最終閲覧２０２０年８月12日）

Shukla, S., 2014, "Mid-Day Meal: Nutrition on Paper, Poor Food on the Plate," *Economic and Political Weekly*, 49-7, pp. 51-57.

第7章

成功物語としての教師を見つめる子ども
――スリランカ茶農園地域の教育

古田弘子

1　スリランカの茶農園地域

スリランカ産の紅茶は、香り高い「ウヴァ」、ミルクと合う「キャンディ」といった産地名で知られる。近年は、エステイト（茶農園）名を冠したシングル・エステイトティーも人気を博す。エステイトとは各茶農園を指す語であるが、イギリス植民地期にインドのタミル語地域から移住させられた「インド・タミル人」が居住する地域の独自の社会経済システムはエステイト・セクターと呼ばれ、国の経済統計でも区分される。人口1万〜2万人のヌワラエリヤ（標高1800m）、ハットン（標高1300m）という都市を中心に広範囲に茶農園が広がる地域である。

車酔いに耐えながら急な山道を進むと、茶農園の看板が現れる。しばらくすると大きな、しかし近代的とはいえない紅茶加工工場が眼下に現れ、その近くにライン（労働者の住居）が見える。遠方には、クレッチ（託児所）、公立学校、クリニックがある。これが、多くの住民が親子代々居住し、農園か工場での日雇い労働に従事する茶農園コミュニティである。

植民地政庁が19世紀にプランテーション作物として紅茶を導入し「インド・タミル人」を労働者として移住させ

た後、リトル（１９９９）によると、茶農園地域でキリスト教宣教師の後押しで最初の学校が開設されたのは１８８６年であった。児童労働を禁じた１９２０年教育令が出されてから就学児童は増加した。しかし１９４８年の独立後は民族対立に直面させられ、「インド・タミル人」すべてにスリランカ国籍が与えられるのに50年を要した。政府は１９７０年以降、茶農園所有者が管轄していた学校校舎と運動場の土地、教師用宿舎を徐々に政府に移管させ、１９９０年代には移管がほぼ終了した。それ以降、茶農園内にあって州政府の教育局が管轄する公立学校となった。

教育省の年次統計（２０２０年）では、「プランテーション・エステイト学校」という区分がある。そのうちエステイト内にある公立学校は７９９校であり全体の７・９％を占め、生徒数は16万７７００人で全体の４・１％を占める。これらの学校のほとんどは茶農園地域にあると考えられる。茶農園経営会社が運営する茶農園に居住し福利厚生を提供されながら、子どもや親は教育に何を求めているのか。学校は、どのような役割を果たしているのか。

2　ハットン教育事務所管内の小規模校

中央州ヌワラエリヤ県のハットン教育事務所管内（ハットン管内）は「ディンブラ」茶の産地である。ハットン管内には、四つの教育区がありそのうち三つでタミル語を使用する。スリランカには教育レベルの高い中央政府校と州政府校があるが、前掲の教育省年次統計では全99の管内のうち中央政府校が設置されていないのは８管内で、ハットン管内はその一つである。また、スリランカでは全国平均で約60％の学校が初等教育から中等教育課程まで提供するが、ハットン管内では54％である。すなわち、約半数の学校が５学年のみの小学校である。

１９２８年に設立されたＶ校は、１８７０年ごろからこの地で始められたＶ茶農園内にある小学校である。通学区域はＶ茶農園内の４地区と隣接する１地区であり、遠方の地区は学校から５㎞ほどのところに位置する。ごつご

写真１　校庭の祠の前で教師の話を聞く児童たち（2013年7月筆者撮影、ノーウッド）

つした山道の上り下りが続くため、幼い子どもの足では1時間余りかかる。地域の退職者が子どもの登校に付き添う。主要道路から学校まで車道は通じておらず、ところどころ岩を踏みながら50mほど下りたところにV校はある。途中で教員宿舎が見える。V校には、3教室の平屋建て校舎が2棟あるほか、1991年にスウェーデン政府により増設された1教室だけの校舎がある。校庭の隅には祠があり、その向こうには茶農園の小山が連なっている。訪問時にも小雨の降るなか、20人ほどのプラッカー（茶摘み労働者）の女性が働いていた。

V校の児童は174人（男子98人、女子76人）で、教員は9人である。クラスは8クラスで、1クラスの人数は多くても29人である。しかし教室が足りないため、1つの教室を板で仕切って児童がぎっしりと座る。児童の6割は両親も同校の卒業生である。全員がヒンドゥーではなく、少数だがカトリック、ムスリムの子どもも通学する。約半数の児童の親が出稼ぎに出て不在であり、一部の児童は両親ともに不在のため祖父母などと暮らす。出稼ぎで不在の両親を除けば、家族はほぼ全員が茶農園の仕事に従事している。茶農園地域の女性が家事労働者として国内、さらには西アジア諸国に出向くのは子どもたちの祖母世代から始まっている。ただし女性の海外出稼ぎは茶農園地域特有というわけではなく、スリランカで多数を占めるシンハラ人の農村でもみられる。

V茶農園居住者であっても、他の農園や町の学校に、たとえば親が子どもをバイクに乗せて通わせることは可能だ。しかし、V校に通う児童の多くは、そのような選択肢を持たない。母親不在の家庭の子どもが多く、入学しても学校に来なくなる子どもも多い。スリランカの学校では給食は出されないが、V校では児童の登校後、マヒンダ・チンタナ（マヒンダ・ラージャパクセ前大統領の政策構想）の「すべての人に栄養を」施策により児童に栄養補助食を提供する。親不在の子どもは犯罪にも巻き込まれやすい。おだやかな口調の校長は、国連児童基金（ＵＮＩＣＥＦ）の就学促進プロジェクトや警察と連絡をとりながら、このような子どもの再登校を支援し児童数を少しずつ増やしている。

３人の障害のある子どもが通学していた。そのうち1人はときおり大声をあげ、長時間座っていることが困難な子どもであった。校長は付き添い人（補助員）をつけ、他の児童より早めの下校を認めていた。この学校には、障害ユニット（通常学級に入学前の障害児のための準備課程としての特殊学級）は設置されていない。校長は、遠方の障害ユニットのある学校をすすめることはせず、このような子どもをV校で受け入れている。国立教育研究所の研修に参加し特殊教育のディプロマ（証書）を取得している校長は、「児童全体の半数が特別なニーズを持つこの学校で、インクルーシブ教育（障害や特別な教育的ニーズのある子どもとない子どもがともに学ぶ教育）を実践しています」、と微笑む。

きびしい学歴社会であるスリランカで最初の関門は、小学校卒業時の5年生奨学金試験である。他の地域では、試験前の子どもは学校で試験勉強をして2時に授業が終了すると、今度は塾に通う。教師は自宅で塾を行う。V校にあってはこのような教育競争とは無縁かといえば、決してそうではない。放課後、4年生と5年生が学校に残り、教師がボランティアで教える。前回（２０１２年）は29人が試験を受けて1人も合格しなかったが、今回は35人中２人が合格すると期待していると校長は語った。合格する児童が出たことを教師らが誇りに思い、特別なアルバムを作成し保管してい

写真２　教師の話に集中する児童たち（2013年７月筆者撮影、ノーウッド）

るのは他の地域と変わらない。

3　子どもや親が教育に求めるもの

V校の教師は、茶農園地域に1校ある国立教員養成カレッジ出身者か遠隔教育、またはそのときどきの政府の教員増員施策により他地域より低い水準で教員資格を取得した者であり、茶農園地域出身者が多い。ここでは教師は親代わりである。副教材を購入できない家庭の子どもに対しても、教師がやりくりして準備する。学校は、コミュニティの中心となってプージャーの祭礼の運営をとりしきりもすれば、茶農園コミュニティから外の世界へと橋渡しする場所でもある。だから、V校の児童は教師が話をするのを食い入るように見つめる。

茶農園地域の親は、子どもに将来茶農園コミュニティを出てほしいと願う。子どもに将来就いてほしいのは公務員である。他に縫製工場などの仕事はあるが労働条件はきびしく、茶農園地域出身者への差別にも直面する。茶農園地域で一番身近にいる公務員は教師である。頑張って教師になることが、ここでは一番の成功物語であるのだ。

◉参考文献

川島耕司、２００６、『スリランカと民族─シンハラ・ナショナリズムの形成とマイノリティ集団─』、明石書店。
栗原俊輔、２０２０、『ぼくは6歳、紅茶プランテーションで生まれて。─スリランカ・農園労働者の現実から見えてくる不平等─』、合同出版。
Little, A. W., 1999, *Labouring to Learn: Towards a Political Economy of Plantations, People and Education in Sri Lanka*, London: Macmillan Press.

第8章

バングラデシュ女子学生たちのブルカー戦略
——ムスリムアイデンティティと社会進出の両立

南出和余

1　ブルカーを纏う若い女性たち

次ページの写真1に写っている少女は、私がバングラデシュの農村でフィールドワークの際に滞在するホストファミリーの8年生の姪である。中等教育に進学したころからおしゃれに興味を持ち、学校には制服を着て登校するものの、外出時にはブルカー（全身を覆うガウン）を纏い、ヒジャーブ（上半身を覆うベール）を被る。彼女が被っているヒジャーブは、ここ5年くらいの間に街中で見かけるようになった被り方で、それまではこんな風にひだを作って巻くような被り方はしていなかった。彼女にこの被り方をどこで知ったのかと尋ねると、母のスマートフォンで動画を見て学んだという。ブルカーは紺地に、袖と裾と襟元に花柄模様の布が施されていて、裁縫を内職にする母のお手製だという。

最近バングラデシュでは、都市でも農村でも以前にも増してブルカーを纏う女性を見かけることが多くなった。街のショッピングモールにはサリーやサルワル・カミーズ（ワンピースの下にズボンを履く民族衣装）など女性衣類店とともにブルカーショップが軒を並べている。店には中東諸国やインドからの輸入品と、それより少し安価な国

写真１　ブルカーでおしゃれをする中学生（2019年８月筆者撮影、ジャマルプール県）

産品が飾られている。真っ黒なシンプルなブルカーを買って自分でスパンコールやビーズで装飾する女性も少なくない。ムスリムファッションは往々にして中東諸国が発信源となり、ムスリム社会に広く行き渡っている。

バングラデシュでブルカーを纏う女性を頻繁に見かけるようになったのは、それまでブルカーを着ていなかった女性たちが着るようになっただけでなく、それまで外出する機会の少なかった女性たちが外出するようになったことをも意味している。ことに、女子進学率の上昇によりカレッジ（後期中等教育）や大学に通うようになった若い女性たちがブルカーを纏って通学する姿を日常的に見かける。大半の学校では10年生（前期中等教育）までは決められた制服を着て通学するが、カレッジに上がると各々私服で通学するようになる。すべての女子学生がブルカーやヒジャーブを纏うわけではないが、私がここ10年くらい観察している限りでは、ブルカーやヒジャーブを身に纏う女子学生たちは明らかに増えている。

2　ムスリムコード

ブルカーやヒジャーブは、ムスリムの女性たちが親族婚姻関係以外の男性に対して身体を隠すために着るベールとされる。ベールはムスリム社会のシンボルのように捉えられ、イスラームを国教とする国のなかには着用を義務づけたり、政教分離の観点から逆に禁止する国もある。一方、西欧諸国のまなざしからは、ベールはジェンダー規範が明確なムスリム社会における女性抑圧の象徴とみられることもある。

バングラデシュでは現在ムスリムが人口の約9割を占める。政治的には1971年の独立直後は政教分離政策をとっていたが、1975年から1990年の軍事政権下においてイスラームをナショナリズムに用い、またイスラーム諸国との友好関係の促進からイスラーム理念を強調する政策が採られるようになると、1988年にはイスラームを国教と定める憲法改定がなされた。それでも1991年の民主化以降も他宗教への寛容さや世俗主義を維持し、装いや儀礼祭祀を宗教的立場から規制することはしていない。とはいえ9・11以降のグローバル規模でイスラームの理想の実現を目指す動きや、近年のとくに若者たちの間で流行するイスラーム教義の追究は、バングラデシュでも顕著にみられる。急進的にイスラーム信仰を実践する女子学生たちのなかには、インターネットでイスラーム教義を学ぶ学習グループを組織したり、家でも男性の来客があるとブルカーを纏う者もいる。モハシン（2020）やシディキ（2020）は、南アジアに広く認識されているジェンダーに関する規範（パルダ）の体現としての女性のベールが、植民地主義から連なるグローバル化のなかで「ムスリムネス」として政治化され、かつ1990年代以降のバングラデシュにおいては宗教化されていると指摘する。

農村でカレッジに通う女子学生たちに「なぜブルカーを着ているの？」と尋ねると、第一声は「私たちの宗教のためよ」と答える。しかし全員が着ているわけではないので「着ていない人もいるわね」と言うと、「それは個人の好み」と言う。そして「着ていると安心できるのよ」と続けるのだ。

3　ブルカーがもたらす「安心」と「自由」

ブルカーを纏ってカレッジに通う女子学生たちと会話を続けると、ブルカーがいかに彼女たちの行動を守り、また促すかと話す。顔まで覆うブルカーを着ていると周りからの視線を避けることができる。知らない男性からの視線にはハラスメント的な危険を感じるが、ブルカーを着ていると感じなくて済む。ブルカーを纏わず一人で外を歩くのは怖いが、ブルカーを着ていると一人でも怖くない。さらに興味深いことに、異性の友人と外出するときにもブルカーは何かと便利だという。ブルカーを着ていると容易に個別認識されないため、親戚や年配の村人と遭遇しても隠れられる。彼女たちは、一方では見知らぬ男性と接することが危険であるという感覚や結婚前の女性が異性と出かけることをよしとしない、いわゆる「パルダ規範」を体得しながら、他方ではそうした規範をすり抜ける道具としてブルカーを利用しているといえよう。

また、都市部の大学でブルカーを纏って授業に出ている女子学生たちに着用の理由を尋ねたところ、きわめて実用的な意見も聞かれた。朝寝坊しても寝巻きの上にブルカーをさっと被って部屋を飛び出せば授業に間に合う。毎日同じサルワル・カミーズを着て授業に出るのは友人たちの目が憚られるが、たいてい誰でもブルカーは1着しか持っていないので、同じブルカーを毎日着ていても気にならない。制服の便利さがブルカーにも適応されているようだ。

4　ステイタスシンボルとしてのブルカー

農村出身で都市部の大学に通う女子学生のなかには、帰省するときにのみブルカーを纏うという者もいる。長距離移動の間の安全確保という理由もあるが、親や親戚の前で「良い娘」であるために、ブルカーやヒジャーブを被って「宗教的規範を守っている」ことを示すという。また、若い女性たちのブルカーファッションとは別に、農村の年配の女性たちは従来から外出する際にブルカーやヒジャーブを被って出かけることを「たしなみ」としており、そうした規範に従うことが「保守的な農村社会」では重要と、彼女たちは理解している。

さらに、都市部で縫製工場や家政婦として働く貧困層の女性たちがブルカーを纏っていないのに対して、ブルカーをおしゃれに纏う女性たちは、自らを差異化し、それが一種のステイタスを示してもいる。イスラーム教義を学ぶことも、おしゃれを楽しむことも、そして「良い娘」を演じることも、日々の生活で精一杯の貧困層には難しい。

写真2は現在のダカ大学の女子学生たちである。ブルカーを纏う者もそうでない者もともに、笑顔いっぱいに友人たちと大学生活を満喫している。この姿を、単に西欧社会からみた「イスラーム化」と呼んだのでは、彼女たちの様々な抵抗と戦略を見落とすだろう。

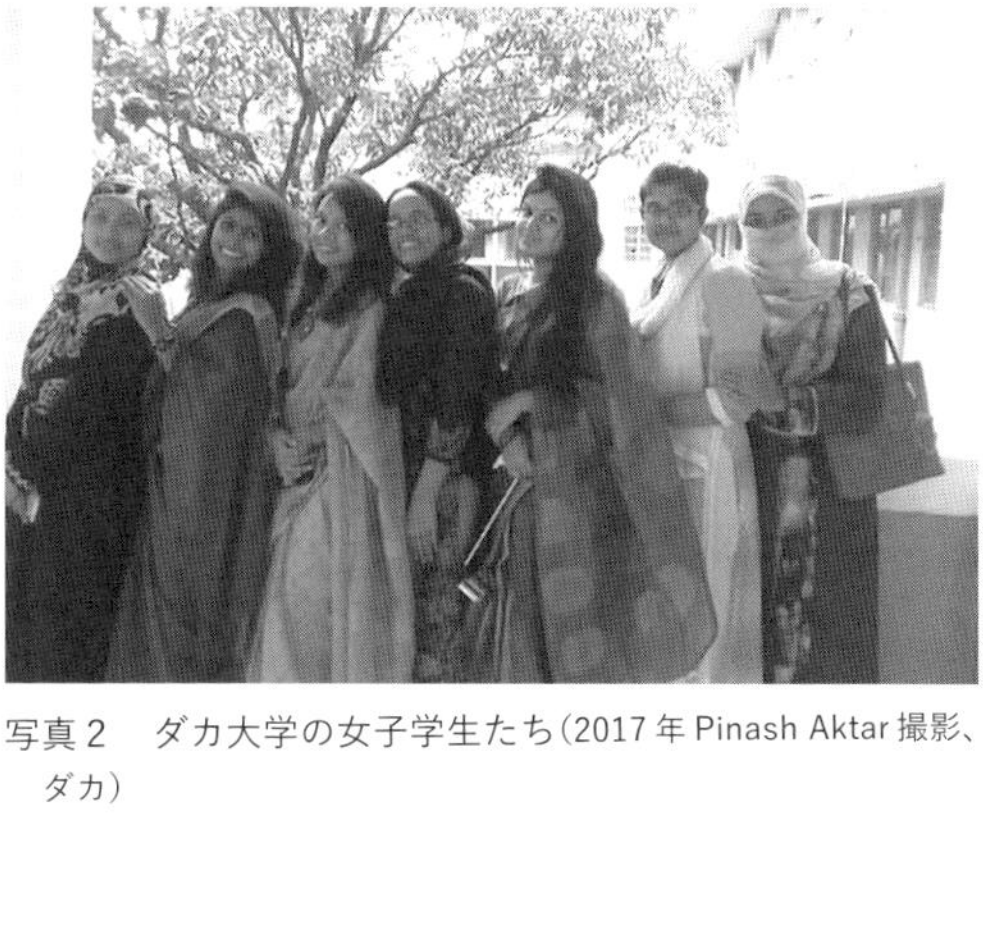

写真２　ダカ大学の女子学生たち（2017年 Pinash Aktar 撮影、ダカ）

◉参考文献

Ahmed, I., (ed.), 2020, *Women, Veiling and Politics: The South Asian Conundrum*, Dhaka: The University Press Limited.

Mohsin, A., 2020, "The Politics of Knowledge and the Veiling of the Veil," in Imtiaz Ahmed (ed.), *Women, Veiling and Politics: The South Asian Conundrum*, Dhaka: The University Press Limited, pp. 33-51.

Siddiqi, D. M., 2020, "Muslim Bodies, Imperial Politics and Feminist Frames," in Imtiaz Ahmed (ed.), *Women, Veiling and Politics: The South Asian Conundrum*, Dhaka: The University Press Limited, pp. 53-73.

第Ⅱ部

教育熱

公立学校の就学前教室（2015 年門松愛撮影、バングラデシュ、ダカ）

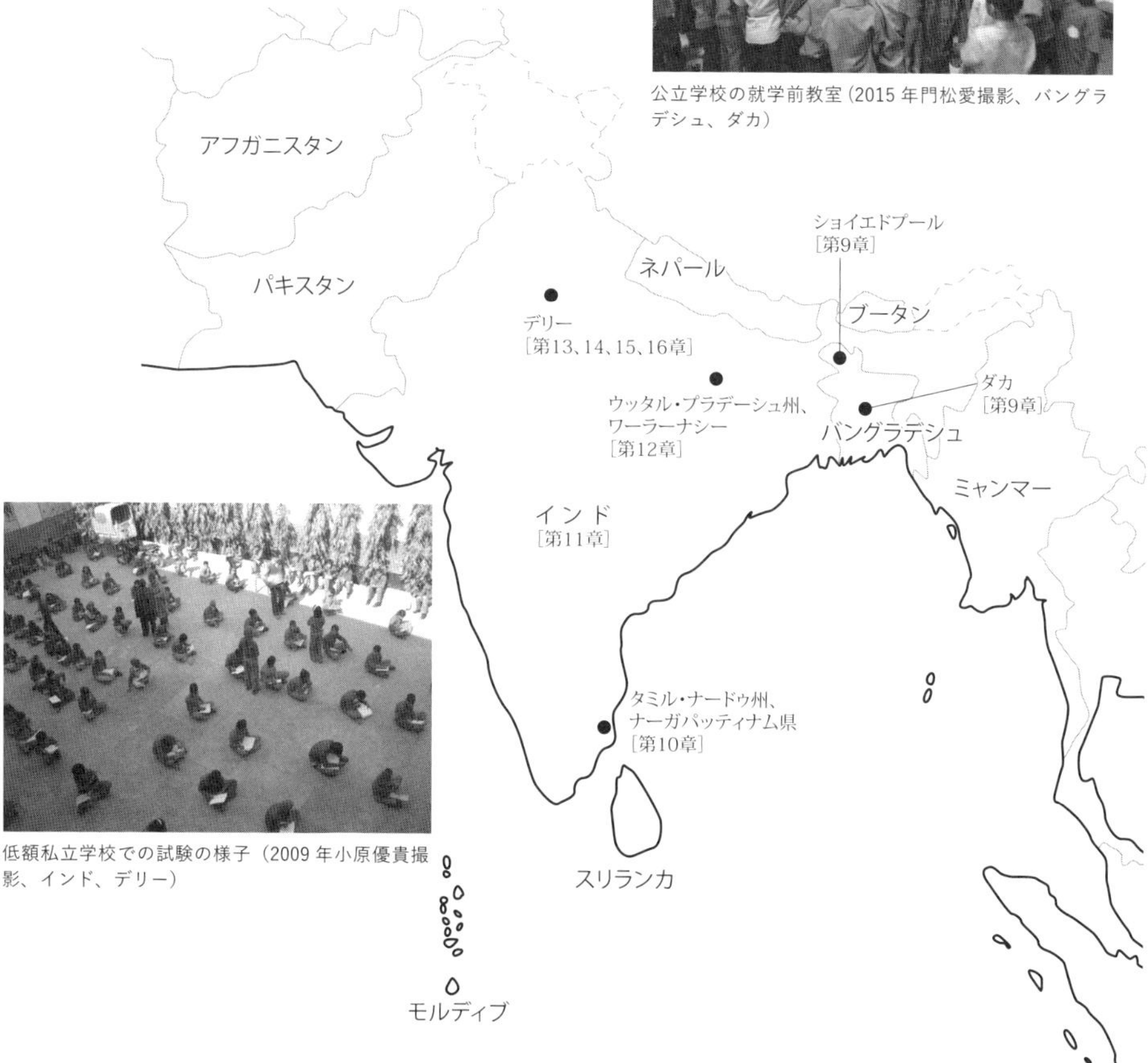

低額私立学校での試験の様子（2009 年小原優貴撮影、インド、デリー）

南アジアでは、人々が教育のもたらす効果や具体的な教育内容を正確に把握しているかは別にして、教育を受けることに何らかの価値を見出し追い求める動き、すなわち教育熱の高まりが顕著である。第I部で示された南アジアの学びの多様な様相は、まさに人々が教育に対して異なる価値を見出すことと深く関連している。

とはいえ南アジアにおける教育熱の高まりは古くから見受けられる現象である。医学や工学系の専門職、政府役人を輩出する高等教育機関への進学をめざす動きが、一部のエリート層のあいだで存在した。それに対し、庶民が通う初等教育段階の公立学校は劣悪な教育環境で、人々が教育を受けることに価値を見出せる状況とは程遠かった。しかしその後、公立学校の欠陥を補う形でのNGOによる教育活動や、1990年代からの基礎教育普及への国際的な取り組みなどを背景とした教育改革、低所得層を対象とした私立学校の台頭などによって状況は変わりつつある。基礎教育の普及が進んだ21世紀の南アジアにおいて特徴的なのは、一部のエリート層だけではなく社会全体に教育熱が広がっていることである。

良い教育を受けられる学校に通い、学歴を積み重ねることが将来の安定的な仕事に結びつくという期待がその原動力の一つになっている。しかし、その学歴形成と安定的な雇用が必ずしも結びつかない現実もある。では、こうした教育への期待と厳しい現実が混淆する現代の南アジアにおいて、教育熱はどのように高まっているのだろうか。第II部では、教育制度とそれを利用する人々のあいだの相互作用によって高まる教育熱の様相について紹介していきたい。

現代の南アジアの教育に大きな影響を与えているのは民間アクターの存在である。私立の就学前教育は多様な教育方法を導入し、質の伴う教育を求める人々の動きが活発になっている（第9章・門松）。また私立に牽引されて発展する高等教育は、地方都市に教育産業として拡大し、農村の若者への高等教育普及につながっている（第10章・押川）。さらに高等教育機関は海外にネットワークを広げ、海外居住のインド出身者や他国の学生の教育ニーズにも応えている（第11章・中島）。ただし家庭の経済状況や本人の学力によっては、私立の高等教育機関が提供するコースの選択肢は限られ、同じ高学歴者であっても異なる苦難に直面している（第12章・佐々木）。

こうした民間アクターによる教育の普及は、ときには教育格差を拡大させ、とくに経済的に不利な環境の人々のあいだで教育熱に陰りがみられたとしてもおかしくはない。しかし南アジアがそうならないのは、教育格差の是正をめざしながら人々の教育熱を支える仕組みが存在するのもその一つの理由だろう。高等教育入学などで導入されている留保制度の対象が拡大していること（第13章・渡辺）、「弱者層」の無償教育枠が本来、授業料の必要となる初等私立学校においても保障されるようになったこと（第14章・辻田）は、まさに社会的・経済的に不利な立場に置かれる人々にとって教育への期待を掻き立てる仕組みとなっている。

もっとも、どんなに制度整備が進んだとしても、学校教育の「主流」から外れてしまう若者たちがいる。しかし南アジアでは、若者自身が何らかの形で教育を受け続けることに価値を見出せるような環境が、フォーマルな制度だけではなく、通信制教育が行われるサイバーカフェでの友人関係（第15章・茶谷）や、NGOが運営する児童養護施設で生まれる支え合いの関係（第16章・針塚）によって生成され、教育熱を下支えしている。

第II部を通して読者のみなさんには、教育を受けたからといって安定的な雇用の獲得が保障されていないにもかかわらず、教育に対して完全に絶望することなく、何らかの価値を見出せる社会が南アジアに作り出されていることを感じてもらえるのではないだろうか。

（茶谷智之）

第9章

「教育熱」は幼児に何を与えるか
――バングラデシュにおける過熱化する私立の就学前教育

門松　愛

1　「お金があれば良い教育、なければ悪い教育」

「お金があれば良い教育、なければ悪い教育」。この言葉は、2015年ごろ、筆者がバングラデシュのフィールドワークで出会ったある保護者の言葉である。この保護者は、無償の公立学校の就学前教室に子どもを通わせていた。この言葉が意味するのは、お金があれば、私立学校の就学前教室で子どもに良い教育を受けさせられるというものである。バングラデシュでは、就学前教育の拡大に伴って、より幼い子どもへの教育熱が拡大し、可能な限り私立学校の就学前教育に子どもを通わせたいという保護者が多くいる。では、果たして私立学校の就学前教育は本当に「良い」ものであるのか。私立学校と一言で言っても、その実態は実に多様である。多様な私立学校の実態と、「より良い教育」を目指す保護者、そして子どもたちの様子をみていきたい。

バングラデシュで就学前教育が制度化されたのは、2010年国家教育政策によってであり、初等学校の一教室として、「就学前教室」が5歳児向けに1年間で導入された。これにより、とくに公立系学校では就学前教育は無償で提供されるようになった。現在では、90％以上の公立系学校に就学前教室があり、就学率も11・37％（200

表１　調査対象校概要

	A校	B校	C校	D校	E校	F校	G校
立地	ダカ			ショイエドプール			
設立年	2005	2012	1967	1978	2012	2012	2011
授業料（タカ）／月	8500	8500	2700	250	0~100	250	100~150
幼児数	70	12	50	327	45	90	30
教授言語	英語			ベンガル語			

※幼児数は就学前教育段階の子どもの数。授業料は、就学前クラスの各学年での授業料。筆者作成。

5年、UNESCO）から40・82％（2018年、UNESCO）まで拡大している。他方、同国では、就学前教育が制度化される前から、NGOや私立学校（KGスクールと称される）によって就学前教育が提供されていた。私立学校も公立学校と同様、初等学校の一教室として就学前教育を提供する形が主流である。無償制度化により就学前教育が拡大していくのに並ぶ形で、この私立学校も拡大し、２０１７年統計（BANBEIS）では、2万以上のKGスクールがあるとされる。私立学校といっても、富裕層向けのものだけではなく、貧困層から中間層向けに安価な授業料で就学前教育を提供している機関もある。そのなかには初等教育局に無登録のまま開校している私立学校も数多く、その実態は実に多様である。まずは、どのような私立学校があるのか、次節で詳細を確認していきたい。

2　私立学校の実態

本節で使用するデータは、２０１４年11月7日~22日と２０１５年2月20日~3月23日に首都ダカと北西に位置するショイエドプール郡（Saidpur）で行った現地調査に基づくものである。私立学校6校と私立幼稚園1校の計7校を訪問し、実践観察、教員、保護者へのインタビューを行った（表1）。

さて、表1に示した通り、私立学校の授業料は、学校によって様々であり、ダカとショイエドプールでの差も大きい。ショイエドプールは、北西の都市近郊の農村部であり、たとえばE校で授業料が0~１００とあるのは、貧困層に対しては無償で提供しているからである。授業料が高い順に、どのような教育を提供しているのかみていこう。

　まずはA校である。A校は、シンガポールにある私立学校のフランチャイズであり、シンガポール国立大学の専門家グループによってダカに設立された。現地調査を行った私立学校のなかでは、最も整備された教育環境にある。各クラスの教室は、カラフルで、子どもの発達に合わせた小さな机と椅子が用意され、3～5人の少人数ずつでサークルになっている。各クラスの教室のほかに、ダンスを行う部屋、音楽をする部屋、パソコンコーナーがあり、音楽の部屋にはキーボードなどの楽器が並ぶ。カリキュラムは、①言語と算数、②音楽とコンピューター、③フィットネスと健康とおおまかに分かれ、フランチャイズ先であるシンガポールの学校のカリキュラムにしたがって行われている。教育方法としては、遊びを行いながら学ぶという方法であり、楽しく学ぶことを目標としているという。宿題についても、とくに出すわけではなく、やりたい子が行う方法である。ただし、基礎知識はしっかりと教えられており、読み書きは、2歳児クラスのころから徐々に、線をなぞる、円を描くというように始まり、4歳から文字合わせや完璧な文字を書くこと、文字を組み合わせて単語を作ること、5歳では簡単な文章を書くことまで行う。算数についても、数の認識、比較などから足し算・引き算まで行っている。国際的な潮流に則った教育に近いものが目指されながらも、基礎知識の獲得はしっかりと行われていることがわかる。

　B校では、ヴィゴツキーの発達の最近接領域の理論を用いた支援を行ったり、KUMONなどの教材を用いたりして、独自のカリキュラムをもとに、就学前教育が提供されている。B校もカラフルな教室で、多数の玩具が用意され、園庭まである豊かな環境にあるが、幼児数が12人と少ない。これは、B校が「幼稚園型」であることによる。先述したように、バングラデシュの就学前教育は、初等学校の一教室として提供されることが多く、保護者にとって就学前教育を選ぶことは、初等学校を選ぶことでもある。これに対して、B校は、2～5歳児のクラスまでしか持たず、日本でいう幼稚園のような学校である。より競争力の高い私立学校を目指す保護者にとっては、B校のような「幼稚園型」には魅力を感じづらいらしく、B校の教員からは、子どもを集める難しさが語られた。しかし、教育方法としては、遊びを中心とした方法であり、幼い子どもに合った方法で行われているといえる。

次は、C校である。C校は、調査対象となった私立学校のなかでは最も古く、1967年に設立された歴史ある学校である。就学前教育として歴史的に古くから採られていた方法は、チョーク&トークの方法であり、C校では現在でもこの方法が採られている。すなわち、子どもたちは、黒板に向けて水平に並べられた各自の机に向かい、教員が黒板の前で話し、書くのを聞いて勉強をするという方法である。園庭には、ブランコなど2、3の遊具があるものの、子どもたちがそこで遊ぶのは、お迎えの前の時間帯だけであり、おやつの時間以外は勉強をしている様子である。筆者は、2016年2月21日から3月5日の間に、表1に記した以外に5校のダカにある私立学校にも訪問をしているが、これらの学校でも、C校と同じような教育方法がみられた。幼い子どもに合わせた方法というよりは、初等教育と同様の方法が採られているということがわかる。

D校、E校、F校、G校でも、C校と同じようなチョーク&トークの方法が採られていた。唯一異なるのは、教室の子どもの数であり、とくに、D校、F校の場合は、一つの教室にひしめきあって机が並べられ、子どもたちがすし詰め状態で授業を受けているような様子であった。設立年からわかるように、ショイエドプールで調査対象となった私立学校のなかではD校が最も歴史が古く、人気がある。校舎も大きく、広い運動場もあり、保護者の待合室も用意されている。しかし、授業と授業の間の休憩時間に子どもたちが広い運動場で遊ぶ様子はなく、教室に留まっていた。これは、初等学校の一教室であるという関係上、休憩時間の運動場は上級生が使用しており、幼い子どもには危険であるためである。授業の合間で遊びの時間となるのは、授業の開始前に手遊びをしながら歌う時間のみであり、それ以外は、子どもたちはずっと黒板を向いて座っているのであった。E校、F校、G校は、校舎が平屋造りで小さく、比較的小規模な私立学校である。これらの学校は、北ベンガル私立学校会という協同組合に属しており、共通のカリキュラムで教育が行われていた。カリキュラムには、政府のナショナルカリキュラムにはない英語も含まれており、算数などのレベルもナショナルカリキュラムに比較して高い。

このように、私立学校といっても、その実態は実に多様であり、幼い子どもに合わせて国際的な潮流をふまえたフランチャイズ校もあれば、伝統的なチョーク&トークの方法で初等教育と同様の方法を採る学校もある。しかし人気のある私立学校で共通しているのは、ナショナルカリキュラムよりも難しいレベルの教育を提供するという点である。保護者は私立学校に何を求め、子どもたちの生活はどう変容しているのだろうか。

3　子どもを思う保護者の気持ちと就学前教育

私立学校の調査に行くとよく見かけるのが、リキシャやCNG（天然ガス）タクシーなどに乗って子どもを送り迎えする保護者である。送迎の時間帯は校門前や校庭が人でひしめきあい、人口密度上位の国の実態をひしひしと感じる。保護者の子どもへの思いが垣間見えるのが、待合室、学校への要望、そして授業後の過ごし方である。順番にみていこう。

保護者の学校へのかかわりは、主に送迎時のみが多いが、学校によっては、保護者の待合室が用意されており、保護者のなかには、子どもを学校に送り届け、授業が終わるまで学校の待合室で待つ者もいる。筆者が見た待合室は、ショイエドプールのD校であり、屋外に設置され、屋根と椅子のみの待合室で子どもの授業が終わるまで5～6名の保護者が3時間ほど待っているのである。子どもを待つ理由は、「子どもが泣いたりしたときにすぐに対応できるため」ということであり、子どもを思う保護者の気持ちが伝わってくる。また、ショイエドプールのE校では、保護者が教室内に滞在し、子どもの勉強の様子をつきっきりで見ている様子も見られた。保護者によっては、待合室があることや、子どもの様子を見ていられることを学校選択の理由にもあげる場合もあり、幼い子どもを学校に預けるということに対して、不安を感じる保護者の様子も垣間見える。他方、私立学校によっては、保護者が教室の様子を見ることを禁止している学校がある。これは、保護者が教室内にいると、子どもが勉強に集中することを妨げるためという理由である。一国内でも学校の対応は様々であり、保護者によっては、教室で何が行われているのかを全く知らないということもある。

私立学校の保護者が学校に求めるものには、際限がない。たとえば、「教授言語が、すべて英語で教えられるのがよい。でも、もし、アラビア語があればもっとよいと思う」「子どもたちは毎日コンピューターを使う機会を得るとよい」「もし学校がいくつかの学年を加えてくれればと思う。5年生までだけではなくて、中等教育まであればさらによい」のように、数々の希望が寄せられる。そこで特徴的なのは、勉強に関する要望が中心となることである。私立学校の保護者がとくに強く求めるのは、確かな学力の基盤である。筆者が私立学校の保護者にアンケートを行った際には、56名中42名が学校選択の理由として、「子どもが強固な学問的基盤を身に付けられる」ことと回答をしている（複数選択可）。

写真１　ショイエドプールの私立学校の様子。保護者が教室内で子どもの勉強をみている（2015 年筆者撮影）

強固な学問的基盤といったとき、保護者が見据えているのは、「今」ではなく子どもたちの未来である。たとえば、ある保護者は、学校を選択した理由として、「他の私立学校の入試に合格するための強い基盤があるのがよい点である」「ナーサリーから初等学校修了までこの学校に行かせていれば、上級学校に行くのに何の苦労もないと思っている」「もしこの学校を修了すれば、どの学校からも入学許可を得ることができる」のように、より上級の私立学校に行けることを求めて、幼児期からの勉強を重視している。

当然ながら、子どもが勉強に費やす時間も多くなり、それは学校内に留まらない。「子どもの気分にもよるが、16時から18時に個人教師、20時から22時に家で勉強する」と述べる保護者もいる。これ以外にも、私立学校の場合は、宿題が出ることがほとんどであり、多くの保護者が個人教師をつけているとともに、母親が子どもの宿題を家でみていると答えた。

　このように勉強中心の生活となると、当然、子どもの遊びの時間は減っていく。とくに、ダカなどの都市部の場合は、高層のアパートメントが建ち並び、外でのびのび遊べる環境は非常に限られる。学校での遊びについて、私立学校の保護者は、「学校では、彼らは運動場がある。彼らは他の子どもと遊ぶことができる。これは子どもたちの心をリフレッシュさせるものである」のように述べるが、先述したように、学校内で遊びの時間が十分に取られているとはいいがたい。ある保護者は、「私たちの時代は、学校で遊ぶとき、走って遊んだり、ボールで遊んだりしたけど、これらの遊びは今の学校ではみられない。私たちはこれらを家ですることはできない。彼らは伝統的なゲームについて知っているけれども、今彼らはそれができない」のように、子どもの遊びの変容について語る。過熱化する幼い子どもへの教育熱。その最前線にいる子どもたちの生活も変容しつつある。

　冒頭の、「お金があれば良い教育、なければ悪い教育」という言葉にもあるように、保護者のなかには、教育の実態をよく知らないままに、私立学校であるという点に魅力を感じ、子どもを通わせている保護者もいる。他方、バングラデシュの場合、学校選択は1回のみ行われるものではなく、ショイエドプールでみられたのは、「教育についていけなければ公立学校に替える」という声であった。より良い教育を求めて、乱立する私立学校のなかで迷いながら、保護者は教育選択を行っていくのである。

◉参考文献

Bangladesh Bureau of Educational Information and Statistics (BANBEIS), 2017 http://data.banbeis.gov.bd/images/ban02.pdf（最終閲覧２０１８年９月10日）

UNESCO Statistics http://data.uis.unesco.org/#（最終閲覧２０２１年８月15日）

第10章

街道沿いのカレッジ群
――インドの地方都市における教育産業

押川文子

1　拡大する高等教育の受け皿

近年のインドの教育をめぐる目覚ましい変化の一つに、高等教育の急拡大がある。高等教育就学率は当該年齢の20％を越え（第12章参照）、大きな地域差があるとはいえ、かつては一部の恵まれた人々のものだったカレッジや大学は、多くの若者の現実の、あるいは現実の近くにある存在となった。筆者がそのことをあらためて実感したのは、2020年に、バンガロール（現ベンガルール）にある農業研究所（The Foundation of Agrarian Studies）が前年に実施したタミル・ナードゥ州における農村調査の取りまとめ作業に参加して、その調査村を訪ねたときだった。同州ナーガパッティナム県の県都ナーガパッティナムやカトリック教会で有名なヴェランカニから車で1時間ほどのカーヴェーリ川下流デルタ地域にある2村では、中等教育を超えて何らかの教育を続けている若者は男女とも半数近く、そのうち一つの村ではかつて不可触民とされていた若者の間でも60％を越えていた。タミル・ナードゥ州は全インドでも高等教育の浸透が著しい州だが、その動きは農村部にも、また階層やジェンダーを超えて拡大し、高等教育が当たり前の時代が来ていることを痛感した調査結果だった。

それにしても、こうした若者たちは、どこで、どのような「高等教育」を受けているのだろうか。圧倒的な勢いで拡大する高等教育需要に見合う教育供給は、どのように組織されているのだろうか。調査票に記録されていた教育機関名を手掛かりに、そのいくつかを訪ねてみた。

2　私立教育機関中心の発展

調査村の若者たちの大半の進学先は、県都ナーガパッティナムとその周辺に集中している。ナーガパッティナムは、ベンガル湾に面した港町で人口は10万余（2011年）、大きな町ではないが、南北に海沿いに延びる幹線道路と内陸部に通じる道路が合流する交通の要衝にあり、1990年代から多数の教育機関が立地するようになった。その大半は私立の教育機関である。国、あるいは州が直接設立し運営するのは大学や研究機関が多く、カレッジレベルの教育の主な担い手が私立というのは、この地域に限らずほぼインド全域でみられる傾向である。タミル・ナードゥ州高等教育局の資料によると、学士号を授与することができる工科系カレッジ585校のうち552校、技術系の職業資格などを付与するコースを持つ職業訓練カレッジ520校のうち431校、その他のカレッジ1547校のうち1246校が私立の機関となっている。こうした私立中心の発展と並んで、工科系教育機関の急拡大も全インドでみられるが、とくにタミル・ナードゥ州ではその傾向が強い。州高等教育局の組織も一般の高等教育とは別枠で工学系高等教育を担当する局が設けられ、全国認証評価審議会（National Assessment and Accreditation Council, NAAC）や全インド工学教育審議会（All India Council for Technical Education, AICTE）などによる認証評価を積極的に取り入れた工科系高等教育の推進政策や補助政策が実施されてきた。ナーガパッティナム周辺の高等教育機関の増加も、カレッジレベル以上をみれば明らかに工科系を中心としている。工科系カレッジには独立した運営を行うものもあるが、いずれかの大学と提携（アフィリエート）することによって、一定のカリキュラムや教育水準の標準化を図り学士号を授与することが多い。タミル・ナードゥ州の場合は、工科系カレッジの多くは工科系州立大学であるアンナ大学と提携している。

3　高等教育機関の類型と産業化

このようにナーガパッティナム周辺の高等教育機関も、私立の工科系中心の発展という州全体の傾向を反映しているが、設立経緯や運営戦略からみるといくつかのタイプに整理することができると思われる。

(1) 地元発展タイプ

第一のタイプは、この地域の有力なカーストであるピッライの人々が慈善・宗教活動や小規模な農村青年向け教育機関の運営母体として設立していた慈善・教育信託組織が、1990年代に相次いで設立した工科系カレッジを中心とする私立教育機関である。ここでは「地元発展タイプ」と呼ぶことにする。早くから高等教育と専門職域に進出していたバラモンなどの高位カーストに続く形で、農村部を地盤に政治力を増してきた地元の有力カーストは、1980年代にはすでに小規模な学校を設立するなど高等教育を通じた経済的社会的地位の上昇に着手していた。1990年代に入ると、経済改革のなか新しいインドの力として「頭脳」が注目され、ITを中心にした工科系教育にさらに関心が集まるようになる。ナーガパッティナムでこうした動きに先鞭をつけたA工科カレッジのウェブサイトに掲載されている「我々は、グローバルな変化に競うことができる若い心を涵養したことにおいて誰にも遅れなかった」という一文は、工科系カレッジ新設の時代的背景を如実に示している。これらのカレッジは、その後、電子工学、コンピューターサイエンス、情報科学などの学科を増設しつつ、上位方向には大学院課程、下位方向には職業資格コースなどを設置して規模を拡大した。ナーガパッティナムには、同様の発展の経緯を持つ複数のカレッジが存在する。その一つ、1995年設立のB工科カレッジを訪ねると、まず表玄関には、AICTEの認証に加えて国際標準機関（International Standard Organization, ISO）の認証やアンナ大学への提携を獲得してきた過程を示す大きな掲示板や、キャンパスで就職面接を行うIT関連などの企業名やその写真などが掲げられている。緑が大きく育った中庭に面した事務所には創設者の肖像画が掲げられ、きちんとしたサリー姿の受付係が迎えてくれた。同キャンパス周辺には、男子寮など関連施設が併設されている。「教育の質」とその結果としての「有望職種への就職」を前面に掲げた差異化戦略であり、入学可能となる成績基準も後述の二つのカレッジより高い。

(2) 地元新規タイプ

二つ目のタイプは、地元発展タイプにやや遅れて2000年代に入って設立された新規の私立工科系カレッジ群とそのグループである。設立母体である慈善・教育信託組織は、地域資本が主体の場合が多くピッライなど地元有力層も含まれるが、地元発展タイプのような特定カーストの歴史的な動きとの強い結びつきはみられない「地元新規タイプ」である。このタイプの特色は、垂直方向と同時に、文系学科への拡張（とくに就職に直結する教育系など）や多彩な資格取得コース（ディプロマコース）を併設していることである。また立地では、幹線道路沿いに位置するものが多く、ウェブサイトに「国道○○沿い」であることを明記する例もある。

2010年に新設されたC工科カレッジのグループはこうした地元新規タイプの典型であり、南北に延びる幹線道路と西側（内陸部）に延びる道路のちょうど交わるあたりに、いくつものカレッジを展開している。旗艦カレッ

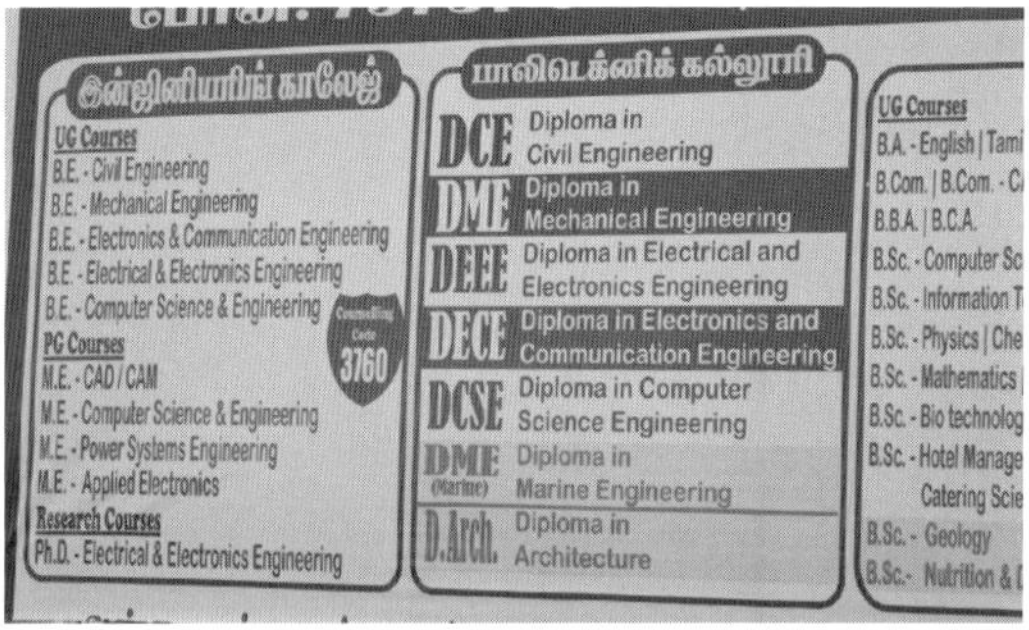

写真1　Cカレッジ正門前の看板。学士号取得コースから職業資格コースまで多様な展開が示されている（2020年2月筆者撮影、ナーガパッティナム県）

ジである工科カレッジだけでなく、人文、教育、看護、薬学など女子学生にも人気のあるカレッジ群に加えて、ヨガや伝統医学、セラピーなどのカレッジ、また多数のコースを持つ職業資格コースや後期中等教育学校も併設され、設立後10年で一大教育複合体を形成してきた。各カレッジには修士課程、博士課程も設置されているが（少なくとも看板には書かれているが）、グループ全体の方向は工科系教育の高度化に焦点を当てるよりも、カレッジ教育の横方向の拡大（多様化）と、職業資格コースや中等教育など下方への拡大によって、より広く、より多様な若者を吸引することにあるようだ。こうした戦略を考えれば当然、想定された学生たちの通学地域はナーガパッティナムだけではない。事務局長の話によると、毎日数十台のスクールバスが、最大では70㎞もの範囲で運行され、周辺農村地域から学生たちを集めているという。幹線道路沿いの立地はそのためのものであり、こうした新興カレッジ・グループにとって、農村部で拡大する教育需要を取り込むための必須条件である。調査村の若者たちも、バイクで通学しているケースもあるが、多くはこうしたバスを利用していた。造成地にやや乱雑に建てられた講義棟ばかりのキャンパスは殺風景だが、建物にもグラウンドにもバス乗り場にも男女の若者たちが溢れていた。

写真２　Ｃカレッジのキャンパス風景。学生たちの背後に夕方の出番を待つスクールバスが見える（2020年２月筆者撮影、ナーガパッティナム県）

(3) チェーン化タイプ

私立教育機関の三つ目のタイプとして、建築系のカレッジとして２００８年に新設されたＤ建築設計カレッジを挙げておきたい。このカレッジは、前述のCカレッジのあるあたりで幹線道路から分かれて内陸の中心都市ティルチラーパッリに向かう街道沿いの農村地域に、こじんまりとしたキャンパスを構えている。運営主体はティルチラーパッリに同様の建築系カレッジを設立しており、「チェーン化タイプ」の例といえよう。建築学士（B. Arch）や建築学修士（M. Arch）は、専門性が高く就職に有利で人気があること、またこの地域では工科系カレッジと比べて数が少なく競合が小さいことも、こうしたチェーン化の背景にあると思われる。Dカレッジの運営責任者である建築家は、「創造性と芸術性」「簡素な環境のなかの少人数の学び」を重視していると語り、「簡素」ながら、キャンパスや校舎内には学生が制作したオブジェや絵画が随所に置かれ図書室も整備されていた。前述のCカレッジよりも市街地から離れているにもかかわらず、学生たちの大半はナーガパッティナムや州内の都市部から来ていて、英語での授業も問題ない学生が多い印象を受けた。授業料は本章で取り上げたカレッジのなかで最も高額である。このDカレッジの戦略は、ニッチな市場に絞って蓄積されたノウハウや人的資源を空間的に配置し、グループ全体としてタミル・ナードゥ州のなかでの存在を示そうとするようにみえる。興味深いことに、Dカレッジに隣接して同じ経営主体による教育学のカレッジが併設されており、こちらは制服（サリー）着用で近隣農村部から女子学生を集めていた。教育学士（B. Ed）は、現在も農村部女性にとって安定的かつ望ましい職種である初等・中等学校教員への道を拓く資格である。女子学生が学びやすい（農村家族にとって娘を通わせるうえでの心配の少ない）小規模カレッジは、経営側からみても最小限の初期投資で安定的な経営が見込まれる分野なのである。

4　高等教育——産業化と若者の「時間」

村の若者たちの半数近く、あるいはそれ以上が「高等教育」に進むことを可能にしているのは、上記のように多様な形態と戦略をとりつつ、「カレッジ・ランキング」上位入りを狙うカレッジから、1年、あるいは2年程度で

「資格」を取得できるディプロマコースまで、様々な教育需要に見合う教育を提供する私立教育機関の発展だった。教育機関の設置には、広大な土地取得、校舎や諸設備の整備、運営体制構築や教員確保、さらに県、州レベルの認可や補助金獲得、設置後の大学連携や認証評価など、膨大な資金、情報へのアクセス、そしておそらく人的コネクションを要する。それは地域にとっては、それ自体が経済活動を押し上げる契機となり、教員からバス運転手、周辺の茶屋にいたるまで多くの雇用を生む。同時に、利権や利害が絡むローカル・ポリティクスや社会集団間の競合とも無縁ではありえない。「若者の心の涵養」の背後には、表に出てこないことを含めて、おそらくそれほど美しくない現実が渦巻いているはずだ。ただはっきりしていることは、タミル・ナードゥ州の地方都市の周辺で、高等教育は、将来性のある市場を持ち競争が機能する「産業」として成立してきた、ということである。そしてこれはナーガパッティナムに限らず、州内各地で、また程度の差はあれ北部インドを含めてインド全域の多くの地方都市でも進行している動きだろう。

しかし、ナーガパッティナムから調査村に戻ると、その産業の別の面もみえてくる。州政府は、カースト基準や経済基準に加えて、世帯内ではじめて高等教育に進んだ、いわゆる「カレッジ教育第一世代」を対象とするものなど、様々な枠組みを設けて奨学金や補助金を拠出しているが、農村の若者とその家族にとって数年にわたる高等教育は決して安いものではない。ナーガパッティナム周辺のカレッジの年間授業料を各カレッジのウェブサイトで確認すると、多くは年間3万ルピーから6万ルピー程度と表示されている。調査票をみると、教育費捻出のためにローンを組む事例もあり、またカレッジを出ても必ずしも安定的な職種に就けるというわけではないことも明らかである。こうした高等教育の費用対効果の課題や教育と雇用市場のミスマッチの問題は、これまでも再三指摘され、おそらく村の若者たちや家族にとってもある程度は想定内といってもいいだろう。

ただ、たとえば村の夕方、カレッジから帰ってきた若者数人がふざけ合っていたり、あるいはカバンを背負ってバスから降りてくる若い女性を見たとき、こうした「問題」とは異なる新しい農村社会の息吹も感じることができる。たとえ多くの困難な問題があったとしても、必ずしも将来を保証するものではないとしても、高等教育は若者たちに新しい「時間」を与えている。それは祖父母や父母の世代にはあり得なかった家族や村社会から少し距離をおく「時間」でもある。彼らが農村社会の中核になる10年後、20年後にインド農村はどういった姿をみせるだろうか。現在進行中の教育の産業化と合わせて、その行方が注目される。

◉参考文献

Higher Education Department, Govt. of Tamil Nadu, *Policy Note* 2019-20 https:/cms.tn.gov.in/sites/default/files/documents/hedu_e_pn_2019-20.pdf. p.12, p.52.（最終閲覧２０２１年８月16日）

Kumar, Satendra, 2014, "Privatisation of Higher Education in India: Hopes and Despairs," *Social Change*, 44-3, pp. 1-8.

第11章

ドバイにおけるインド系外国大学分校の展開

中島悠介

1　アラブ首長国連邦とインドの関係

アラブ首長国連邦（United Arab Emirates, UAE）は中東湾岸地域に位置し、七つの首長国から構成される連邦制国家である。豊富な石油資源が埋蔵されており、政治的に中心的な役割を果たしているアブダビ首長国（アブダビ）に対し、ドバイ首長国（ドバイ）は石油資源に乏しく、資源依存型経済からの脱却を図るため、ビジネスの規制緩和を通した積極的な外資導入により経済開発を推し進めている。また、ＵＡＥはイスラームを国教とし、アラビア語を公用語としているが、経済開発を担う労働力は多分に外国人に依存しており、全人口の90％程度を外国人が占めていることから、英語も広く通じる社会を形成している。

ＵＡＥとインドの国際関係については、社会的、政治経済的に緊密な関係を築いてきたといえる。インドはもともと英国の植民地であった一方、ＵＡＥも１８９２年に英国の保護領になったが、20世紀初頭には英国とインド、南半球を結ぶ航路の中継地として発展した歴史がある。ＵＡＥは１９７１年に英国より独立したが、インドとは１９７２年に国交が開始され、１９７３年にはインド大使館がアブダビに設置された。近年では、アブダビ首長国皇太子であるムハンマド・ビン・ザーイド・アル＝ナヒヤーンが２０１６、２０１７年にインドを訪問した一方、インド首相のナレンドラ・モーディーも２０１８、２０１９年にＵＡＥを訪れており、両国が良好な関係を形成していることがうかがえる。

また、両国の経済関係をみてみると、ＵＡＥにとってインドは最大の貿易相手国の一つとなっている。とくに、石油資源に乏しいドバイでは、中東地域の経済ハブとして積極的な外資導入を通した経済開発を推し進めるなかで、ウィプロ、ターター、インド石油公社、インド銀行をはじめ、数多くのインド系の企業が進出している。さらに、ＵＡＥの全人口は１０００万人程度であるが、こうした経済発展に伴う就労機会を求め、ＵＡＥには約２７５万人のインド人が居住しているとされ、ＵＡＥ人を越える割合を占めている。そして、これらの外国人労働者の子どもの就学機会の受け皿として、初等・中等教育段階では外国人学校やインターナショナルスクールも発展している状況がある。

2　ドバイにおけるインド系外国大学分校

ドバイには多くの国々の高等教育機関の分校（外国大学分校）が展開しているが、これらの分校も上記のような積極的な外資導入の文脈に位置づけることができる。２０１９年時点で、ドバイ・アブダビの両首長国において、少なくとも36の外国大学分校が展開している。米国・英国・オーストラリアといった英語圏の国々の高等教育機関が多く進出しているだけでなく、インドやパキスタンといった南アジアの国々や、レバノンやイランといった中近東の国々の高等教育機関もみられる点に特徴がある。これらの外国大学分校が発展した背景には、①現地に居住している外国人や近隣諸国からの留学生を含め、大きな学生のマーケットが存在すること、②多くの分校が提供する経済・経営や工学、ＩＴといったプログラムが、経済ハブの形成を目指すドバイのニーズに適合していること、③

表１　ドバイにおけるインド系外国大学分校

機関名	設立年	学生数	主な課程
アミティ大学ドバイ	2011	2,079	建築、工学、IT、ビジネス、人文、法学、メディア
ビルラ科学技術大学ピラニ校ドバイキャンパス	2000	1,307	工学・IT・自然科学
マニパル高等教育アカデミードバイ	2003	2,331	建築、工学、IT、ビジネス、人文、メディア

出典：中島悠介、2021、『湾岸アラブ諸国における外国大学分校の質保証』、東信堂を中心に筆者作成。学生数、主な課程は2019年時点。

２００１年に発生した米国同時多発テロ事件以降、一定の期間、ムスリム学生の欧米諸国への留学が困難となり、それらのニーズを吸収したこと、などが挙げられる。

インドと緊密な社会・経済的な関係を築いてきたドバイにおいて、明確にインドに由来する外国大学分校として運営されている機関はアミティ大学ドバイ、ビルラ科学技術大学ピラニ校ドバイキャンパス（ＢＩＴＳピラニ－ドバイ）、マニパル高等教育アカデミードバイの3校が挙げられる（表1）。アミティ大学はインドにおいては私立大学とされているが、ビルラ科学技術大学ピラニ校とマニパル高等教育アカデミーはインドにおいて私立の準大学とされ、さらに「卓越機関」として位置づけられている。いずれの分校も学士・修士・博士課程のプログラムを提供しており、ドバイにおいて10～20年程度の年月をかけて、着実に規模を拡大してきた。また、ＢＩＴＳピラニ－ドバイは理系の大学であるため、主に工学・ＩＴのプログラムを提供しているが、他の二つの分校は文理問わず幅広い分野のプログラムを設置している。これらの分校に就学する学生の多くはインド人などで占められている一方、ＵＡＥ人の就学はほぼみられない。

これらの分校はいずれも、連邦政府の規制が緩和される経済特区の一つであるドバイ・インターナショナル・アカデミック・シティ（Dubai International Academic City, DIAC）に立地している。また、大学の規模が小さい間は既存の建物にテナントとして入る一方（写真1）、学生数が増加して規模が大きくなると、新たに校舎が建設されている。ただし、これらの分校はＵＡＥの連邦政府から正式に認定を受けているわけではなく、あくまでドバイ政府が独自に認可しているため、とくに連

写真１　DIAC 内のテナントの様子（2014 年７月筆者撮影、DIAC）

邦レベルの公的機関への就職を目指す場合には一定の制限が課されることもある。そのため、ＵＡＥにおいて公務員の職を好む傾向にあるＵＡＥ人にとっては就学を敬遠されがちであるものの、民間部門に就職することが多いインド人や他の国籍の外国人にとっては、有力な進学先の一つとなりうるのである。

3　ドバイにおけるインド系外国大学分校のさらなるローカル化とグローバル化

これまで述べてきた3校の外国大学分校は、「インドの高等教育機関の分校」として位置づけられる。一方、インドの機関の分校とはみなされないものの、インドと密接につながりながら展開されている機関が、経営・技術機構ドバイ（ＩＭＴドバイ）とＳ・Ｐ・ジャイン・グローバル経営スクールドバイ（Ｓ・Ｐ・ジャイン－ドバイ）である。ＩＭＴドバイはインドの経営・技術機構ガイゼラバード（ＩＭＴガイゼラバード）とつながりを持っているが、ＵＡＥでは分校ではなく独立した機関としてみなされている。そして、Ｓ・Ｐ・ジャイン－ドバイはインドのＳ・Ｐ・ジャイン経営・研究機構を母体としながらも、後述の通り、Ｓ・Ｐ・ジャイン・グローバル経営スクールシドニー（Ｓ・Ｐ・ジャイン－シドニー）の分校として扱われている。これらはいずれもビジネススクールに該当し、学士課程、ＭＢＡ（経営学修士）、ＤＢＡ（経営学博士）などのプログラムを提供している（表2）。

まず、ＩＭＴドバイについて、分校ディレクターであるジャナキラマン・ムルシー氏によれば、ＩＭＴドバイの立場としても、ＩＭＴガイゼラバードの分校というよりは、ＵＡＥにおける独立校という位置づけとして認識され

表２　ローカル化・グローバル化の進行したインド関連外国大学分校

機関名	提供国	設立年	学生数	主な課程
経営・技術機構ドバイ	UAE	2006	764	ビジネス
S.P. ジャイン・グローバル経営スクールドバイ	オーストラリア	2004	1,873	ビジネス

出典：中島悠介、2021、『湾岸アラブ諸国における外国大学分校の質保証』、東信堂を中心に筆者作成。提供国、学生数、主な課程は 2019 年時点。

ていた。とくに連邦政府により規定される学習成果や教員の資格の要件などを守っている点で、国家の基準を満たしていることを強調している。教員の資格については、連邦政府の規定で博士学位を保持する教員の採用が求められていることから、教員の多くは博士学位を保持することとなっている。このように、ＩＭＴドバイはＵＡＥの連邦レベルの要件を満たすことで、ＵＡＥにおいて独立した位置づけを獲得しており、「現地の高等教育機関」としてＵＡＥ人学生の受け入れ促進を目指している。実際に、インドとかかわりを持ついずれの外国大学分校も、ほとんど１００％の学生が外国人で占められているのに対し、ＩＭＴドバイのみがＵＡＥ人学生が約20％に上っている。

写真２　S.P. ジャイン－ドバイ（2014 年 7 月筆者撮影、DIAC）

次に、Ｓ・Ｐ・ジャイン－ドバイ（写真２）については、インドを中心としつつシドニー、シンガポールにも分校を展開しているが、シドニー校がオーストラリアの質保証機関であるオーストラリア高等教育質・基準機構（Tertiary Education Quality and Standards Agency, TEQSA）から認定を得ることで、オーストラリアの高等教育機関の分校としてアピールされている。分校ディレクターであるクリストファー・アブラハム氏も「最初は（インドの）Ｓ・Ｐ・ジャイン経営・研究機構の分校であったが、Ｓ・Ｐ・ジャイン－シドニーがＴＥＱＳＡからの適格認定を受けたことで、Ｓ・

P・ジャイン－ドバイはS・P・ジャイン－シドニーの分校になった。…（中略）…よって、私たちはインドの学校ではなく、インドにルーツを持つオーストラリアのビジネス・スクールということになる」と語っていた。TEQSAから適格認定を受けたことでカリキュラムも改変し、たとえばMBAコースでは1年のうち4か月をドバイ、4か月をシンガポール、4か月をシドニーでプログラムを提供することにより、学生の国際性を向上させるとともに、卒業後の労働市場の多様化を図っている。

このように、インドの高等教育機関を母体としながらも、ターゲットとする学生や、卒業後に想定する労働市場、分校の運営戦略、目指す教育の方向性にしたがって、「インド」という枠組みにとらわれず、多様な形態で展開している状況がみて取れよう。

4　インドに由来する高等教育機関のさらなる多様化・ネットワーク化

これまでみてきた通り、UAEおよびドバイとインドはこれまで社会的・経済的に緊密な関係を形成してきた。そして、そうした関係性を基盤として、ドバイには多くのインド人が居住しており、それらのニーズに対応する形でインドの高等教育機関の分校がドバイで展開してきたといえる。さらに、外国大学分校自体も単に「インドの教育機関の分校」という位置づけにとらわれるのではなく、IMTドバイやS・P・ジャイン－ドバイのように、グローバル化やローカル化のメリット・デメリットを考慮しながら、多様な形態のネットワークを広げている様相をみて取ることができる。

先述の通り、UAEでは経済開発においてインドをはじめ南アジアからの労働者に大きく依存しているため、こうした緊密な関係は急速に悪化するとは考えにくく、今後も継続していくだろう。それに伴い、教育・高等教育部門をはじめとした文化的な関係もますます発展していくことが予想される。このような教育的連携のなかで、インドとＵＡＥの対話はどのように行われていくのか、また、グローバル化が進展するなかでどのような教育機関やプログラムのネットワークが形成されていくのか、これからも注目すべきテーマといえよう。

◉参考文献

中島悠介、２０１４、「ドバイのフリーゾーンにおける外国大学分校質保証の展開—二元的アプローチへの制度的変遷を中心に—」、『比較教育学研究』、49、１７６〜１９８頁。

第12章

「大衆化」するインドの高等教育と高学歴者の就職難

佐々木　宏

1　高等教育の拡大

(1) 高等教育の爆発的拡大

大学審議委員会（University Grants Commission, UGC）の報告書（２００８）によれば、インドの高等教育機関数は、独立直後（１９５０～51年）は７２７校であったが、１９７０～71年に３７０６校、１９９０～91年に７５３６校、２０００～01年に１万３０６２校と着実に増加している。この傾向は２０００年代に加速し、２０１０～11年にはインドの高等教育機関数は４万４６９０校となる。その後も増加を続け、２０１９年時点、５万５１６５校の高等教育機関の存在が報告されている。

学校数の増加は、そこで学ぶ人々の数の増加を意味している。図１は２０１０年開始の全インド高等教育調査（All India Survey on Higher Education, AISHE）の初回調査から２０１９～20年調査の結果をとりまとめたものである。２０１０年には19・４％（就学者数は約２７５０万人）であった高等教育就学率（18～23歳人口に対する粗就学率）は、約10年で27・１％（就学者数は約３８５０万人）に上昇した。高等教育研究においては一般に就学率が15％を超えるとその国の高等教育は「大衆化」したとされるが、インドの高等教育はまさにそのステージに到達したといえるだろう。

むろん、就学率を地域あるいは社会経済的集団別に比較すると格差が確認できる。全インドの就学率を27・1％と報告したAISHE 2019-20を参照すると、首都デリーの就学率（48・0％）は50％に迫るところまで伸びている一方で、社会経済開発の後進地域として知られているビハール州の就学率は14・5％に留まっていた。また、同調査結果からは、指定カーストの就学率（23・4％）や指定部族の就学率（18・0％）は全体と比べ低いことも指摘できる。ただし、指定カーストや指定部族の就学率も直近10年程度の間にそれなりに上昇している。AISHE 2010-11では前者は13・5％、後者は11・2％であった。さらに図1からは、高等教育の男女間の格差が就学率に限っていえば、つい最近解消したことがうかがえる。

教育機関数や就学者数の推移からは、近年急拡大するインドの高等教育は格差を内包しつつも、後進地域居住者、女性、被差別社会集団といったかつて高等教育から排除されていた人々にも機会を開きつつあるといえるだろう。こうした動きの背景にあるのは、人々の教育への期待の高まりである。次節以降では、筆者の調査フィールドであるウッタル・プラデーシュ（UP）州の地方都市ワーラーナシー（Varanasi）の現実から、その具体的な姿について述べてみたい。

図１　高等教育機関数と就学率の推移

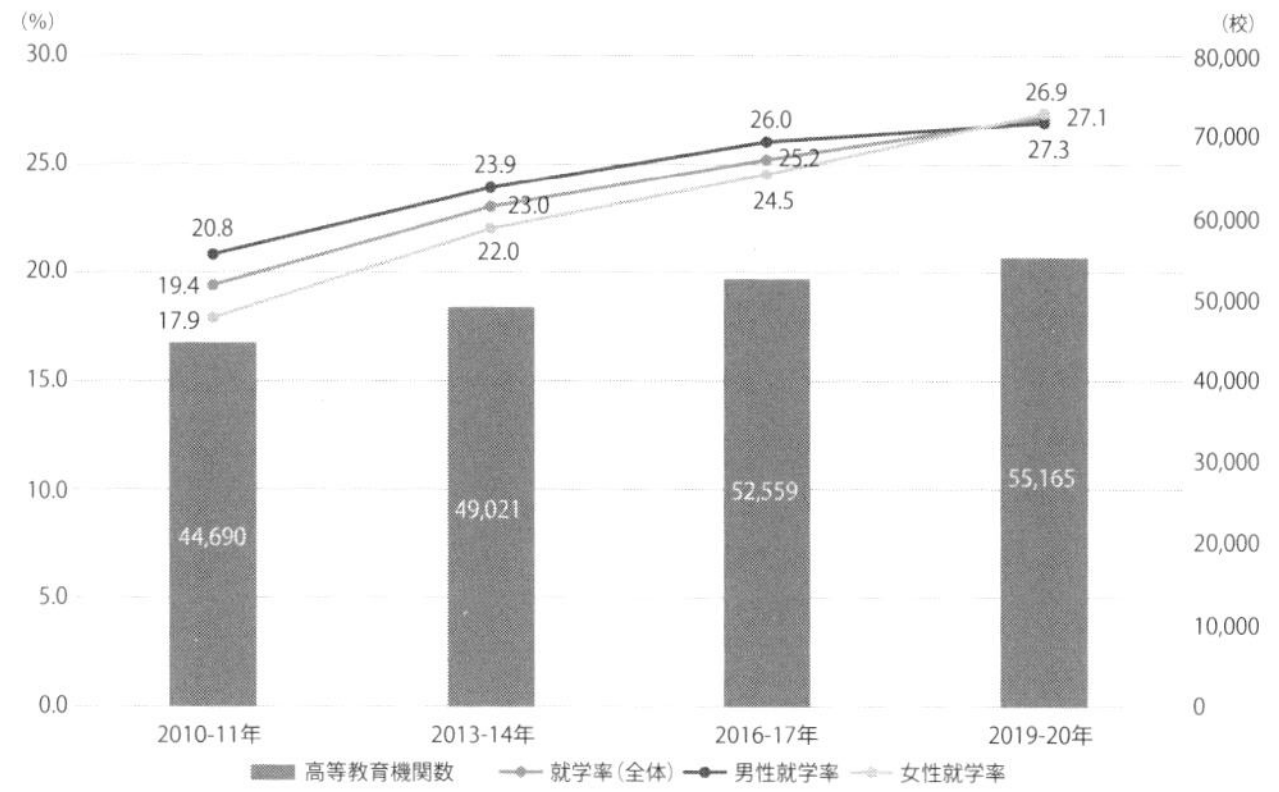

出典：筆者作成

（２）地方都市の高等教育の今

ときに後進州といわれるＵＰ州であるが、高等教育の普及度合いはそれほど悪くない。AISHE 2019-20によるとＵＰ州の高等教育就学率は26・9％であった。そのＵＰ州東部の都市ワーラーナシーでも近年、高等教育が急速に拡大している。

近年のワーラーナシー県（ワーラーナシー市と周辺農村部を加えた行政区）の高等教育の拡大トレンドについて、ここでは筆者（佐々木、２０１７）によるＡＩＳＨＥの個票データを使った分析を紹介しよう。県（District）はＡＩＳＨＥの個票データを使って高等教育の現状が整理可能な最小単位である。

１９５０年代には20校程度だったワーラーナシー県の高等教育機関は２０１０年代には１３０校まで増えた。そのうち70校は２０００年代に設置された学校である。２０００年代以降に倍増したわけである。この爆発的な学校増は大規模な総合大学の増加によるものではなく、「独立した教育機関」（Standing Alone Institution）と呼ばれる単科の学校や「被提携カレッジ」（Affiliated College）と呼ばれる小規模な学校の急増に支えられている。２０００年代以降、新設された70校の内訳は、総合大学が1校、独立した教育機関が8校、被提携カレッジが61校であった。さらに２０００年代以降の高等教育機関増は、主に公的財政補助を受けない私立学校（相応の学費負担を学生に課す学校）に支えられており、また農村部での学校増加も顕著である。そして１９９０年代以降、女子校が急増している。

こうした事実からは、かつて高等教育からは縁遠い存在だった人々が積極的にそこに参入しつつある姿がうかがえる。農村での学校増や女子校の増加は、農村居住者や女子の高等教育の参加の進展を示している。公的財政補助を受けない私立学校の増加は、高等教育の拡大が受益者に経済的負担を強いる形で進んでいることを示唆するが、筆者の調査では、被提携カレッジには、高額な授業料を課す学校がある一方、リーズナブルな学校もかなりあることが確認されており、また学生の多くは州政府の給付型奨学金を利用していた。拡大する高等教育のある部分は低所得・貧困層にも開かれているわけである。

人々は高等教育に何を求めているのか。それを端的に表しているのが、独立した教育機関や被提携カレッジの一部が提供する専門職学位コースの急増であろう。写真1は2015年に撮影した、新設の私立被提携カレッジの看板である。看板からは、経営学の学位（M.B.A.とB.B.A.）、薬学の学位（B.PHARM, Bachelor of Pharmacy）、コンピューターの学位（B.C.A., Bachelor of Computer Application）を付与する四つの学位コースがあることがわかる。この学校には、金融業や保険業、製薬業やメディカルケア産業、ICT産業といった、いずれも経済発展により伸張する花形産業での「良い仕事」に就くことを夢見る若者たちが集まっていた。専門職学位コースは就職を強く意識した高等教育なのである。私立の専門職学位コースの学費負担は重いが、ワーラーナシーでは今、このような学校が流行している。

写真１　人気を集める専門職学位コースの看板（2015年筆者撮影、ワーラーナシー）

2　高学歴者の就職難

(1)　顕在化する高学歴者の就職難

ワーラーナシーでは「良い仕事」に就きたいという期待が高まり、高等教育が拡大しつつあるが、同時にその期待を裏切られる人々も目立つようになっている。高等教育修了後、就職できない、より正確には期待する「良い仕事」に就けない若者たちである。

ホワイトカラー常勤職のような高学歴者向けの職業の数が少ないことはインドの労働市場の古くからの特徴で

あったが、経済発展期に入っても状況は大きく変化していない。一方で、若年人口や学卒者は増加しているため、教育を受けた若者たちの就職難が深刻化している。ワーラーナシーのような都市では農村からの人口流入が状況をさらに悪化させている。

２０１０〜12年の失業率統計（NSSO 2014）によれば、一般男性（15〜59歳）の失業率は都市部で３・１％、農村部で１・９％であったが、若年（15〜29歳）男性の失業率は都市部で８・１％、農村部で５・０％であった。若年層のなかでも学歴が高いほど失業率は高い。同統計によれば、都市部の若年男性の失業率は、大卒者が16・３％、中等教育修了者が12・０％、基礎教育修了者が５・１％、非識字者が２・５％であった。低学歴者の失業率が低いのは、インドにはたとえばドライバーや小商店での仕事といった都市雑業、伝統的製造業や農業関連の仕事といった学歴不問の職が多く存在しているためである。

高学歴者の就職難は学歴獲得競争の激化をもたらす。たとえば近年、インド工科大学（Indian Institute of Technology）のような超名門校の受験競争がますます激化している。また、先にみた専門職学位を提供する学校の流行もその現象の一端といえよう。就職難のなか人々は、学士で「良い仕事」を得られなければ、続いて修士や博士を、あるいは専門職学位を取得するといった行動に駆り立てられるからである。高学歴者の就職難は専門職学位を提供する私立学校の急増、ひいては高等教育の肥大化を後押ししているわけである。

こうしたなか、もう一つの問題が生じている。それは社会経済的に不利な家族出身の「高学歴者」が直面する困難である。ここでは、筆者が２０１０年から進めてきたワーラーナシーの若者調査の対象者の一人、ラフール（仮名／男性／23歳、年齢は２０１５年12月当時のもの）の苦闘を紹介してみよう。彼は州政府から貧困線以下世帯（Below Poverty Line Household）の認定を受ける「貧困家族」の出身者である。

(2)「高学歴者」ラフール君の苦闘

2015年12月、ラフールと初めて会ったとき、彼は新興の私立被提携カレッジの文系コースの最終学年に在籍していた。父、兄家族(4人)、ラフールからなる家族で暮らし、家の畑で栽培した花をマーラー(神様に捧げる花輪)にしてバザールで売ることを家業としていた。他に父の日雇い労働の稼ぎもあるが、生活は苦しい。父はアルコールとドラッグで体調を崩し十分に働けず、ラフールと兄が事実上の働き手であった。実は、ラフールが子どものころから父の浪費により家計は厳しく、彼は小学生のころから日雇い仕事をしてきたという。高等教育進学後も建設現場などで日雇いを続け、一日300ルピー程度稼いでいる。ラフールは家業の重要な担い手でもある。中等教育修了時、ラフールは政府系職業訓練校(Industrial Training Institute, ITI, 技術系専門学校で就職状況は良好)に願書を出したが不合格だった。政府系職業訓練校は競争率が高いためである。彼の中等教育修了試験のスコアはあまり高くはない。そこで高い学力を求められない私立職業訓練校も検討したが、年間授業料が2万5000ルピーと知り断念した。結局、近所の私立被提携カレッジに入学することになる。ラフールがこの学校を選んだのは、入試がなくかつ授業料が安価だったため(年間5000ルピー)だという。ラフールは州政府から授業料相当の給付型奨学金を受けている。

彼は卒業を前に、他の教育機関への進学、公務員採用試験の受験を考えていた。この展望は新興被提携カレッジの一般文系コースの卒業生ならではのものといえる。ラフールの通う学校に民間企業はまったく興味を示していないからである(名門校や専門職学位コースでは民間企業の求人イベントなどが行われている)。そこで、さらなる学歴資格を得ることが第一の選択肢となる。また、受験可能な職が中等教育修了者よりも多いという高等教育修了者のアドバンテージを活かし公務員を目指すことがもう一つの選択肢になる。ラフールはその後、どうなったのか。以下は、その後の聞き取り記録の抜粋である。

【2016年9月】卒業後、家業の手伝いをしながら、民間企業の職を探していたが、コネもなくワイロも出せないのであきらめつつある。今は自分でビジネスを起こすことを考えている。資金は畑を売って作る。父は体調を崩しているが酒はやめていない。

【2017年1月】状況変わらず家業の手伝い。今月、スタッフ・セレクション・コミッション試験（Staff Selection Commission, SSC, 公務員採用試験の一種）を受けるが、仕事が忙しく合格する自信はない。この試験は38 00のポストに対して50万人程度の受験者がいるらしい。私立職業訓練校に進学することも考えたが、学費がない。

【2017年9月】父は酒をやめていない。今日も飲んでいる。今日はお祭りでマーラーがよく売れるから、これからバザールへ売りに行くところ。1月のSSCは不合格だった。この試験は年齢制限でもう受験できない。今月、ステイト・バンク・オブ・インディア（インド国有銀行）の職員採用試験を受験した。試験の出来はあまり自信がない。将来的にはお店を開きたい。そのためにお金を貯めないと。民間企業で就職できる能力・資格・経験がないから、家業で稼いでお金を貯める。2年以内に結婚をさせられそう。そろそろ年齢的にしなくてはならない歳だから。

【2018年2月】相変わらず花の仕事をしている。家計の支え手として相当忙しい。9月の銀行の試験は、一次は合格したが二次が不合格だった。今は国鉄職員をねらっている。募集人数が多いので。全国で6万5000人。ただし受験者はUP州だけで200万人もいるので簡単ではない。お店を開くためのお金は全然貯まらない。教員資格（B.Ed）を取るために進学をしたいが、授業料の安い政府系学校は学力的に困難。私立は授業料が高く進学できない。

聞き取り調査の記録を振り返るとラフールの夢の実現がいかに困難であるか、いかに先行きが不透明であるかがみえてくる。彼は苦学の末「高学歴者」になったが、職を得るうえでは彼の学歴はあまり役に立っていない。また、貧しい彼にはさらなる学歴取得は容易ではない。さらに公務員採用試験は狭き門で合格の見通しがついていなかった。なお、ワーラーナシーで職を得るにあたってはコネやワイロをも有力な「武器」となる。しかし、ラフールにはそのような「武器」もなく、結局、彼の就職活動は袋小路に陥っていた。

２０１９年12月にワーラーナシーを訪問した際、ラフールには会えなかったが、消息を聞くことはできた。国鉄職員採用試験は不合格で、家業の手伝いと日雇い仕事を続けていたが、２０２０年4月ごろに結婚をすることが決まったという。以降の消息は不明だが、結婚を機にラフールは学歴を足がかりにした就職を断念したかもしれない。家庭を持つと、先行きが不透明な夢を追いかけるよりも堅実な生き方を選ぶ必要が出てくると思われるからである。その場合、経済的困難を抱えつつも、「良い仕事」に就くために高等教育まで進んだ彼の苦学は結局報われなかったことになる。

インドにおける高等教育の普及は、まずは積極的に評価すべきだと思う。高度な教育を受けた人々が増えることは社会にとってプラスになるだろうし、高等教育の機会が多くの人に開かれることは機会平等の進展を意味するからである。しかし、今、ラフールのような若者たちが生み出されていることも忘れてはならない。インド社会は今後、彼らの期待や挫折にどう応えていくのだろうか。

●参考文献

佐々木宏、２０１７、「資料：インド高等教育の発展動向―高等教育機関データベース All India Survey on Higher Education の検討―」、『アジア経済』、58－1、73～96頁。

National Sample Survey Office (NSSO), 2014, *NSS Report No.554 - Employment and Unemployment: Situation in India, 2011-12*, New Delhi: NSSO.

University Grants Commission (UGC), 2008, *Higher Education in India: Issues Related to Expansion, Inclusiveness, Quality and Finance*, New Delhi: UGC.

第13章

過熱する大学受験競争
――「公平」な大学入学者選抜制度とインドのゆくえ

渡辺雅幸

1　過熱する大学受験と「公平性」

インドは世界でも有数の受験大国の一つであり、試験の点数がわずか1点でも違えばその後の人生を大きく左右することもある。そのため、しばしば大規模なカンニングが発生するなど、その過熱ぶりは日本のメディアでも取り上げられるほどである。一方、インドはその豊かな多様性や、社会的・経済的格差が存在するゆえに、どのようにすれば「公平」な大学入学者選抜制度を構築することができるのかが依然として大きな問題となっている。そこで本章では、インドの大学受験のしくみやその実情などを紹介し、「公平」な大学入学者選抜制度という視点から、インドについて考えてみたい。

2　インドの大学受験のしくみ

インドの大学受験のしくみは大きく二つに分けられる。一つは第12学年を修了するために課される試験であり、もう一つは各専門分野別の統一試験である。そこで、まずは第12学年の修了試験からみていきたい。

(1) 第12学年修了試験

インドでは、第12学年(日本の高校3年生相当)の終了時に後期中等教育(第11〜12学年)の修了試験を受けることになっており、その合格(一般的に各科目33%以上の得点率)が後期中等教育の修了資格であると同時に、大学入学資格にもなっている。したがって、もし大学を選ばなければ、その合格のみでどこかの大学に入学することも可能だが、より上位の大学に入学するためには、その得点率の高低が合否に大きく影響する。

なお、インドでは、各学校はカリキュラムの提供やそれに基づいた修了試験を実施する委員会(Board)というものに加盟することになっている。主として、連邦政府が設置する学校や都市部の私立学校は中央中等教育委員会(Central Board of Secondary Education, CBSE)に、州政府が設置する学校は各州レベルの委員会に加盟している。また、教授言語および試験の際に使用される言語について、CBSEは(後期中等教育の場合)英語、州レベルの委員会は各州の公用語であるほか、当然各修了試験はその内容も異なるが、CBSEや各州の修了(および大学入学)資格は、州をまたいで全国で有効である。

CBSEの試験を例にとると、試験科目については英語や数学、歴史、物理など各自が後期中等教育で受けた科目に合わせて受験する。点数は科目によって60点満点や80点満点などの違いはあるが(州によっても点数が異なっているが、合否に「得点」そのものではなく「得点率」が問われる所以はここにある)、一般的に各科目3時間ほどの試験で、多項選択(いわゆるマークシート式)だけでなく、記述の解答を必要とする問題も出題される。

さて、第12学年修了試験終了後に、各大学はその合格に必要な最低限の得点率である「足切り(cut-off)」を公表し、上位校のものは毎年メディアでも報道されるが、実はその得点率が近年急上昇している。たとえば、2011年にはデリー大学の被提携カレッジであるシュリ・ラム・カレッジ商学部の最初の足切りがインド史上初めて10

0%、すなわち第12学年修了試験で満点が必要となり、大きな話題となった（ただし、最初の足切りで定員を満たさなければ、その後必要となる得点率は下がっていく）。また、2021年には再びシュリ・ラム・カレッジ商学部の最初の足切りが100%となり（なお、その他の有名校でも足切りが100%近くに達した）、上位校では事実上ほぼ満点を取らなければ合格できない状況はさほど変わっておらず、まさに1点刻みの厳しい競争が待ち受けているのである。

（2）統一試験

もう一つのインドの大学受験のしくみは、各専門分野別の統一試験である。たとえば、工学や医学、法学の専門分野の大学を受験する場合、第12学年修了試験で一定の成績を収めたうえで、全国レベルもしくは州レベルの入学試験が課されることが多い。また、専門分野のものとは別に、一部の国立大学では共通の入学試験が実施されている（2022年度からはすべての国立大学に適用予定）。そのなかでも今回は、インド工科大学（Indian Institute of Technology, IIT）の入学試験としても知られる「共通入学試験（Joint Entrance Examination, JEE）」についてみていく。IITは、2021年現在グーグルのCEO（最高経営責任者）を務めるサンダー・ピチャイを卒業生に輩出するなど、インド国内だけでなく世界的にも有名な大学である。

JEEは、国家試験機関（National Testing Agency, NTA）が実施しIITの一次試験とその他の国立工学系および任意で参加の他の機関の入試を兼ねる「JEE（Main）」と、IITが実施しIITの二次試験である「JEE（Advanced）」の2種類の試験がある。NTAによると、たとえば2021年のJEE（Main）の工学部向けの試験は3時間で、数学、物理、化学の多項選択の解答の問題であり、各科目100点の計300点満点となっている。JEE（Main）は毎年およそ100万人が受験するが、その上位25万人のみがJEE（Advanced）の試験に臨むことができる。一方JEE（Advanced）には、「試験1」「試験2」の二つの試験が課される。各試験は3時間で、物理、化学、数学の多項選択の解答のほか、数値の記入を必要とする問題もあり、各科目66点の計１９８点、それが「試験１」「試験２」と二つあるので最終的には３９６点満点となっている。２０２０年のＩＩＴ全23校の定員がおよそ1万６０００人なので（ただし、辞退なども想定し合格者は例年3万人ほど）、ＩＩＴに入学するためにはＪＥＥ（Main）から数えれば倍率は60倍以上、ＪＥＥ（Main）上位25万人が受験できるＪＥＥ（Advanced）から数えてもその倍率は15倍を超える。

なお、（第12学年修了試験もそうであるが）ＪＥＥのホームページを検索すると過去問題を簡単に入手することができるので、世界最難関ともいわれるＩＩＴの入試がどのようなものか気になる方は一度チャレンジしてみてはいかがだろうか。

写真１　インド工科大学（IIT）デリー校のキャンパス内の様子（2013年３月筆者撮影）

3　インドにおいて「公平」な試験制度とは

過熱する受験競争の一方で、インドはその豊かな多様性や、社会的・経済的格差が存在するゆえに、どのようにすれば「公平」な大学入学者選抜制度を構築することができるのかが依然として大きな問題となっている。そこで最後に、「公平」な大学入学者選抜制度という視点から、「新たな共通試験の創設」と「アファーマティブ・アクションの拡大」について触れたい。

（1）新たな共通試験の創設

第12学年修了試験は各州単位で独自に実施されるため、実は州間でその内容や結果に差があるのではないかということが長年政府の諮問委員会などで指摘されてきた。すなわち、どの州の試験結果も大学入学資格の得点率としては同等に扱われる（他州の大学でも同じように有効である）ため、州によって難易度が異なる場合、どこの州で試験を受けるかで大学合格の有利不利に大きく影響するからである。

そこで政府は、今後の国の教育方針を定める「２０２０年国家教育政策（ＮＥＰ２０２０）」のなかで、将来的に第12学年修了試験をより容易なものとし、大学入学についてはアメリカのＳＡＴのような共通適性試験を別に実施することを示唆している。もし実現すれば、少なくとも州間での試験結果の違いという意味での不公平感は解消される可能性がある。

（2）アファーマティブ・アクションの拡大

インドでは社会的・経済的な格差を是正するため、「留保制度」と呼ばれるインド式のアファーマティブ・アクション（積極的差別是正措置）という形で、公的な雇用や教育の場に留保枠（優先枠）が設けられてきた。たとえばＩＩＴの留保枠をみると、ＩＩＴ全23校の定員1万６０５３人分のうち、留保枠ではない分（ＯＰＥＮ）はおよそ全体の３分の１強（６２０６人）に過ぎない。その他については、まずインドで長年差別を受けてきた指定カースト（Scheduled Caste, SC）や指定部族（Scheduled Tribe, ST）、その他の後進諸階級（Other Backward Class, OBC）に対して、その全国的な割合に応じて留保枠が設けられている。ただしＯＢＣの場合、年間世帯収入が１５０万ルピー以下（１ルピーは２０２１年９月現在で約１・５円）の家庭出身者（Non Creamy Layer, NCL）でなければ留保枠を利用できないことになっており、必ずしも属性だけで優遇を受けられるわけではなくなってきている。また近年では、ＳＣやＳＴなどに属さず年間世帯収入が80万ルピー以下の家庭の出身者（Economically Weaker Section, EWS）や、障

表1　2020年のIITの各カテゴリーとその定員（IIT全23校、計1万6053人）

OPEN	OPEN-PwD	GEN-EWS	GEN-EWS-PwD	SC	SC-PwD	ST	ST-PwD	OBC-NCL	OBC-NCL-PwD
6206	328	1502	71	2291	116	1152	58	4126	203

出典：Joint Seat Allocation Authority 2020をもとに筆者作成　https://josaa.nic.in/seatinfo/root/seatmatrixinfo.aspx（最終閲覧2021年7月16日）。　※GEN-EWS（General-Economically Weaker Section）

がい者（Persons with Disabilities, PwD）に対しても留保枠が設けられている（表1）。なお、先に出願の条件として「第12学年修了試験で一定の成績を収めたうえで」と述べたが、その点数についてもＳＣやＳＴ、ＰｗＤでは緩和されている。

さらに、政府が科学技術教育における女性比率の向上を掲げていることもあり、ＩＩＴでは２０１８年から女性の留保枠も設けられ、２０１８年には全体（各カテゴリーの定員）の約14％、２０１９年には全体の約17％、そして２０２０年からは全体の約20％にまで引き上げられている。ところで、２０２１年3月に東京大学の女性の合格者が初めて20％を超えたことが話題となったが、ＩＩＴはそれをアファーマティブ・アクションという形で行っているのである。

このように、インドではＳＣやＳＴのような従来の社会的弱者層に加え、そうした従来の社会的弱者層に属さない経済的な弱者層や、障がい者、女性にまでアファーマティブ・アクションが拡大している。

（3）「公平」なインドとは

最後に、「公平」な大学入学者選抜制度という視点から、現在のインドについて考えてみたい。

第12学年修了試験やＪＥＥをはじめ、インドの大学受験競争の過熱ぶりはまだまだ収まりそうにない。その背景には、社会的・経済的格差が根強く残るなかで、自分の属性ではなく、その能力によって評価されること（そして良い大学を卒業し、良い会社に就職すること）を期待し、試験に人生を賭ける多くの人々の存在がある。一方で、政治的な駆け引きもあるが、その属性ゆえに様々な形で優遇せざるを得ない、言い換えれば、必ずしもその能力のみで評価できない者が多く存在するという現実がある。もちろん経済的に恵まれた境遇にあれば、より良い成績を残すために幼いころから環境の整った私立学校や塾に通ったりすることが可能なため、やはりそうした境遇の差は大きいといえる。ただし、たとえば100点満点の試験で、恵まれた境遇に生まれ留保枠が適用されないAが80点、恵まれない境遇に生まれ留保枠が適用されるBが60点だったとしても、留保制度はあくまでそのカテゴリー内での競争のため、Aが不合格でBが合格ということが起こりうる。そして、Aのような者たちは国内の大学を諦め欧米の大学へ留学し、そのまま人材が流出するという事態も発生している。一方で、留保枠によってチャンスを得たBがその後ビジネスなどで成功し、B個人の成功やインドの発展だけでなく、Bの属性全体の社会的地位の向上に貢献することも十分に考えられる。あくまで能力のみで評価されるべきか、それともその属性も含めたあらゆる人々の機会の平等が重視されるべきか。インドの場合、大学入学者選抜制度のなかにこの二つの意味での「公平」が混在している。その結果、留保制度は将来の格差解消のために設けられた制度であるが、いずれは格差も解消されて制度も廃止されるというより、むしろ制度そのものが属性をさらに固定化し、制度の存続を強化してしまう恐れもある。アファーマティブ・アクションの拡大などによって今後インドはどのようになってゆくのか、その試みのゆくえに注目していきたい。

◉参考文献

南部広孝・渡辺雅幸、2012、「インドと中国における大学入学者選抜制度―現状と改革動向の比較分析―」、『京都大学大学院教育学研究科紀要』、58、19～43頁。

渡辺雅幸、2017、「インドの工学系大学における入学者選抜制度の展開―2010年代以降の全国統一型試験の動向に着目して―」、『京都大学大学院教育学研究科紀要』、63、557～580頁。

第14章

インドのＲＴＥ法はスラムの子どもたちにどのような影響をもたらしたか？

辻田祐子

1　無償義務教育に関する子どもの権利法（ＲＴＥ法）の施行を取り巻く状況

独立後、インド政府は社会政策に消極的な役割しか果たさなかったことなどから、基礎教育の普遍化が遅れた。一方で、公企業を中心とする重工業化が進められた産業政策の下で、自然科学系人材育成に重点が置かれ、高等教育には力が注がれてきた。その結果、独立以前から続く国民の教育機会の格差は独立後も長く続いてきた。しかし１９８０年代後半から１９９０年代初頭ごろ、国際的な基礎教育普遍化への取り組みの強化や、教育を基本的人権として捉える国内外の動向のなかで、政府の基礎教育普遍化の取り組みが加速化した。インド全体の６～14歳の就学率（全国標本調査）は、55・4％（１９８６／８７年）からＲＴＥ法施行直前には86・2％（２００７／０８年）まで上昇している。同時に、公立校の質（の劣化）を不満とする層の需要を満たす形で、授業料の負担を必要とする私立校通学者が増加した。６～14歳の就学者に占める公立校通学者のシェア（全国標本調査）は76・0％（１９８６／８７年）から71・0％（２００７／０８年）に低下している。通学者に占める公立校のシェアを経済階層別にみると、１９８６／８７年度では最下位10％の世帯の子どもは82・7％だったのに対し、最上位10％の世帯の子どもは

45・7%であった。これらの数値は2007/08年度にはそれぞれ89・5%と21・0%となっている。このように就学率の上昇とともに経済社会階層と学校選択の関係が明白化するなかで、2009年に無償義務教育に関する子どもの権利法（Right of Children to Free and Compulsory Education Act：RTE法）は制定されたのである。

インドにおける教育に関する事項は、憲法上、中央政府と州政府の共同管轄と規定される。州政府に一定の裁量が与えられているうえ、歴史的な経緯から長く各州政府が教育の普及を担ってきた。州政府のコミットメント、予算、一般市民の教育に対する関心には差があり、それはRTE法の実施状況にも反映されている。では、伝統的に教育機会に恵まれなかった子どもたちにRTE法はどのような影響を与えたのだろうか。本章では、経済的、社会的に低階層が集中するデリーのスラム（2011年センサスではデリーの人口の10・7%が居住）において、RTE法施行前後に実施された筆者の家計調査（2007/08年、2012年、2018年）から、デリーの就学年齢である5歳から14歳の教育普遍化の状況、教育無償化、私立学校の「弱者層枠」について確認する。

2 就学

スラムの子どもたちの就学率は、RTE法施行前（2007/08年）の68・1%から2018年には92・3%にまで上昇した（表1）。これは、全国都市部の就学率（全国標本調査2017/18年）96・9%（6~10歳）、96・3%（11~13歳）をやや下回る数値である。

スラムの特徴としては、ジェンダー格差が小さいことが挙げられる。インドでは一般的に女児の方が就学において不利な状況に置かれている。ところがスラムでは、少なくとも義務教育年齢では必ずしもそうではない。なぜなら、スラムの男児のなかには、たとえ就学していても、日中学校を抜け出して街をブラブラしていたり、さらに極端な場合には薬物やアルコールに手を染めていたりする例もあり、日頃から悪い仲間や誘惑に晒されている。残念

表１　調査結果の概要

	2007/08 年	2012 年	2018 年
調査対象スラム	50	50	47
調査対象世帯数	417	417	322
5 ～ 14 歳の子どものいる世帯	311	282	147
5 ～ 14 歳の子ども	718	592	246
就学者数	489	485	227
就学率（%）	68.11	81.93	92.28
男児就学率（%）	65.88	82.44	91.40
女児就学率（%）	71.29	81.25	93.04
私立学校通学者	37	52	27
就学者に占める私立校通学者の割合（%）	7.57	10.72	11.89
年間平均教育費（1 ～ 8 年生、2001 年価格ルピー）			
公立校	70.86	236.73	280.98
私立校	314.48	2543.91	4163.64

出典：筆者作成

ながらＲＴＥ法施行後もその状況は大きく変わらないようである。

ＲＴＥ法施行以前の２００７／０８年調査では、一度も就学したことがない、または中途退学のいずれの不就学ともに、経済的な理由が多勢を占めていた。ＲＴＥ法施行後の２０１２年でも一度も就学していない最大の理由は経済的な理由であり、中退の主要理由は本人の希望であった。しかし２０１８年になると経済的な理由での不就学はひとりもいなくなり、中退理由としては本人の希望や学業不振、一度も就学していない理由としては家計の経済活動、親の教育への否定的見解、本人の希望、移住、家族の病気や死亡など、多様化していた。

スラムでの就学率上昇の主な要因は、５歳、６歳の就学率（２００７／０８年度の就学率はそれぞれ20・８%、58・５%）の著しい上昇によるところが大きい。ＲＴＥ法施行以前、入学には出生証明書やそれに代わる年齢を証明する公的証明が不可欠であり、スラムの保護者にとってそれらの申請書類を揃えるのは容易なことではなかった。ＲＴＥ法では年齢証明を理由に入学を拒否できないことが明文化されたが、ＲＴＥ法施行後の２０１２年調査でも、５歳、６歳の就学率（それぞれ21・３%、60・０%）はデリー全体の同年齢の就学率に比較して低水準にとどまっていた。同年の入学遅延の理由（複数回答）として、入学を申請したが許可が下りなかった（48・

1％）が最大であり、適切な入学年齢を知らなかった（17・6％）、申請時に必要な書類が揃えられなかった（13・2％）などが挙げられた。NGOの調査によるとRTE法施行後でも公立校に入学を拒否される児童が少なくないことが指摘されている。しかし、その後2018年までに少しずつ状況が改善し、5歳（61・5％）、6歳（95・0％）の就学率は上昇した。ただし、各学年の標準的な年齢を超えた児童はRTE法施行後も依然として少なくない。

そのほかにRTE法施行後でも変化のない点がある。RTE法では義務教育期間中は原則として自動的に進級することが定められているため、学力不振や出席日数の不足している生徒でも留年しない。公立校の生徒のなかには、2007／08年調査では8年生、2018年調査でも7年生でも自分の名前すら書けない子どもがいた。今後、基礎教育の普遍化だけではなく、公立校教育の質のさらなる向上が求められるであろう。

3　教育の無償化

RTE法では無償義務教育の修了を妨げるいかなる費用も徴収してはならないと規定される。スラムの保護者によると、RTE法施行以前は入学手続きから卒業に至るまで公立校から様々な名目での費用が徴収されていた。そのため、2007／08年調査では公立校通学者のうちわずか1・9％が「授業料」無料だったのに対し、2012年調査では53・2％、2018年では80・1％まで上昇している。

就学の促進策として、RTE法施行以前から公立校では制服、教科書が無償で配布され、さらには性別、カースト、成績などにより奨学金の支給制度も存在した。2007／08年調査では公立校通学者のうち制服、教科書とも75・7％が受け取っていたのに対し、2012年には教科書96・0％、制服97・8％に上昇し、2018年調査では教科書92・2％、制服86・1％となった。その要因のひとつとして考えられるのが、行政当局による学校への立ち入り検査の強化であろう。公立校教員らへのインタビュー（2014年2月実施）によると、

RTE法導入前は、せいぜい数か月に一度、ときには書類上でだけ実施されたことになっていた行政官による立ち入り検査がRTE法施行後には頻繁に行われるようになりました。地域の教育担当官だけではありません。ときには、行政長官が来ることもあります。（男子校教員）

RTE法導入後は立ち入り検査が増加しただけではありません。予告なしの検査も実施されるようになりました。今日、隣の女子校で学校行事が行われていたのに気がついたでしょう？ この地域の教育担当官が来賓として招かれているらしいので、帰りに我が校に予告なしの検査に来るのではないかと予想しています。（女子校校長）

一方で、保護者から次のような指摘もされた。

学校にプレッシャーをかけなければ、奨学金、制服、教科書などの支給は遅れ、本来受けるべき適切な支援（額）も受けることはできません。（公立校6、4、2年生の父親）

どこの公立校でも生徒からいかなる費用も徴収していないことが強調されたが、どのような就学促進スキームが誰を対象に実施されているかという質問に対しては、学校によって回答に差がみられた。また、家計調査においても同じスキームでも支給額に差があり、誰もが同じ支援を受けているわけではない。さらに、公立校での学習では不十分と考える世帯の子どもが通う塾の費用も、RTE法施行以前から引き続き家計の負担となっていることも忘れてはならないであろう。

4　私立校の「弱者層」入学枠

RTE法では、政府から補助金を受けていない私立校に対して、入学定員の25%を「経済的弱者層」や「不利な立場に置かれた子どもたち」に割り当てることが義務づけられている。実はデリーでは、RTE法施行以前から同様の措置が存在した。独立後に掲げられた「社会主義型社会」の国家建設の理念は、都市部の土地政策においても社会的公正への配慮という形で反映されたためである。たとえば、1960年代からデリーの私立校には定員の25%を無償教育枠として「弱者層」に与えるという条件で、譲許的価格での土地の購入が認められていた。しかし実態としては、好条件での土地購入だけが実施され、弱者層の入学については無視される状況が続いていた。2004年、最高裁はデリー政府に対し、形骸化していたこの条件の履行を私立学校に促すよう命じた。これを契機として、2007年ごろからエリート校を中心とする該当校では「弱者層」入学制度が開始された。RTE法制定以前からこの弱者層枠の存在したデリーでは、同枠の運用がスムーズに進められたように思われるが、実態はどうなのだろうか。

写真1　内職をするスラムの母娘（2008年筆者撮影、デリー）

デリーでの「経済的弱者層」は年収10万ルピー以下、「不利な立場に置かれた子ども」は指定カースト・部族、一部を除く後進諸階級、孤児、トランスジェンダー、HIV感染者／AIDS患者、障がいを持つ子どもと定められている。スラム労働者の大半が雇用の保障がなく社会保険の対象外であり、しばしば所得の低い、またその変動の大きいインフォーマルセクターの労働者である。つまり、ほんの一握りの例外を除くスラム世帯が私立校入学枠の対象となると考えてよい。

調査の結果、私立校通学者の比率は増加（表1）しているが、「弱者層枠」での入学は、２０１２年1世帯２人、２０１８年2世帯２人と非常に少ないことが判明した。ＲＴＥ法施行翌年度にデリーのスラムなどで調査を行ったスリヴァスタヴァらの研究でも同様の指摘がなされている。２０１２年の「弱者層枠」入学者の父親は、デリーのスラム住民がちょっとした病気の際に診察してもらう通称ベンガーリードクターと呼ばれる無資格の医者、２０１８年はアイスクリーム工場労働者と仕立て屋であった。いずれの子どもも授業料は支払っていなかったが、教科書、ノート、文房具、制服、ＰＴＡなどの費用を負担しており、さらに塾にも通っていた。すなわち、たとえ授業料が無料であっても相対的に高額な私立校の教育費に長期間耐えられる経済力が不可欠である（表1）。事実、スラム世帯の私立校通学者は高学年になるほど減少する。

INDUS Action（ＮＧＯ）の調査によると、デリーの弱者層枠の実施率は69・7％、定員充足率も55・3％にとどまっている。インド全国での実施率は、ほぼ１００％の州から10％台の州まであり、定員充足率も20％台から70％近くまでの州があるなど、州間で大きな差がみられる。私立校の実施率が上がらない理由については、政府から私立校への無償教育枠負担分の支援金の遅れなどが指摘される。今後、「弱者層枠」が拡大する余地はおおいに残されているが、そもそもこの制度を正確に理解しているスラムの保護者は少ない。ＲＴＥ法施行後の就学年齢の児童のいる世帯への二度の調査では、同法の骨子を正確に把握している保護者は一部に限られていた。今後、私立校の「弱者層枠」に関する情報、応募の方法、申請書類の作成に対するスラムの保護者への支援も必要であろう。

◉参考文献

INDUS Action, 2019, *The Bright Spots: Status of Social Inclusion through RTE Section 12 (1) (C) 2019.*

Srivastava, P. and Noronha, C., 2016, "The Myth of Free and Barrier-free Access: India's Right to Education Act — Private Schooling Costs and Household Experiences," *Oxford Review of Education*, 42-5, pp. 561-578.

第15章

中等教育の壁
——インドのスラムの若者はどこに向かうのか

茶谷智之

1　変化する教育への熱量

インドの首都デリーにあるスラムと呼ばれる不法占拠地。そこでは、教育を受けた経験がほとんどない貧困層の保護者たちが、子どもには豊かな生活を送ってもらいたいと願い、より良い教育の受けられる「学校」に入学させようと奔走している姿がよくみられる。スラム住民にとって「学校」というのは、英語を教授言語とする私立学校や公立学校などの初等教育学校のみならず、民間保育園やＮＧＯ学校の就学前学級なども含まれる。こうした就学前教育や初等教育段階では、子どもの将来のための教育に熱い期待が寄せられる傾向にある。

しかし、義務教育段階の初等教育を終え中等教育になると少し様相が異なる。スラムには、中等教育学校で勉強する我が子をみて、高等教育に進学し将来は収入の良い仕事に就いてくれると期待する保護者がいる。その一方で、学校の勉強についていけないのなら仕事を始めて、家計を助けてくれることを期待する保護者もいる。また少女の場合、将来の結婚を見据えて勉強よりも家事を手伝うことを求める保護者もいる。こうした教育に対する保護者の熱量が変化する中等教育段階において、スラムの若者はどのような現実に直面し、どこに向かっているのだろうか。

2　選抜機能が強化される中等教育

(1) デリーの中等教育の現状

デリーの中等教育は、第1～8学年の初等教育を終えたあとの第9～10学年の前期中等教育（secondary education）と第11～12学年の後期中等教育（senior secondary education）から構成される。公立の中等教育学校はデリー教育局の管轄下にあり、通学するのはおもに14歳から18歳の若者である。この中等教育に特徴的なのが、中途退学の可能性が高まるということである。

デリー政府（2019）によると、デリーの初等教育純出席率は84％であったが、中等教育段階になると61％まで低下している。これは何らかの理由で就学年齢にある子どもが中等教育段階で学校に通わなくなっているということである。ナワーニー（2018）によると、初等教育段階での中途退学は、学習環境を十分に整えない学校や、家業のために通学をやめさせる保護者が批判の的となるが、中等教育段階での中途退学は試験における個人の努力や才能の有無を根拠として正当化されるという。この試験というのは、初等教育段階にはなく中等教育段階で初めて課される修了試験である。中等教育修了試験は第10学年と第12学年に実施され、とくに第12学年修了試験の結果はその後の高等教育進学を左右する。もっとも、中等教育修了試験は全国統一ではなく、学校によって生徒が受験する試験が異なる。デリーの公立中等教育学校の場合、中央中等教育委員会（Central Board of Secondary Education, CBSE）の作成するカリキュラムを使用しているため、生徒が受験するのもCBSE修了試験となる。

そこでスラム周辺の公立中等教育学校男女計4校のCBSE修了試験通過率を比較したものを見てほしい（表1）。デリー政府学校J校は英語を教授言語とする学級とヒンディー語で授業を行う学級が並存する学校であり、この地域では人気が高く、スラムの若者も多く通っている。一方、デリー政府学校B校はヒンディー語を教授言語

表1　デリー政府学校J校およびB校のCBSE修了試験通過率（%）

J校男子（第6～12学年）		
	第10学年	第12学年
2016-17	91.41	90.39
2015-16	87.78	96.76
2014-15	95.91	94.38
2013-14	96.44	86.44

J校女子（就学前～12学年）		
	第10学年	第12学年
2016-17	93.96	94.2
2015-16	89.47	92.25
2014-15	99.77	98.25
2013-14	99.63	97.96

B校男子（第6～12学年）		
	第10学年	第12学年
2016-17	65.07	85.12
2015-16	100	81.82
2014-15	88.43	95.59
2013-14	94.98	83.14

B校女子（就学前～12学年）		
	第10学年	第12学年
2016-17	98.56	70.95
2015-16	99.45	83.68
2014-15	98.02	85.48
2013-14	99.73	91.13

出　典：List of Government Schools, Department of Education, Government of NCT of Delhi　http://www.edudel.nic.in/mis/schoolplant/school_information.htm（最終閲覧2020年3月6日）をもとに筆者作成。

とする学級のみの学校である。表1からわかるのは、各学校や各年度で多少の違いはあるものの、多くの生徒がCBSE修了試験を通過しているということである。しかし実際にスラムで調査をしていると、第10学年はまだしも第12学年修了試験を通過した若者に出会うことは滅多にない。このCBSE修了試験通過率のデータとスラムの実態とが大きく異なるのはなぜだろうか。

(2) 修了試験にたどり着けないスラムの若者

スラムの若者に中等教育の特徴を尋ねると、みな口をそろえたかのように、「中等教育には試験がある」と答える。筆者は当初その試験がCBSE修了試験の話だと思い込んでいた。しかし若者の話をよく聞くと、試験というのは各学年で実施される定期試験の話だったのである。CBSEのカリキュラムによると、後期初等教育段階（第6～8学年）では各学年で中間試験と学期末試験があり、成績評価の80%がそれらの試験結果によるものとなっている。一方、中等教育段階第9学年と第10学年は最終試験に加えて、学期中の試験も加えると、成績評価の90%を試験の結果が占めている。これだけをみると、初等教育段階からすでに定期試験の結果が生徒の成績を大きく左右するとも思える。しかし、初等教育ではたとえどんなに成績が悪くとも、努力を要する児童と区分されるのみで留年になることはない。一方、中等教育段階では、成績が一定基準を下回ると留年とされ、再度同じ学年をやり直さなければならなくなる。

これらの成績評価の仕組みから推察すると、表1でCBSE修了試験通過率がどの学校も高いのは、修了試験を通過できないと思われる学力の生徒が学期中の定期試験の結果で留年や中途退学していると考えられる。デリー教育局（2016）によると、デリー全体の第9学年通過率は、2013年度（55・96％）、2014年度（51・74％）、2015年度（50・78％）と低下傾向にあり、多くの生徒が第9学年から進級できない現実に直面することとなっている。

このように中等教育段階での選抜機能はとくに第9学年で強化される。そのため、スラムの若者が中等教育に進級し中途退学せずに修了まで至るためには、学年ごとで課される定期試験で結果を残したうえで、第10学年および第12学年での修了試験を通過しなければならない厳しい道のりなのである。

3　中等教育から中途退学して

では、中等教育段階で中途退学したスラムの若者は、その後どのような選択をしているのだろうか。ヒンディー語を教授言語とするB校に通っていたサリーム（20歳男性）は、第9学年のはじめの定期試験で不合格となり最終的に留年した。塾に通っていなかったため、授業についていくことが難しかったのだ。翌年も定期試験で不合格になると、勉強をあきらめて中途退学することを決めた。その後仕事もせずにただ時間を過ごしていたが、17歳のとき同じスラムに暮らす友人で2歳年上のヴィラージに誘われて、サリーやドレスを販売する仕事をするようになった（写真1）。ヴィラージはサリームと同様に第9学年で勉強についていけなくなり中途退学した。18歳になった

写真１　服販売店で働くスラムの若者（2020 年１月筆者撮影、デリー）

ときスラム近隣の商店街を一軒一軒回り、仕事を探し歩いた。そこで今の店主に出会い、サリーやドレスの仕立ての仕事を紹介してもらった。スラムの近隣にはバイク修理の仕事も多いが、あえて選ばなかったのは手が汚れる仕事だからだという。仕立ての技術は働くようになって初めて学んだ。職場も良い仲間ばかりなので、友人のサリームが仕事を探していると聞いたときに店主を紹介したのであった。

スラムの若者が中等教育段階で中途退学すると、仕事を始めたり、職業訓練を受けたりすることはこれまでも指摘されてきた。チュグ（２０１１）によると、公立の中等教育学校を２００６～07年に中途退学したスラムの若者４３２人のうち56人（13％）は仕事を始めていて、男性はレストランや自動車・バイクの部品店、女性は家事手伝いの仕事をしている場合が多い。一方その他の大多数の若者は、男性の場合は大工や電気工事関連、女性は刺繍や美容系の職業訓練を受けることで学校教育から職業訓練へ移行しているという。

このように仕事を始める、あるいは職業訓練を受ける以外にも、筆者が調査をしたスラムでは、中等教育からの中途退学後も国立の通信制教育機関（National Institute of Open Schooling）で教育を受け続ける若者がいる。ディーパー（18歳女性）は初等教育からJ校のヒンディー語を教授言語とする学級に通っていたが、第9学年で中途退学という現実に直面した。学期末試験で苦手だった社会科学を落とし、翌年も不合格であったためJ校をやめた。それに伴ってJ校で築かれた友人関係は途絶えてしまった。その後、ディーパーは通信制教育機関に通うこととなる。彼女が毎日通うのは、学校ではなく、近隣の商店街にあるサイバーカフェである。パソコンが数台設置されたサイバーカフェでは、それらを通じてオンライン授業が行われるのではなく、小さな部屋で対面授業が実施されている。ディーパーが通信制教育機関に通うことになったのは、J校の担任教師に教育を受け続けることを勧められたからだ。そしてディーパーはサイバーカフェに通う意義を次のように語る。

通信制教育機関の勉強は簡単。本当はサイバーカフェで友人と話すのが楽しいの。スラムの女の子は家事の話しかしない。それしかしていないから。食事に何を作るのかとか、市場で野菜がいくらだとか。つまらない。私はもっと勉強の話とか、映画の話とかしたい。今は通信制教育機関が休みだから、家の洗濯や皿洗いをしなければならない。でも授業があるときは母がすべてやってくれて、サイバーカフェに行けば家事をしなくて済む。

サイバーカフェで会う友人の家庭は世帯月収が5万～10万ルピー程度で、ディーパーの住む地域の平均世帯月収4400ルピーとは明らかに異なる環境に暮らしている。ディーパーにとって教育を受けること、すなわちサイバーカフェに通うことは、日常生活のなかで求められる洗濯や皿洗いなどの家事から逃れることであり、異なる階層の友人とかかわることによって、家事だけしかしない「つまらない」生活を送るスラムの同年代の女性と自分自身を差異化することでもあった。

またローハン（20歳男性）は初等教育から中等教育第11学年までヒンディー語で授業を受けてきた。第11学年の定期試験に落ちて学校をやめ、今は通信制教育機関の第12学年に通っている。それと並行して、近隣の商店街にあるトレーニングジムでトレーナーの仕事をしている。最初の1年間は試用期間として月6000ルピー（2020年1月時点で約9000円）で働き、その後、月1万ルピーまで月給は上がった。ローハンによると、父は通信制教育機関に通うよりも働いて家計を助けてくれることを望んでいたという。建設業の日雇い労働者である父の仕事では、1日２００～６００ルピーを稼ぐのが精一杯だったからだ。それでもローハンが通信制教育機関に通ったのは、これまで同じ中等教育学校に通っていたスラムの友人たちから、学校に通い続けた方が将来のために良いと説得されたからであった。

ローハンは平日と土曜日、5時から11時と、16時から22時のあいだはトレーニングジムで働いている。朝が早いので午前の勤務が終わると、一度スラムの自宅に戻り、昼食をとって昼寝をする。日曜日は7時から10時まで働き、午後はスラムの友人と近くの公園でクリケットをしている。丸一日の休みはなく、勉強するのは大変だが、好きな仕事をできているので今は充実しているという。

このように中等教育は初等教育とは異なり選抜性の厳しい環境となる。とくにスラムの若者にとっては修了試験だけではなく、各学年で実施される定期試験の結果が悪ければ留年や中途退学することも珍しくはない。その現実を受け入れ、近隣で見つけられる身近な仕事に就く若者がいる一方で、学校教師や友人に勧められて別の形で教育を受け続ける若者もいる。中等教育の壁は、教育に対する保護者の期待を減退させる傾向にあるが、そのなかでスラムの若者は仕事や通信教育を選択しながら自らが望む生き方を模索しているのであった。

◉参考文献

Chugh, S., 2011, "Dropout in Secondary Education: A Study of Children Living in Slums of Delhi," *NUEPA Occational Paper* 37, New Delhi: NUEPA.

Government of NCT of Delhi, Education Department, 2016, *Chunauti-2018: New Academic Plan to Support Class IX* http://edudel.nic.in/upload_2015_16/230_dt_29062016.pdf（最終閲覧２０２０年3月10日）

Government of NCT of Delhi, 2019, *Economic Survey of Delhi, 2018-19*, New Delhi: Government of NCT of Delhi.

Nawani, D., 2018, "Examination for Elimination: Celebrating Fear and Penalising Failure," in Krishna Kumar (ed.), *Routledge Handbook of Education in India: Debates, Practices, and Policies*, London and New York: Routledge, pp. 64-78.

第16章

インドにおける児童養護施設出身者の移行過程
——施設を出た若者の教育と就業への支援とアフターケアの導入

針塚瑞樹

1 インドの「若者」の雇用問題

インドでは2000年代半ばごろから若者の雇用問題に強い関心が払われるようになっている。2011年の国勢調査によると、15～34歳の若年層人口は合計約4億2200万人、インド全体の人口の約34％におよぶ。国家統計局（National Statistical Office）（2020: 67）によると、全労働者平均の失業率が5・8％であるのに対して15～29歳の若者の失業率の平均は17・3％となっており、若者の雇用情勢の厳しさを示している。

全国標本調査室（National Sample Survey Office 2014: 192）による2011～12年の調査結果から、若者（15～29歳）の失業率を学歴別にみると、初等教育修了以下の学歴を有する者の失業率は5％台までに抑えられているが、大卒以上になると男女差はあるが20％前後と、学歴が高くなるにつれて失業率も高くなっている。文化人類学者のジェフリー（2014）によると、2000年代の北インドで下位中間層の高学歴失業青年は、ローカルな社会的ネットワークと文化資本の支配を権力の源泉としながらも、「リンボにおかれている感覚」を抱きつつ学歴に見合った就職を「待つ」という実践を行っていた。筆者（針塚、2017）が2011～13年に調査をした工学系私立大学を卒業した若者の事例では、卒業後数年間は生活を家族の仕送りや教育ローンに頼りながら、倍率の高い公務員試験に挑戦し続ける者が少なくなかった。

他方、待ったなしで職に就く必要がある若者の間では失業率は低くなるが、職に就いた若者が条件の悪い不安定な職に満足するわけでない。インドでは9割以上の労働者が、法令に登録されておらず税金も払っていないインフォーマルセクターに雇用されており、保険や年金などの社会保障制度は脆弱である。より高いレベルの教育を受けることや資格取得を目指して勉強するなど、働きながらより良い職を求め続ける低階層や貧困層出身者の若者は少なくない。

教育が長期化し雇用問題が深刻化するなか、児童養護施設で教育を受けた若者が、施設を離れた後に経験する支援の欠如と困難が問題視されている。子ども期に社会的養護を受けた若者が施設を出た後のアフターケア（Aftercare）に関する実態把握も始まった。２０１５年子どものケアと保護法によると、アフターケアとは「施設によるケアを離れた18歳以上21歳未満の者が社会のメインストリームに参加できるように、財政的あるいはその他の方法で支援すること（Section2(5), Juvenile Justice Act, 2015）」と定義されている。そこで、子どものころに家族のもとを離れ、政府やＮＧＯの児童養護施設で暮らした経験のある若者の移行過程がどのようなものなのか、施設による教育と就業への支援の実態と、導入されはじめたアフターケアの取り組みをみていこう。

2　インドの児童養護施設に暮らす子どもの教育と就職

(1)　社会的養護の現状

インドでは１９８０年代から適切な大人によるケアと保護が得られない子どもに対して、ＮＧＯなどボランティア団体による支援が行われてきた。18歳未満の子どもの社会的養護については、２０００年代になって政府による具体的なルール策定が本格化し、２０００年に子どものケアと保護法（Juvenile Justice Act, 2000, JJ Act 2000）が制定され、２０１５年子どものケアと保護法（Juvenile Justice Act, 2015, JJ Act, 2015）、２０１６年子どものケアと保護法模範規則（Juvenile Justice Model Rules, 2016, JJ Model Rules, 2016）と改訂がなされた。近年、政府はＮＧＯと連携して子どものケアと保護の仕組みを整備するとともに、児童養護施設による支援の実態調査に着手している。

２０１８年に女性子ども開発省（Ministry of Women and Child Development, MWCD）から出された報告書（MWCD 2018: viii）によると、児童養護施設のうち91％がＮＧＯによって運営されており、政府によるものは９％に過ぎない。把握できた９５８９施設のうち、32％の施設が子どものケアと保護法の規定に則って登録されているが、33％の施設は何ら法的な裏づけがなく、残りの35％の施設は何かしら子どものケアと保護法に準拠する法や規則に則って運営されている。子どものケアと保護法の対象となる「ケアや保護が必要な子ども」の人数は全インドで37万２２７人、法律に抵触し対処が必要な子どもは７４２２人（２０１６～17年調査当時）である。

（2）児童養護施設に暮らす子どもの教育と就職——「子どもの家」の場合

児童養護施設に暮らす子どもはどのような教育を受けているのであろうか。首都デリーの政府認可を受けたＮＧＯ施設「子どもの家」（仮名）を例に説明しよう。デリーには１２５の児童養護施設に４０８８人の子どもが暮らしている。女性子ども開発省（MWCD 2018: 52）によると、施設に暮らす子どもの状況として最も多いのは単親家庭であり、その他は親や後見人が児童福祉委員会（Child Welfare Committee, CWC）から「子どもの養護に不適格／無能力」と判断された、ホームレス、孤児などである。１９８０年代後半に活動を開始した「子どもの家」は、現在七つの施設に３００人ほどの子どもが暮らしている。設立当初から「ストリートチルドレン」を多く支援してきたが、近年は政府機関と連携し様々な子どもを受け入れている。

ＮＧＯの運営するほとんどの施設は子どもが学校で教育を受け、職に就いて自立することを目指している。「子

写真１　俳優や劇団員志望の若者で集まって劇を企画する「子どもの家」出身者と職員（2017年３月筆者撮影、デリー）

どもの家」でも義務教育就学年齢の子どもの多くが施設近隣の公立学校に通うが、学校に通っていない期間が長かったなど、学校で勉強することが難しい場合には、通学準備として学校に通わずに施設内でノンフォーマル教育を受ける。中等教育以上になると、成績不良や職業訓練との両立といった理由で国立の通信制教育機関を選択する子どもの割合が増える。子どもは原則18歳で施設を出て自立するが、それまでに前期中等教育修了資格を得ることが目指されている。

「子どもの家」の教育の特徴として、施設の活動に多くの国内外のボランティアが参加していることがある。その結果、演劇やダンスなどの芸術活動のプログラムが充実していること、外国人ボランティアによる英会話や英語の授業などの機会に恵まれていること、ＮＧＯの施設見学ツアーのガイドとして職業体験を積むことができるなどの状況が生まれた。これらの教育活動のなかにはボランティアと子どもが一緒に考案したものもあり、活動を通して子どもは子ども同士あるいは国内外のボランティアと親しくなり、関係が長く続く場合もある。また、これらの活動への参加がきっかけとなり、俳優や写真家、ツアーガイドになった者もいる。活躍する出身者の存在は、施設の子どもの職業イメージの形成に影響している。

施設の子どものなかには、施設の生活になじめなかったり、路上生活をする家族の元に戻ったりする者もいる。施設で18歳まで教育を受けることができるのは、社会的養護を必要とする子どものなかでも一握りである。社会的養護を行うＮＧＯの多くは、１９８９年の国連「子どもの権利条約」の考え方を活動の理念として、子どもを「権利行使主体」として尊重する立場をとっている。「子どもの家」では、職員は子どもの相談にはのるが、子どもの

「自己決定（Self-decision making）」を重視している。18歳で施設を出た後に頼れる人がおらず、場合によっては家族を支援することを期待される若者が、進路に関する選択・決定に大きなプレッシャーを感じることは珍しくない。

3　インドにおける児童養護施設出身者の教育と就業への支援とアフターケアの導入

２０１７年には、ＮＧＯのUdayan Careと国連児童基金（ＵＮＩＣＥＦ）が共同で、デリーを含む５州で児童養護施設を出た「ケアリーバー（Care Leavers）」の若者の実態調査を行った。調査には政府機関「デリー子どもの権利保護委員会（Delhi Commission for Protection of Child Rights, DCPCR）」も協力している。報告書（Udayan Care, Unicef & Tata Trusts 2019: xviii-xix）は、法律や子どもを保護する政策でアフターケアが規定されているにもかかわらず、今日まで決まった取り組みはなく、18歳でケアから離れた子どもに対してほぼ誰も責任を取っていないという現状を指摘している。その一方で、アフターケアの支援を受けたことが全くないと回答したケアリーバーは全体の27％である。

「子どもの家」では、施設を出た若者の多くが、生活の面では出身者同士、同居や近居をして助け合っており、ＮＧＯ職員やボランティアから支援を得ることもある。２０００年代以降に施設を出た若者のほとんどは教育が重要であるという意識を強く持っているため、施設を出た後も働きながらＮＧＯの支援を受け通信制教育で勉強を続ける者が少なくない。たとえば、フリーランスの空手教師は、「子どもの家」から学費援助を受けて体育教師の学士号を取得した後、空手教室の開校を目指し修士号取得のために援助を受けた。また、少数ではあるが、施設を出ると同時にフルタイムの大学に進学をした者も学費や生活費は「子どもの家」から得ており、卒業後の就職に際してもインターンシップや就職口の紹介を受けていた。「就職のときにミドルクラス出身者は親や親族を頼りにする。だから自分たちは『子どもの家』を頼りにするんだ」と言い、施設を出た後も積極的にＮＧＯに支援を求める者がいる一方で、施設を出た後にＮＧＯと疎遠になる者もおり、すべての若者が等しく支援を得られているわけではない。

また、施設を出た後の若者は支援を受けるだけでなく、施設の子どもの教育活動への参加や寄付を通して「子どもの家」を支援している。こうしたＮＧＯを中心とした関係に基づく支え合いはフォーマルなものではなく、施設を出たすべての若者が参加しているわけではない。「子どもの家」がアフターケアという呼び方で取り組みを始めたのは最近であり、２０１９年には４人が支援を受け、その経過は政府機関に報告がなされていた。今後アフターケアの仕組みが整備され、施設を出たすべての若者が包括的な支援を得られるようになることが望まれる。しかし、若者の支援は制度化されたアフターケアだけで十分とはいえないだろう。インドの若者の教育から仕事への移行過程が長期にわたる今日、アフターケアの対象となる年齢を過ぎて支援を必要とする若者は少なくない。フォーマルな支援の範囲から外れる困窮状態に対して手を差し伸べ合う関係のあり方に注目していきたい。

◉参考文献

ジェフリー、クレイグ、２０１４、『インド地方都市における教育と階級の再生産―高学歴失業青年のエスノグラフィー―』、佐々木宏・押川文子・南出和余・小原優貴・針塚瑞樹訳、明石書店。

針塚瑞樹、２０１７、「ノンエリート高学歴者の職業アスピレーション―工学系私立大学卒業者の事例―」、『アジ研ワールド・トレンド』、アジア経済研究所、８～11頁。

Ministry of Statistics and Programme Implementation National Sample Survey Office (NSSO), 2014, *Report No.554 Employment and Unemployment Situation in India NSS 68th ROUND*, New Delhi: Government of India.

Ministry of Women and Child Development, 2018, *The Report of the Committee for Analysing Data of Mapping and Review Exercise of Child Care Institutions under the Juvenile Justice (Care & Protection of Children) Act, 2015 and Other Homes Volume-I (Main Report part 1)*, New Delhi: Government of India.

National Statistical Office, 2020, *Annual Report, Periodic Labour Force Survey(PLFS), 2018-2019*, New Delhi: Government of India.

Udayan Care, Unicef & Tata Trusts, 2019, *Beyond 18 Leaving Child Care Institutions Supporting Youth Leaving Care A Study of Aftercare Practices in Five States of India,* New Delhi: Udayan Care.

第Ⅲ部

言　語
── 階層・国家・グローバリゼーション

英語の掲示のあるブータンの教室風景（2016 年平山雄大撮影、ブータン、プナカ県）

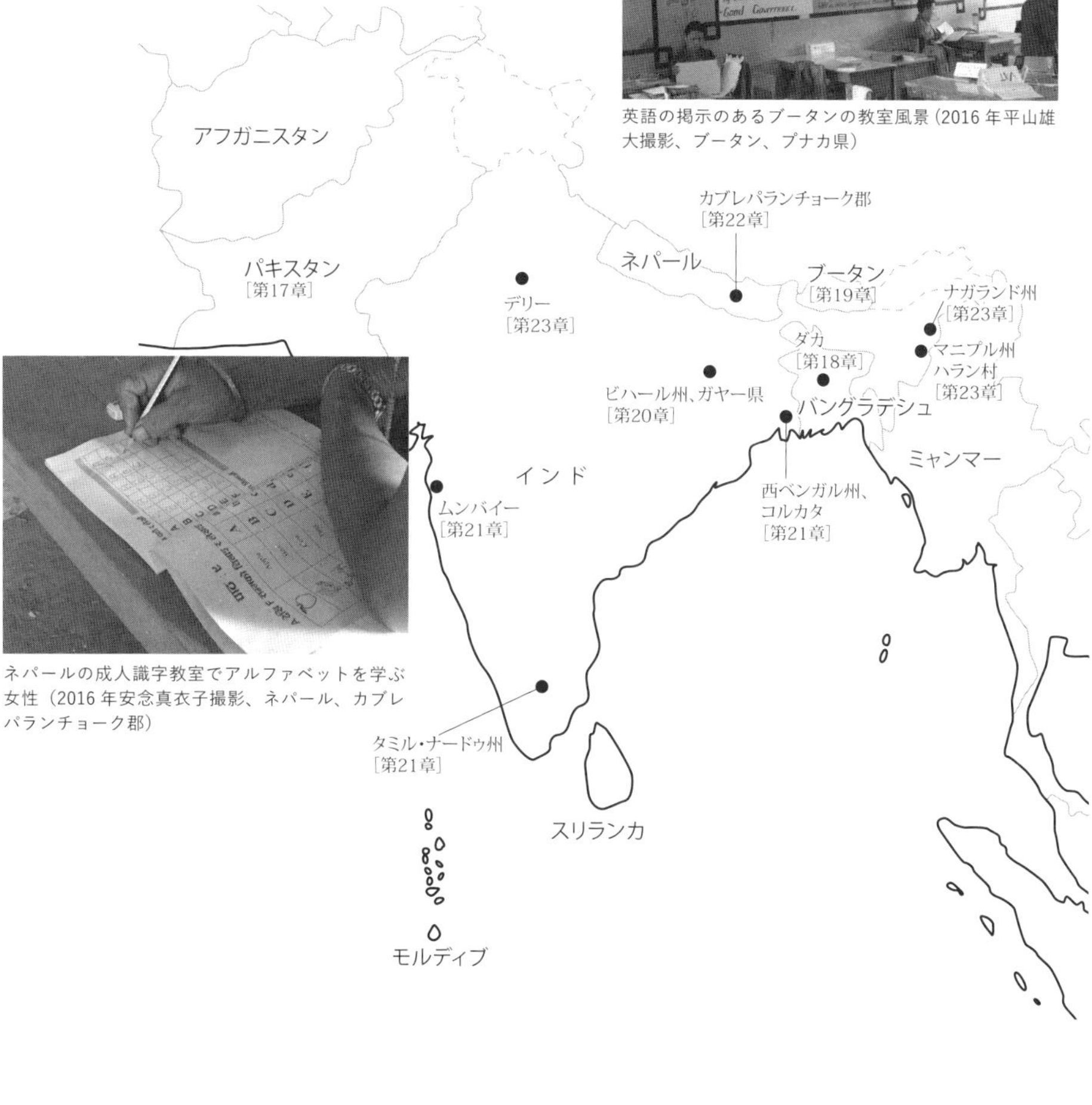

ネパールの成人識字教室でアルファベットを学ぶ女性（2016 年安念真衣子撮影、ネパール、カブレパランチョーク郡）

第Ⅱ部で描き出された南アジアの教育熱の高まりは、どの言語で教育を受けるのか、という問題にも直結してくる。民族や地域の言語、州や国の公用語、国語、そして英語と、多くの言語が重層的に絡み合う南アジアでは、学校教育で使用される言語（教授言語）もまた様々で、国によっても異なった言語政策を取っている。言語をめぐる問題は、学習到達度や将来の進学、就業にまで大きな影響を与え、差異化とエンパワーメントの源の一つでもある。第Ⅲ部では南アジアでの言語と教育の諸相について、様々な観点から紹介していく。

南アジアは、一つの国や地域で数十から数百の言語が話される多言語社会である。幼少期に身に付ける母語の他にも、社会生活を送るため、多くの人が複数言語を使用する必要に迫られる。母語が異なる者同士のコミュニケーションでは、その場に応じて英語や国・州の公用語、それより狭い範囲で話される地域共通語が使われる。

多言語国家では国語や公用語を定めるが、両者の間には微妙な違いがある。国語には国の統合の象徴という意味づけがあるのに対し、公用語は行政遂行上の共通語、という機能重視のニュアンスが強い。国語や公用語の選択においては、つねに権力と排除の政治性が存在する。国語や公用語を母語とする集団は、政治、経済、社会的活動において他の集団よりも格段に優位に立つからだ。

学校教育における教授言語の選択にも、ナショナリズム、政治、経済に加え、文化の保持、言語の「近代化」など様々な要因がかかわり、多種多様な社会的影響をもたらす。国家統合やナショナル・アイデンティティ形成のために、国語での教育を推進することは珍しくない。母語での学習が最も効果的なことは教育者の多くが同意するところだが、複数言語での教材作成、教員訓練が困難なうえ、学習者の社会参画を優先するため、多くの場合、国語や連邦・州の公用語を学校での教授言語としている。こういった選択の裏には、それ以外の言語の排除があり、教育アクセスの格差、民族間や階層間の衝突と分断、特定集団への権力の集中をも生み出しかねない問題をはらんでいる（第17章・須永、第18章・南出、第22章・安念）。さらに地域言語の近代化にも課題がある。地域言語で教科を教えるためには語彙表現を発達、統一させる必要があるが政策としての優先順位は低く、それが英語や公用語に頼った教育につながりがちである（第19章・平山）。加えてインクルーシブ教育においても教授言語は難しい選択であり、聴覚障がい児の言語習得への理解の欠如が、生徒の不利益につながりかねない教育実践を招いている（第21章・古田）。興味深いのは、教育提供側と学習者が同じ認識を持っているとは限らない点で、ときに学習者は独自の解釈をし、様々な言語、文字によって行われる教育をそれぞれの立場から戦略的に利用している（第22章・安念）。

グローバル化により、世界各地で英語教育熱が高まっている。ただし植民地時代、イギリスの影響の大きかった南アジアでの英語教育志向は、歴史的に構築されてきた英語の位置づけに影響されている面もある（第20章・野沢）。そのようななか、統合の象徴である国語や公用語よりも英語学習に熱が入るのは、国家の思惑とは離れた、学習者自身による教育とは何かという価値観の表れであるといえる（第17章・須永、第18章・南出）。しかし質の高い英語教育は一部の私立学校でしか受けられず、社会階層間の格差拡大にもなりかねない。その一方で、英語を武器に民族や階層、ジェンダーの抑圧を覆して、グローバル社会への進出や社会的地位の高い職業を志すなど、英語は周縁化された人々のエンパワーメントにつながる文化資本となる可能性も秘めている（第20章・野沢、第23章・太田）。

第Ⅲ部を通じて、多言語社会である南アジアでは、言語が国家のあり方や、教育を通じた社会階層の形成と密接に結びついており、そのなかで戦略的に学校選択、言語選択を行っている学習者たちの様子も理解していただけるのではないだろうか。

（野沢恵美子）

第17章

多言語国家パキスタンにおける ウルドゥー語教育の選択

須永恵美子

パキスタンでは30以上の言語が話されている。我が国の主な州言語は、シンディー語、パンジャービー語、パシュトー語、バローチー語である。これらの言語はおおよそ州を代表しており、州言語として知られている。パキスタンの国語はウルドゥー語であり、わずかに異なるアクセントがあるものの、パキスタン全土で理解され、話されている。パキスタンが作られたとき、偉大なる指導者《カーイデ・アーザム》（M・A・ジンナー）はウルドゥー語がパキスタンの国語であると宣言した。１９７３年パキスタン憲法でも、ウルドゥー語が公用語であると明言されている。

（パキスタン学、9〜10年生用教科書より）

パキスタンという国を言語から切り取るならば、最初のポイントは多言語社会であろう。日本の約2倍の国土のなかで、実に30〜60の言語が話されている。最も母語話者数が多い言語はパンジャーブ州で話されているパンジャービー語で、５８００万人の話者がいる。次いでシンディー語が１８００万人、パシュトー語が１７００万人、サラーエキー語が１３００万人である。シンディー語はシンド州、パシュトー語はハイバル・パフトゥーンフワー州で話されており、サラーエキー語はパンジャーブ州とシンド州に話者がまたがっている。パキスタンは多言語社会でありながらインドのように言語を州の単位と結びつけていないため、一つの州のなかで複数の主要言語が流通している。母語の他に、近隣の大きな街や市場、州都で使われる言語を第二、第三言語とするパキスタン人は多い。パキスタンの多言語状況を束ねるのが、国語のウルドゥー語である。北はカラコルム山脈から南はカラーチーまで、学校教育やメディアを通してパキスタン人はウルドゥー語を学習しており、国の共通語として機能している。すなわち、多くのパキスタン人は学歴と関係なく多言語話者である。

国民の97％がムスリムであり、憲法でもイスラームを国教と定めているため、アラビア語の学習も小学校から必須である。もっとも、聖典クルアーン（コーラン）を理解することが目的の授業であり、実社会での日常会話として使用する機会はなく、話者人口はごくごく限られている。

さらに、英語はこの国が１９４７年に建国されて以来、政治家や弁護士、ビジネスマンらエリート階層が常用してきた言語であり、現在はウルドゥー語と同じくすべての小学校で1年生から学習されている。

1　ウルドゥー語と教育

ウルドゥー語は、北インドやパキスタンで広く話されているインド・ヨーロッパ語族インド語派の言語である。ヒンディー語と基本的な文法や単語は同一で、右から左に書くアラビア文字を使う。

パキスタンでは、１９７３年に制定された憲法２５１条で、ウルドゥー語が国語（National Language）と定められている。同時にこの憲法制定から15年間は、英語も公用語（Official Language）として併用することが認められていたため、現在までなし崩し的に公用語であり続けている。

冒頭でもウルドゥー語を国語と記したが、実はウルドゥー語には二つのねじれが起きている。まず、ウルドゥー語は国内で広く理解されているものの、ウルドゥー語を母語としている国民はわずか８％に過ぎない。この割合は、

1947年のパキスタン建国当時から大きく変わっていない。そしてこの8%のウルドゥー語母語話者は、インドから移住してきたムハージルと呼ばれる人々が中心である。

少数派の言語であるウルドゥー語が国語となったのは、その歴史的経緯によるところが大きい。17世紀から200年続いたムガル朝の歴史のなかで、イスラームの宗教学者、知識人、宮廷詩人らはペルシア語とウルドゥー語を使っていた。20世紀に入ってからのイギリス植民地支配に対する独立運動においても、パキスタンを建国に導いたムスリムの政治指導者層は、ウルドゥー語を使うことが多かった。このため、1947年にパキスタンが独立した際、イスラームと並んでウルドゥー語が国の旗印として掲げられるに至った。

10年生のパキスタン学の教科書の『統合の原理としてのウルドゥー語』という読み物を見ると、「パキスタン国内で、親密さを生み出すためにウルドゥー語が重要な役割を果たしている」と説明されている。

もう一つのねじれは、社会で重宝される英語の存在である。インドと同様に、パキスタンでも英語は経済的、社会的成功のシンボルであり、国家公務員や大手の民間企業に就職するためには英語が必須である。親や生徒は英語の習得に熱心で、国語であるはずのウルドゥー語の存在意義はしばしば危うい立場にある。

2 学校での教育言語

パキスタンは多言語国家であるが、小学校教育においては国語であるウルドゥー語と公用語である英語が必須科目であり、教授言語もこの2言語に絞られていく。現実には、ウルドゥー語の流通度が低い農村部などで、教師が地域の言語を話すことはあるが、あくまで補助的なものである。

パキスタンの学校教育で教えられている科目は表1の通りである。小学校ではウルドゥー語（国語）、英語、算数、イスラーム学が基本になる。

表１　パキスタンの小学校・中学校で教えられる科目と教授言語

学年	科目
1～3	ウルドゥー、英語、算数、イスラーム学、総合教育
4～5	ウルドゥー、英語、算数、イスラーム学、社会、理科
6～8	ウルドゥー、英語、算数、イスラーム学、歴史、地理、コンピューター、科学技術、アラビア語
9～10（人文コース・2021年度時点）	ウルドゥー、英語、数学、イスラーム学、パキスタン学、科学技術、選択科目（コンピューターとIT、環境学）

※表のうち、下線…ウルドゥー語、二重線…ウルドゥー語か英語、無印…英語

教授言語の基本方針は、言語科目としてのウルドゥー語とイスラーム学がウルドゥー語で、英語と算数は英語が指定されている。その他、教授言語をウルドゥー語か英語で選択可能な社会や理科は、学校ごとに教授言語が定められている。ほとんどすべての教育をウルドゥー語で施すのをウルドゥー語学校といい、公立学校に多い。（ウルドゥー語で教えることが定められている）ウルドゥー語とイスラーム学以外の科目を英語で習う学校は英語学校（英語を教授言語とする学校）と呼ばれており、一部の公立学校や都市部の私立学校がこれに当たる。どの学校でも国が定めた同じカリキュラムで教えているものの、英語学校の方が進学率が高く優秀とみなされている。

何語を母語としていても、小学校からウルドゥー語や英語の教育が始まる。唯一例外として、シンド州はシンディー語の教育を生徒に課しており、その他の州のパシュトー語やバローチー語、パンジャービー語といった地域諸語は学習の機会がほとんどない。それゆえに、学校に通っていても母語を読み書きできないパキスタン人は多い。親と話した会話のメモを書き留める際には、ウルドゥー語や英語に切り替えなければいけないのである。

イランに近いバローチスターン州のクエッタという街で育った筆者の友人は、ダリー語（ペルシア語）が母語であり、バローチスターン州で使われるバローチー語も理解していた。学校教育では英語を使い、大学寮の友人とはウルドゥー語で会話し、長くラーホールの大学にいたために簡単なパンジャービー語も習得済みである。国家公務員になった非常に優秀な女性だが、読み書きができるのは英語とウル

ドゥー語のみで、他の言語は口語として使用している。母語であるダリー語は、ウルドゥー語と同じアラビア文字を使うので書き起こすことはできるはずだが、勉強する機会も書く必要性もなかったという。

また、パキスタンの初等教育では、学校を退学する中途退学率の高さが問題となっている。そこには家庭で使わない国語（ウルドゥー語）や英語に馴染めなかったという生徒も多く含まれるであろう。

3　英語学習への熱量

パキスタンの若者のウルドゥー語離れは、つねに懸念されてきた。それは何も近年に限ったことではない。パキスタン建国の詩人であるM・イクバールも、建国の父といわれる政治家のM・A・ジンナーも、イギリスで弁護士の資格を取得している。現在まで、パキスタンの大学の授業は英語で行われ、大学入試も英語で実施されるため、英語ができなければ、大学に入ることもできない。必然的に、進学を目指す生徒は英語の学習に熱心になる。

もともとパキスタンは英語学習が盛んであり、農村でも都市部でも、小学校を終えていれば簡単な英語の読み書きができる。街中の看板や交通標識は英語で表記されているものも多い。ウルドゥー語学校で学んだ多くのパキスタン人が話すのは、パキスタン式の強い訛りの混じった英語である。一方、英語学校で育った学生は流暢な英語を淀みなく話す。ネイティブスピーカーのような英語は、それだけで学歴や親の財力、良い就職先と結びついている。大学では、ウルドゥー語学科よりも英語学科が人気で、入試の競争率が高いことから優秀な生徒が集まりやすい。

写真１　標高 2400 mの北方山岳地域にある村の私立学校の理科の授業の様子。ブルーシャスキー語を母語とする生徒たちに対し、地元出身の教師は流暢な英語を使って解説している。停電中のため、教室内は天窓の光だけが頼り（2006 年筆者撮影、パキスタン、フンザ）

ウルドゥー語を学ぶためにパキスタンの大学に留学していた筆者は、「なぜわざわざウルドゥー語を学ぶの？　英語を学べばいいのに」と何度も尋ねられた。

子どもの大学進学を見据えた親は、初等教育か、それ以前の就学前教育から英語学校を選択する。都市部の私立進学校では、科目としてのウルドゥー語以外、すべての授業や教科書、日常会話、掲示物が英語である。こうした学校の児童・生徒は、友人や兄弟同士とも日常的に英語で会話しており、ウルドゥー語は祖父母や家のメイドなど、英語ができない相手に対してのみ使うものである。

ラーホールにある経営・経済学の有名私立校ラーホール経営大学では、ウルドゥー語やイスラーム学の授業も英語で教えられる。学生たちは当然のように幼児期より英語を第一言語として育っており、ウルドゥー語は必修科目の一つに過ぎない。もちろん、ウルドゥー語の詩をいくつも諳んじられる優秀な学生も多い。ただし、それはあくまで教養であり、日常生活で使うためのものではない。

こうした傾向は都市部のエリート層に限らない。地方の中規模の街にも英語学校はあり、ウルドゥー語や英語で書かれた英語学習のための「塾」「家庭教師」「試験対策」「海外への就職・進学準備」などの広告を見かける。一方ウルドゥー語を勉強するための広告は見たことがない。

4　「ウルドゥー大学」の開学

ここまで、多言語状況にありながら、外国語である英語が偏重されている状況を記したが、国語であるウルドゥー語での高等教育も長らく議論の的となってきた。2002年、カラーチーとイスラマーバードに、連邦ウルドゥー語人文科学技術大学（通称ウルドゥー大学）の開設が承認された。悲願のウルドゥー語を教授言語として科学や法律を学ぶ総合大学の誕生である。

ウルドゥー大学の前身は、１９４９年設立のウルドゥー・アーツ・カレッジと、ウルドゥー・サイエンス・カレッジである。どちらも、国語学者で全22巻の『ウルドゥー語辞典』を編纂した「ウルドゥー語の父」アブドゥル・ハク（１８７１～１９６１）が立ち上げた。ウルドゥー大学の大学憲章では、専門用語は英語が使われることを織り込みながら、「ウルドゥー語を教授言語とし、ウルドゥー語の振興を図る」ことを謳っている。

同大学には１万２０００人の学生、４５０人の教員が所属している。カラーチーの旧市街に位置するアブドゥル・ハク・メインキャンパスには、イスラーム学、法律、商学、マスコミ、教育、経営、ウルドゥー語学科といった文系学部が集まっている。市内のもう一つのキャンパスには理系の学部が設置されており、植物学、生物、化学、地学、数学、薬学、物理、動物学などが学べる。２００３年に新設されたイスラマーバードのキャンパスでは、経営、コンピューター、数学などが選べる。

日本では日本語で大学の授業を受けることが当然とみなされているが、長らく英語で高等教育が行われてきたパキスタンでは、国語で学べるウルドゥー大学は画期的であった。同大学は、経済的に十分な英語教育を得られない中低所得者層の学生にとって、高等教育に進むことのできる重要な機会となっている。

◉参考文献

G. F. H. Publishers, 2018, *Muṭāla'ah-yi Pakistān 10*, Lahore: G. F. H. Publishers.

Rahman, Tariq, 1999, *Language, Education, and Culture*, Karachi: Oxford University Press.

Sindh Textbook Board, 2018, *Pakistan Studies 9-10*, Karachi: Azam Sons.

第18章

ベンガル・ミディアム（ベンガル語での教育）
――バングラデシュにおけるナショナリズムとグローバリズムの狭間で

南出和余

1　ベンガル語ナショナリズムを導く2月21日（エクシュ・フェブラリー）

バングラデシュでは毎年2月になると、首都ダカにあるベンガル語研究所（Bangla Academy）が中心となって大規模なブックフェアが1か月間開催される。バングラデシュ国内の300から400の出版社がテントを張って、子どもの絵本から小説、学術書など無数の書籍が並ぶ。その多くはベンガル語だ。

このブックフェアが開始されたのはバングラデシュ独立直後の1972年2月21日である。2月21日という日は、バングラデシュがパキスタンの東翼（東パキスタン）を成していた1952年当時、ベンガル語をパキスタンの公用語の一つとして認める運動を率いたダカ大学の学生4人がパキスタン軍による弾圧の犠牲になった日である。1947年に英領インドからインドとパキスタンが分離独立する際に、インド東部のベンガル州は、インド西ベンガル州と東パキスタンに二分され別々の国としての道を歩んだ。英領下の1905年から1911年に布かれたベンガル分割令の影響を受けて、ダカを中心とする東ベンガルには主にイスラーム教徒（ムスリム）、コルカタを中心とする西ベンガルにはヒンドゥー教徒が多く暮らすという宗教による住み分けが進んでいた結果である。イスラー

写真１　２月21日のブックフェア（2016年２月筆者撮影、ダカ）

ムの国パキスタンの東として分離独立した東パキスタンでは、ベンガル語を母語とするベンガル民族が人口の大半を占め、東西合わせたパキスタン全人口のなかでもマジョリティを占めていた。しかし１９４８年のパキスタン憲法ではウルドゥー語が唯一の公用語に定められ、ベンガル民族はそれに反発した。ベンガル語公用語化運動は１９５２年２月21日の事件を機に加速化し、その後、独立運動へと発展、１９７１年３月26日から９か月間の戦争を経て、12月16日「バングラデシュ人民共和国」として独立を迎えた。このように、バングラデシュという国家にとってベンガル語は独立のシンボルであり、母語を守るために犠牲となった大学生を追悼する催しが毎年２月21日に、ダカ大学だけでなく全国の各学校で開催される。１９９８年には２月21日が国連教育科学文化機関（ＵＮＥＳＣＯ）の定める「国際母語デー」に認定された。

　ベンガル語は韻を踏むととても美しい言語として定評がある。とくに詩の文化に長けており、ベンガル語文学者のロビンドロナト・タクル（タゴール）の詩は１９１３年にアジアで初めてのノーベル賞（ノーベル文学賞）を受賞した。タクルの詩は現在のインドとバングラデシュ両国の国歌に用いられている。さらに、肌の色や顔の骨格から混血民族であることを自認するベンガル民族にとって、「ベンガル語を話すこと」は民族アイデンティティの主要素でもある。

　この独立の現代史は「ベンガル語ナショナリズム」を導き、独立直後から現在に至るまで、ベンガル語はバングラデシュの唯一の公用語（国語）とされている。実際にベンガル語を母語とする人はバングラデシュ全人口の98％を占めている。

2　植民地期から東パキスタン期の教授言語

第20章で述べるように、インド英領期のベンガル州は統治下の中心をなし、ローカルエリートを養成するための学校では現地語ではなく英語での教育が進められた。総督府による公教育制度が布かれる前に存在した土着学校については南出（2016）で詳細を述べているが、英語でのエリート教育が進むにつれて土着学校は衰退し、その結果、教育を必要とする層と必要としない層の階層化がより明白になった。

東ベンガルでは1921年にダカ大学が設立された。1857年の大学法制定下、インドでいち早く設立されたコルカタ大学を含む西ベンガルの知識層はダカ大学設立をよく思わなかったとされているが、このダカ大学の設立により東西ベンガル分離構造がより明確となった。ダカ大学でも教授言語には英語が用いられていた。

1947年に東パキスタンとして分離独立した後も、ダカ大学をはじめエリート教育機関では英語での教育が継続された。東パキスタン時代には寄宿制士官学校カレッジ設立の動きが広がる。1958年にチッタゴンに最初の士官学校カレッジ（Cadet College）が設立され、その後、ジュナイダ県（1964）、タンガイル県ミルザプール（1965）、ラージシャヒ県（1965）にも広がる。ダカでは1960年に全寮制モデル学校カレッジ(Residential Model School and College）が設立される。これらはすべて男子校で、英国教育モデルに基づいて、英語を教授言語に開始された。女子の学校としては、1950年にローマカトリック系のHoly Cross Girls' Schoolが設立され、現在に至るまで、女子の初等中等教育を担うエリート学校としての地位を占めている。

こうした英語を教授言語とする英国モデルのエリート学校の胎動と並行して、東パキスタン時代にはイスラーム教育を重んじるマドラサの学校整備も進められ、各地に初等から高等レベルまで学校数を増やした。ベンガル地方でのマドラサの歴史は13世紀のスルターン朝まで遡る。ペルシア語を教授言語とするマドラサがベンガル各地に広がり、現地指導者教育の一端を担ってきた。19世紀半ばに英領総督府による公教育制度が布かれてからは教育の中核から退くが、ムスリム指導者の養成に果たしたマドラサの役割は大きい。後述するが、マドラサには複数のタイプがあり、厳格にアラビア語教育を行うマドラサもあれば、現地語を介してイスラーム教養を教えるマドラサもある。東パキスタン時代には地方の初等中等教育レベルにもマドラサが普及した。

このように、東パキスタン時代のバングラデシュではパキスタンの公用語に定められたウルドゥー語が教育の現場に浸透することはほとんどなかったといってよい。エリート教育は植民地時代から継続して英語でなされ、日常的に用いられる現地ベンガル語が英語やアラビア語の教育を陰に陽に支えていた。

3　バングラデシュ独立後のベンガル・ミディアム（ベンガル語での教育）一色

前述のように、ベンガル語公用語化運動が独立の契機となったバングラデシュにとって、ベンガル語は国家のアイデンティティそのものとなる。独立後のバングラデシュの教育機関は初等から高等まですべての公立学校でベンガル語が教授言語とされ、ナショナルカリキュラムや試験制度もベンガル語のみとなった。1971年独立以降はダカ大学でもベンガル語に変更される。ただし、教科としての英語は小学校1年生からカリキュラムに含まれる。大半の国民にとって母語であるベンガル語でのカリキュラムは、それまで学校のなかった地域での学校教育普及を比較的容易にさせたと思われる。国際支援も後押しし、とくに1990年代に入るとバングラデシュでは初等教育の普及が急速に進んだ。ことに農村部や都市貧困層居住地域では、政府による公立学校に先駆けて、NGO主導の学校や地域住民によって建てられた学校が普及していく。教師として採用されるのは、中等教育程度の教育を受けた経験のある地域住民（とくに女性たち）で、NGOのトレーニングを受けて教鞭をとる。ナショナルカリキュラムに基づく国定教科書では、とくに低学年のベンガル語科目教科書の大半がベンガル語の詩や物語で占められている。それらは古くから言い伝えられてきた身近な詩や物語で、字の読めない村人たちもよく知っている。学校で学ぶ知識は、言語的にも内容的にも、それまで学校に縁のなかった層の人々にも身近に受け入れられた。

一方、マドラサも教育普及に貢献した。独立以降のマドラサは、ベンガル語による世俗教育にアラビア語とイスラーム教義科目を加えた政府認可のアリア・マドラサと、イスラーム教育に特化した無認可のコウミ・マドラサに二分される。後者には寄宿学校や、早朝1、2時間モスクで開かれクルアーン（コーラン）の読み方を教える教室、また最近では独自のカリキュラムでアラビア語以外にベンガル語や算数、英語なども教えるところも増えている。

学校教育が浸透し、教育熱が高まるにつれて、人々は教育の質や効果を期待するようになる。学歴が個人の将来により良い機会を提供するという教育神話が浸透するにつれて、グローバル社会を見据えた英語教育の需要が、「上」からのエリート教育の広がりと「下」からの教育熱の盛り上がりの両方から高まっていく。

4　イングリッシュ・ミディアム（英語での教育）校人気の高まり

独立以降、公立私立の大半の教育機関が教授言語を英語からベンガル語にした一方で、英語を教授言語とする私立学校（「イングリッシュ・ミディアム」校）が一部存続した。多くのイングリッシュ・ミディアム校はケンブリッジ国際教育カリキュラムかEdexcelカリキュラムを採用し、イギリス由来のＧＣＥ（General Certificate of Education）方式でＯレベル（Ordinary Level）とＡレベル（Advanced Level）の試験をブリティッシュ・カウンシル主導の下で行っている。こうした学校には政府からの運営補助は一切なく、学費が高額で、ダカの一部の富裕層での み共有されてきた。ＯレベルはベンガルカリキュラムのＳＳＣ（Secondary School Certificate）、ＡレベルはＨＳＣ（Higher Secondary Certificate）に相当し、国内の大学への進学受験も認められているが、イングリッシュ・ミディアム校出身の生徒たちは往々にして海外の大学進学を目指す傾向が強かった。

エリート層の海外流出を食い止めるねらいもあって、１９９２年に私立大学法が制定されると、ダカに英語を教授言語とする私立大学が次々と設立された。ノース・サウス大学、ＢＲＡＣ大学、バングラデシュ・インディペンデント大学（ＩＵＢ）などがその先駆けで、２０２１年現在都市部を中心に１０８校の私立大学がある。

また、ベンガル語を唯一の教授言語としていたバングラデシュ政府も、英語教育の需要に応えるために、初等中等教育のナショナルカリキュラムに英語バージョンを導入した。早くには１９９０年代に士官学校で英語バージョンが導入されたが、従来の私立イングリッシュ・ミディアム校では２０００年代中ごろから、ＧＣＥ方式と並行してナショナルカリキュラムの英語バージョンコースを導入する学校や、英語バージョンのみを採用する学校も増えている。英語バージョンの学校（コース）はＧＣＥ方式に比べて一般的に授業料が安い。また、イングリッシュ・ミディアムを名乗って、ナショナルカリキュラムのベンガル語バージョンと英語バージョンのコースを併設している私立学校もある。程度の差こそあるものの、どこのイングリッシュ・ミディアム校でも多くの場合ベンガル語と英語が混在している。また科目としてベンガル語を教えることは必須となっている。

ＧＣＥ方式のイングリッシュ・ミディアム校がエリート教育層の拡大であるのに対して、英語バージョンによるイングリッシュ・ミディアム校の増加は「下」からの教育熱に応えた広がりであるといえる。両方のコースを持つ学校には、いわゆる新中間層の教育戦略のせめぎ合いをみて取ることができる。

このように、バングラデシュの学校での教授言語は、人口構成的にも政治的にも圧倒的にベンガル語が中心を占めている。インド西ベンガル州ではベンガル語は州公用語に過ぎず、将来容易に州を出る可能性がある次世代にとって、ベンガル語は日常会話言語に留まり、教育上は英語が選ばれることが多い。それに対してバングラデシュでは、ベンガル語は国家公用語であり、国内でのベンガル語の実用性は高い。この同言語の各国における位置づけ（プレゼンス）の相違によって、現在ではインド西ベンガル州よりバングラデシュの方がベンガル語使用率もポップカルチャーを含めたベンガル語文化の発展も顕著であるといわれている。しかし現在、イングリッシュ・ミディアム校人気が高まっているように、人々の将来の見通しがバングラデシュ国内に留まらなくなると、グローバル社会を生き抜くためにはベンガル語よりも英語の方が可能性を帯び出しているのも事実である。

最後に忘れてならないのは、ベンガル語話者以外のバングラデシュ人の存在である。全人口の98％がベンガル語を母語とするとされているが、残りの２％は少数民族の人々で、２０１１年の人口統計では27の民族集団がバングラデシュに暮らしている。少数民族のなかで最も多くの人口を占めるのがチャクマ族、次がマルマ族で、両民族の多くが仏教徒である。東部チッタゴン管区の丘陵地に故郷を持つ人が多く、その一帯の自治権を求めるチャクマ族と国軍との緊張状態が長年続いている。各民族集団内では独自の母語で生活しているが、国内で生計を立てるにはベンガル語が欠かせず、日常的にベンガル語も使っている。グローバル社会における少数民族の人権や文化を擁護する動きに連なって、バングラデシュの少数民族の間でも母語教育運動が、ＮＧＯや都市部で高等教育を受けた民族エリートの若者たちによって活発化している。その成果の一端として、２０２２年にはチャクマ、マルマ、トリプラの各言語で初等教育教科書が発行され、子どもたちに配布された（Tribune Desk, 2022）。

冒頭で述べた「エクシュ・フェブラリー（２月21日）」は、確かにバングラデシュで暮らす大半の人々にとっては、母語であるベンガル語を尊ぶ日である。しかし、バングラデシュで暮らす２％の人々にとっても各民族の母語を尊ぶ日であってこそ、「国際母語デー」としてのメッセージを発することができるだろう。

◉参考文献

南出和余、２０１６、「バングラデシュの教育制度―多様な担い手による普及と政策―」、押川文子・南出和余（編著）『「学校化」に向かう南アジア―教育と社会変容―』、昭和堂、95～１３７頁。

Tribune Desk. (2022, January 4). "Small Ethnic Group Children in CHT Get Books in Own Language: Textbooks Are Printed in Chakma, Marma and Tripura Languages," *Dhaka Tribune*. Retrieved from https://www.dhakatribune.com/nation/2022/01/03/small-ethnic-group-children-in-cht-get-books-in-own-language（最終閲覧２０２２年１月11日）

第19章

ブータンにおける英語の優位性
――国語が苦手なお国事情

平山雄大

ブータンの学校を訪れると、私立学校でも公立学校でも、「ゾンカ（国語）」を除いたほぼすべての科目が英語で教えられている様子をみることができる。使用されている教科書は英語で書かれており、児童・生徒も英語でノートをとっている。教室や校舎の壁には、同国の国家開発政策を象徴する国民総幸福（Gross National Happiness, GNH, 以下ＧＮＨ）の理念や各種標語が英語で記されている。近年のグローバリゼーションの影響から英語教育熱が高まり、教授言語がゾンカから英語に切り替えられたというわけではなく、政府は約60年にわたって、一貫して英語を教授言語とした学校教育を展開してきた。

ブータンの人々の日常会話に耳を傾けると、英語がかなりの頻度で登場することに気づく。外来語に加えて数字や曜日は英語がそのまま借用され、途中から会話自体が英語に切り替えられたりもする。また、発行されている新聞はそのほとんどが英語版である。出版される書籍の多くも英語で書かれており、省庁や企業のウェブサイトも英語版が主体である。

上記を一例に、ブータンでは多くの場面において国語であるゾンカよりも英語に優位性が置かれている。このような言語事情の背景にはどのようなものがあるだろうか。

1　学校教育の教授言語

ブータンにおいて英語教育の萌芽がみられるのは、１９０７年の王国建国からほどなくしてのことである。同国の近代学校教育史は、少数精鋭のエリート教育が行われていた黎明期（１９１０年代〜）、学校教育が一般に開かれた草創期（１９４０年代〜）、教育の量的拡大が目指された拡充期①（１９６０年代〜）、量的拡大に加え教育内容のブータン化を通した質的充実が目指された拡充期②（１９８０年代〜）に大きく区分することができるが、学校教育の導入時より英語は重要な位置を占めていた。

黎明期には、「ブータン初の近代学校」とされる男子校が西部のハに、王族および王家に仕える者の教育を主目的とする学校が中部のブムタンにそれぞれ設置された。当時ブータンの隣国シッキムに駐在していたイギリス人政務官のベル（１９１６）は、ハの学校の教師が英領インドのカリンポンを拠点とするスコットランド国教会使節から派遣されていること、ブムタンの学校でチベット語〔筆者注：これはチョケ〔古典チベット語〕を指していると思われる〕および英語が教授されていることを報告している。どちらの学校も最初期より英語教育が取り入れられ、ブータンの近代化を担う人材、そして英領インドとの折衝を担うことのできる人材の養成が行われた。

その後インド独立前後の１９４０年代後半より、南部において教育をめぐる新たな動きが表出しはじめた。記録によると、南部地域に入植していたネパール人移住者が、彼らの母語ないし馴染みのある言語であったネパール語やヒンディー語を教授言語とした小規模の私立学校を自発的に作っていった。一方で、１９５０年代に入ると一般のブータン人に開かれた学校も全国各地に作られはじめた。こちらは、インドへの留学経験を有するブータン人を主とする教師陣が教授にあたる比較的規模の大きい公立学校として設置され、男女共学の学校として装いを新たにしたハの学校以外は、主にヒンディー語が教授言語として採用されていた。そして１９６１年よりインドの全面的支援のもとで本格的な国家開発がはじまり、教育の量的拡大が目指されるなかでインド人を中心とした外国人教員が多数招聘され、英語を教授言語としたカリキュラムが策定された。

教授言語がヒンディー語から英語に切り替えられた理由として、ドリエム（１９９４）は①ヒンディー語はブータン人にとって母国語でもなければ国際的な言語でもなかったため、②ヒンディー語の教育教材を使用することは、インド式の昔ながらの説教的な教育法（Old-fashioned Didactic Methods）を導入することにつながるため、という2点を挙げている。また、ブータン政府は１９６６年に発表した第2次5ヵ年計画内で、「諸外国で薬学や工学等の高等教育を受ける際に最も都合の良い言語」であるためだと、外国における継続教育を見据えた説明を行っている。これより30年ほど前の１９３３年、ハの学校を統括していた有力者ソナム・トプゲ・ドルジは「この国に特有のニーズに見合った教育が自国語によって行われなければならない」と主張したが、国家開発を本格化させるにあたって、学校教育を自国語（ゾンカ）主体で行うことの有用性と英語主体で行うことの有用性を天秤にかけた結果、後者が勝ったのだろうと推察される。非公式には、以下に述べる通り母語話者が少ないうえに、語彙数も少なく整備されていない「発展途上の言語」ともいえるゾンカを教授言語として使用することはそもそも現実的でなかったのだ、という意見も多く聞かれる。

冒頭で記した通り、英語を教授言語とするこの体制は現在まで脈々と受け継がれている。固有の言語は国の伝統を形成する重要な要素だとの認識のもと、１９９０年代には当時初等教育低学年に設置されていた「環境教育」科の教授言語を英語からゾンカに変更すること、２０００年代には「歴史」（ブータン史）をゾンカで教えることが目指されたが、徹底されることはなかった。教授言語の変更に関しては近年も国会において議論がなされたが、実現には至っていない。

英語を教授言語とする学校教育は、学習者が英語を流暢に操れるようになるという利点はもちろんあるが、一方で国語を苦手とする者を多く輩出する結果を生んでおり、僧侶を除くと、ブータン人識字者の多くは「読み書きはゾンカよりも英語の方が圧倒的に得意」と洩らす。会話表現においてもゾンカの敬語を適切に使いこなせる者は限られており、国会議員に選出された者が必要に迫られ、国会（国会の議事進行や答弁はゾンカで行うという決まりがある）開会までに秘密裏にゾンカの集中訓練を受けるといった話もある。

2　複雑な言語事情

国語であるゾンカを教授言語とすることの難しさの背景には、ブータンが多言語社会であり、現在もゾンカの整備・普及の途上にあるという事実が存在する。

ブータン国内では、主に西部を中心に使用されているゾンカ、東部を中心に使用されているシャーチョップ、南部を中心に使用されているローツァンカ（ネパール語と同義）をはじめとした20近くの言語が使用されているが、絶対的多数派の言語はない。２０１５年に実施された第3回ＧＮＨ調査によると、ゾンカ、シャーチョップ、ローツァンカを母語とする者は、それぞれ国民の21・13％、33・72％、18・69％であった。つまり、ゾンカの母語話者数は決して多くはない。大多数のブータン人にとってのゾンカは、多くの日本人にとっての英語がそうであるように学校で科目の一つとして教わるものであり、日常生活のなかで積極的に使用するものではないのである。

母語の異なる者同士の会話ではゾンカ、シャーチョップ、ローツァンカが用いられることが多いが、それらと並んで、長年学校教育の教授言語であり続け、広く浸透している英語も共通語の一つとして機能している。この状況は、同じく多言語社会である隣国インドと似ているといえよう。これらの言語のうち文字を有するものはゾンカ、ローツァンカ、英語であり、政府は国民の識字能力を、これら三つの言語（もしくはヒンディー語など他の言語）のいずれかの短文を読み書きできる能力だと定義している。

ゾンカはもともと西部で話されていた言語であり、同時にブータン各地のゾン（政治施設兼宗教施設としての役割

19. སློབ་གྲྭའི་སྐོར་ནས། སློབ་གྲྭ་ནང་གི་མིང་མཛོད། In a School lexicon

ཨང་།	འབྲོག་སྐད།	སྒྲ་ཐབས།	རྫོང་ཁ།	སྒྲ་ཐབས།	ཨིན་ཡིག
1.	སློབ་གྲྭ།	'lop dra	སློབ་གྲྭ།	'lop dra	School
2.	གཞུང་།	Zhung	གཞུང་།	Zhung	Government
3.	སྒེར།	Ger	སྒེར།	Ger	Private
4.	སློབ་གྲྭ་ཆོབ་པ།	'lop dra chö pa	སློབ་གྲྭ་ཆེ་བ།	'lop dra che wa	higher school
5.	སློབ་གྲྭ་ཆུང་ངེ།	'lop dra chung ngi	སློབ་གྲྭ་ཆུང་བ།	'lop dra chung wa	primary school
6.	འགོ་བཙུགས།	go tsuk	གཞི་བཙུགས།	zhi tsû	Establish
7.	སློབ་དཔོན།	'lop pön	སློབ་དཔོན།	'lo pön	Teacher
8.	བྱིར་དོ།	j°ir d°o	ཨ་ལྱུ།	' a lu	Children
9.	སློབ་ཕྲུག	'lop thrû	སློབ་ཕྲུག	'lop thrû	Students
10.	མཐུན་རྐྱེན།	thün ken	མཐུན་རྐྱེན།	thün ken	Facilities
11.	མེན་ཐོ་ལྡུམ་ར།	' men tho dum ra	མེ་ཏོག་ལྡུམ་ར།	me tô dum ra	flower garden
12.	ལེའུ་བསྒྱུར་སང་།	leu jur sang	ལེའུ་བསྒྱུར་ནི།	leu jû ní	Dancing
13.	དབྱུང་མ།	' hrung ma	སྒྲུང་།	Sung	Story

写真１　DDC が 2021 年に発行した語彙集

を持つ城塞）における共通語として機能していた言語である。文字を有し、かつブータン固有の言語であったゾンカをブータンの国語とすることが１９６１年に当時の国王（第３代国王）によって宣言されたと伝えられているが、その整備・普及の取り組みが開始されたのは、同国が国連加盟を果たし国際社会へのデビューを大々的に飾った１９７１年のことである。１９７１年の第35回通常国会において、国語としてのゾンカを国民に普及していくこと（および国内での外国語の使用を制限すること）が決議され、同年に政府内に設置されたゾンカ開発部がゾンカの学習教材の作成を担った。

　ゾンカの整備・普及は現在、言語政策のガイドラインを策定するために１９８６年に設置されたゾンカ諮問委員会と既存のゾンカ開発部が合併する形で誕生したゾンカ開発委員会（Dzongkha Development Commission, DDC, 以下ＤＤＣ）が主体となって実施されている。１９８９年に設立されたＤＤＣの主要役務は、辞書、語彙集、地名集などの編纂・出版を通したゾンカの標準化・精緻化、新たな語彙の開発、ゾンカ文字フォント（DDC Uchen や DDC Wangdi など）の整備、アプリ開発や絵本出版を通したゾンカの普及などであるが、必ずしもうまく機能し、国民から支持されているとはいえない。近年の新聞記事のなかにも、「国語を普及させようとする努力のなかで、明快さよりも混乱が生じている」、「ゾンカの普及に関する効果は何もなく、今も30年前と同じ問題についての議論がなされている」といった辛辣な意見が散見される。

ゾンカの整備・普及は文化保護とも密接に関連している。中国とインドという人口が10億人を超える超巨大国家に挟まれた人口約70万人の小国ブータンにおいて、ナショナル・アイデンティティの確立は国の安全保障の根幹をなすものである。その確立の手段の一つとして、文化の保護と振興はとくに1980年代以降つねに叫ばれ、現在はGNHの4本の柱の一つにも位置づけられている。2008年には憲法第1条第8項に「ゾンカはブータンの国語である」と規定され、現国王（第5代国王）もことあるごとに国語の重要性を説いているものの、多言語社会で、かつ後述の通りゾンカができることよりも英語ができることの利点が勝っている社会のなかでゾンカの整備・普及の道は険しい。

3　英語をめぐる社会状況

現在のブータン社会において、高い英語運用能力は「良い就職」への必須条件となっている。多くの若者が目指すホワイトカラーのオフィスワークを遂行するうえで英語は必須だが、ゾンカは必ずしも必要ではない。2019年に、当時の内務文化大臣は「すべての公式会議やすべての機関の日常業務では英語が公用語になって」おり、「今日の雇用市場ではゾンカの知識を必要とする仕事はない」、「ゾンカの専門知識を必要とする職業を探すことを検討しなければならない」と述べているが、正確なゾンカ運用能力が求められるのはゾンカ教師、テレビ・ラジオなどのゾンカ放送のアナウンサー、映画の脚本家など、非常に限られた職業のみである。

近年は大学へ進学する者が増えており、最新の統計によると、高等教育在学者のうち5～6人に1人はオーストラリア、インドをはじめとした他国の大学に籍を置いている。数にすると25か国以上に2500人以上が留学しているが、英語ができることが諸外国で学ぶことの敷居を低くしていることは疑う余地がない。同様に、多くの若者が英語を活かして海外で職に就いている。国内の高等教育の教授言語も基本的には英語であり、公務員試験などでも英語の成績は重視される。英語は将来の選択肢を増やし可能性を広げるための重要なツールのひとつとして広く認識されており、一方でゾンカはその役割を果たすとは考えられていない。それゆえ若者のゾンカ学習の熱意は低く、親たちも子どものゾンカ教育に熱心ではない。

数少ない例外として、これまでブータンの宗教界はこの英語をめぐる諸相の枠外にあった。チベット仏教の僧侶の養成は国内に184校存在する公立の僧院学校（生徒数7390人、概ね小学生から大学生以上の年齢層の男子が寄宿しながら学んでいる）、および私立の僧院学校（私立の僧院学校のなかには、尼僧の養成を行っているところもある）において行われているが、従来、これらの学校において英語が教えられることはほとんどなかった。しかし現在、多くの僧院学校は外部とのコミュニケーション手段としての英語の重要性を意識し、カリキュラムに英語教育を導入している。そのため宗教界内で英語教師の需要が高まっており、たとえば労働人材省の2017~18年の雇用計画には、僧院学校における英語教育のために200人の英語教師を募集することが盛り込まれた。

また、1999年にテレビ放送とインターネットサービスが、2003年に携帯電話のサービスがはじまり、外国の情報に触れる機会はそれ以前とは比べものにならないくらい増大している。英語を通して外国の情報へ直接的かつ迅速にアクセスできることが肯定的に捉えられる一方で、過度の情報流入が人々の意識を変容させゾンカの普及をはじめとした文化保護の弊害となっていること、英語ができない、もしくは得意ではない高齢者層や学校の中途退学者は情報へのアクセスが制限され人々の間の情報格差が助長されていることなどを問題視する識者もいる。

なかには、ブータン人の英語運用能力を疑問視する声もある。ブータン人の英語の文法や発音の誤りは多岐にわたり、それは学校教育における英語教育の質の低さに起因しているという。王立ブータン大学で教鞭をとるポルキーは、インド英語の影響が背景にあるとし、その影響は過度にフォーマルな言い回しの使用などにもみられると指摘している。この問題は２０１６年の全国学校カリキュラム会議や２０１７年の全国教育会議でも強調され、教育省は問題解決のために、「効果的なコミュニケーションのための英語」と題する教師向け研修を定期的に行っている。

国語よりも英語の運用能力が重視される状況、つまり「良い就職」という成功への鍵として、コミュニケーションの手段として、さらに情報へのアクセスの媒体として英語が重宝されている状況は、多言語社会であるブータンの特徴的な事情によって生まれた。国民は、政府の想いも文化保護という観点からゾンカを使用することの必要性・重要性も重々承知しているが、英語が浸透しきっている社会のなかで声高に「英語よりも国語を！」と言い切れず、実践もできていない。

◉参考文献

Bell, C. A., 1916, *Annual Report on the Relations between the British Government and Bhutan for the Year 1915-16*, No.104-E. C., dated Gangtok, the 18th (received the 22nd) May 1916.

van Driem, George, 1994, "Language Policy in Bhutan," in Michael Aris and Michael Hutt (eds.), *Bhutan: Aspects of Culture and Development*, Kiscadale Asia Research Series No.5, Scotland: Kiscadale, pp. 87-105.

第20章

ポスト植民地インドの英語教育

野沢恵美子

インドのビハール州ガヤー近郊のある家庭。父親は勤務医、母親は弁護士、3人の子どもたちは地域でもトップクラスの、私立の英語を教授言語とする学校（英語で教える学校）に通う。長男は別の州の医科大学に進学し、長女と次男も流暢な英語で、将来は医師になる、と話す。後期中等教育12年生の卒業認定試験を控えた長女は、勉強は楽しいと話しながらチャイを運んできてくれる。10歳の次男はベッドに寝転がったまま英語のテレビ番組を観ている。学校は嫌いではないが、好きでもない。イギリスに研究員として国費派遣された従兄は、子どもたちにとって憧れの存在だ。

同じくガヤー近郊の自営業の家庭。父親はブロークンな英語でときどき観光客の相手をし、専業主婦の母親は挨拶程度の英語を話す。子どもたちは中堅私立の英語で教える学校に通っている。教科書を読むよう頼むと大きな声で読み上げ、質問にも一生懸命英語で答える。しかし7年生の長男も5年生の長女も、2年生の次男も英語での会話はままならない。学校のウェブサイトには、家庭内では親もなるべく英語で会話をするように、と書かれているが、家のなかで英語が聞こえることはない。父親の仕事が順調なときは家庭教師に教えてもらうが、収入が減少すると家庭教師どころか、授業料すら払えなくなり、学校への出席が停止される。子どもたちは皆、その学年の標準的な年齢を超えたオーバーエイジで、標準よりも2、3年遅れている。

インドでは、英語を教授言語とする私立学校が増加している。都市では以前から子どもを英語の幼稚園、小学校に通わせ、初めて学ぶ文字はA、B、Cという裕福な家庭は多かった。しかし最近では地方の小都市や農村地域でも英語で教える学校が増加し、村の納屋の壁一面に学校宣伝のポスターが貼られている。英語教育熱の高まりは、グローバル化とともにみられる近年の傾向といわれる。だが本当に「新しい」ことだろうか。

1　植民地時代の英語教育

インド亜大陸で英語教育が始まったのは、植民地時代のことである。18～19世紀の植民地支配下で西洋式の学校が設立された当時、教授言語を英語にすべきか現地語にすべきか、イギリスの統治者や知識人の間で議論があった。インドの歴史文化に敬意を払い地元の言語で行うべきという主張と、西洋で発達した知識と言語を切り離すことは不可能との主張が、どちらも譲らなかったのだ。そのようななか、イギリスからベンガルに赴任した公共教育委員会委員長のT・B・マコーレーは1835年、言語と知識の内容を切り離すべきではないと英語での教育を主張し、インド人への教育の目的は、イギリス人と数百万の大衆をつなぐ、「血と肌の色はインド人だが、好みや意見、道徳観や統治においてイギリス人のような階級を養成すること」であると述べた。その後、インド人官吏を育てるために英語で教育を行う学校が、とくにベンガル地方で次々と設立された。ただし教授言語をめぐる考えは地域によって異なり、地元言語が使用される場合もあった。とはいえ、多くの野心的なインド人青年たちが英語で西洋式の教育を受け、植民地行政、司法分野で「近代的な」職業に就き、新しい階層が誕生していった。さらに貿易や学問の分野でも英語を話す人々が高い

写真１　家で宿題をするガヤー近郊中堅の英語の学校に通う少年（2010 年筆者撮影）

地位を占め、英米の知識人とも交流しエリート層を形成した。

植民地支配は経済と軍事力によって成立するが、同時に文化や世界観を被植民者に「刷り込む」ことも支配を永続させる鍵といわれる。西洋の科学技術や行政機構、それらと結びついた英語の優越性が浸透すれば、人々は支配を受け入れ、抵抗する意欲が削がれるためである。また英語によって伝えられる「近代的な教養」にアクセスできる少数のエリートと大衆が隔絶され、被植民地の人々の団結を阻むこともできる。建国の父と呼ばれるM・K・ガーンディーは、英語での教育を痛烈に批判した。西洋式の教育を受けた者は、「優れた西洋と遅れたインド」という二元的な世界観を身に付け、インド文化を軽視し精神的に大衆と乖離してしまう。ガーンディー自身は英語で教育を受け、イギリスにも留学した植民地エリートだったが、インド土着の価値観を重視し、子どもたちにはインドの大地に根を張った知識を教え、育むべきと強く主張したのである。

2 独立後の英語教育

ガーンディーの主張に反して、1947年の独立後も、インドでは英語が広く使われてきた。現在も連邦政府の行政や高等教育、また新聞、雑誌などの一部エリートメディアでも英語の使用は続いている。背景には、インドが多言語社会であることが挙げられる。インドでは数百の言葉が話され、州ごとに公用語が定められている。地方行政や公立の初等・中等教育は州公用語で行われ、州公用語や諸民族言語も含めたマスメディアも発達している。しかし、国民の誰もが話せる共通のインドの言語がない。建国時、人口の3割程度を擁する、首都デリーを含む北インドのヒンディー語を公用語にしようという議論もあった。英語も当座は補助的な公用語とするが、15年後にはヒンディー語のみを公用語にすると憲法にも明記された。その間、学校教育を通じてインド全土に普及させるため、ヒンディー語を西、南、また北東の州で必修科目とした。これに対し非ヒンディー語圏では、国家公務員への雇用や高等教育への進学で不利になると恐れ反発が起こった。とくに南のタミル・ナードゥ州では、ヒンディー語の公用語化や教育の義務化に対し激しい抵抗運動が続いた。その結果、１９６３年の公用語法やその後の憲法改正などにより、英語の公用語としての地位は永続的に保障されることとなった。母語話者がごくわずかしかおらず、誰にとっても「外国語」の英語は、どの地域にも肩入れすることのない「平等なインドの共通言語」と呼ばれる。

一方で英語は、階層を分化させる言語でもある。連邦政府の行政は英語で行われ、社会的地位も給与も高い国家公務員になるには、高度な英語運用能力が求められる。また高等教育進学のためにも、やはり英語力が必要である。最近では州公用語で教育を行う小さな高等教育機関も現れているが、トップの大学、高い収入に結びつく工学や医学教育は今も英語で行われている。裕福な家庭では、将来を見据えて子どもを私立の英語で教える学校に入れ、幼いころから英語を身に付けさせてきた。社会的地位の高い職業にはこうした家庭の出身者が就き、都市のミドルクラスを形成してきた。彼らの教育経験は、地元の言葉で学ぶ大多数のインド大衆とは全く異なっている。貧困層や農村では、いまだに初等教育すら完全には普及しておらず、経済的事情などで中途退学する子どももたくさんいる。エリートと大衆の教育は平行線をたどり、西洋人による支配が消えた後も、より見えづらい形で言語による階層分化は続いてきた。

高等教育で英語が維持された背景には、教授陣による現地語化への反発もある。ムケルジー（２００９）は、学術界では独立後も英語は権威を象徴する言語であり続け、教授陣は「知識と結びついた」英語の使用を主張し、それが英語にアクセスできないカースト、階級、ジェンダー（女性）を排除してきたと批判的に論ずる。また自然科学分野では、日々更新される膨大な情報・知識を地元の言語に翻訳するのは、不可能で非効率的との議論もある。最新情報に触れ海外の研究者と交流し、国内の研究を発展させるためには、英語に頼らざるを得ない、との考えである。もちろん知識を現地の言葉に翻訳し大学教育や研究を行ってきた東アジアの経験は、現地語での高等教育もあり得ることを示唆している。しかしインドでは言語と権威、階層、学問の様々なルールが重なり、知識層としての地位とアイデンティティとも分かちがたく結びついている。

3　新自由主義グローバル経済と英語教育の広まり

平行線の教育に変化が生じ始めたのは、1990年代インドが新自由主義経済に舵を切り、グローバル経済に積極的に参加し始めてからといわれる。グローバル企業の「下請けサービス会社」がムンバイーやバンガロール（現ベンガルール）などに設立され、国内労働市場に比べ高収入の求人が登場した。また情報網やインフラが整備され、州や国境を越えて展開する国内企業も成長している。こうした企業が求めるのは、英語が流暢に話せる人材だ。ベディ（2020）の研究によると、インドでは英語が流暢な人は、英語が話せない人よりも33％ほど時間当たりの収入が高い。また先進国での医師やコンピューター技師不足の解消のため、インドからの「頭脳流出」も起きている。ごく一握りとはいえ、高い学歴と技能を身に付けた人たちの「成功物語」が流布され、英語教育が多くの親たちを惹きつける。さらに、授業料の安い英語を教授言語とする学校の出現により、小規模商店主や少し裕福な農家でも、英語という文化資本に手が届くようになってきた。より良い学修や就業機会への期待から、これまで縁のなかった層の子どもたちが英語で教える学校に通うようになっている。英語が文化資本なのは学校経営者にとっても同様である。寄宿舎を設置したりスクールバスを走らせたりして広範囲から生徒を集め、英語を打ち出した教育の産業化が進んでいる。このようななか、英語を話せないことを、文化資本の欠如と捉える言説も現れている。言語による格差解消のために、公立学校での英語教育拡充の議論が起こり、貧しい子どもも、政府の補助で私立の英語で教える学校に通えるようにすべき、との極端な案まで聞こえてくる。

とはいえ英語で教える学校の質はバラバラだ。訓練と経験を積んだ教員が、流暢な英語とICTを駆使して最新の教育を行うエリート養成校もあれば、英語で書かれた教科書の内容を、教員が地元の言葉で延々と説明する学校、教員の英語もおぼつかないような学校までである。当然生徒の到達度も様々で、統一試験で高い成績を収め、医師、中央官僚やグローバル企業への就職を目指す層が通う学校もあれば、生徒の多くが授業内容をほとんど理解できていないような学校もある。バッタチャリア（２０１４）は、低所得者向けの、教員のスキルが低い英語で教える学校の乱立は、子どもの学力低下を引き起こし、かえって社会階層による教育格差を悪化させると論じ、行政による規制と十分な教員訓練の必要性を訴えている。

それでも英語を話す人は、近年増加している。ベディ（２０２０）によると、英語を流暢に話す人はインド全体で２００５年の３・６％から２０１１年の６・３％に、英語が少し話せる人は16・２％から22・４％に増えている。カースト、居住地域、ジェンダー間の格差があり、それぞれ高カースト、都市在住、男性の方に英語話者が多い。しかし、この階層と言語のつながりにも変化の兆しがある。英語話者の増加率は低カースト、被差別カースト、少数民族である指定部族の方が、高カーストよりも高く、ほんのわずかだが差が縮まってきているのかもしれない。ベネイ（２００５）は、マハーラーシュトラ州のバラモン男性の危機感を記している。男性は、１９９０年代までの、特権階級である自分たちと他の人たちとの生活レベルの違いを語ったうえで「これからは、今まで特権と縁遠かった人々とも競争することになる」と話している。英語によってもたらされる特権が独占的なものではなくなりつつあり、階層と言語のつながりが揺らいでいる。

英語は、差別に対抗する言語との考えもある。少数民族、被差別カースト、女性にとって、英語の知識は偏見を打破し、高等教育や、社会的地位の高い職業への切符となる可能性がある。冒頭で紹介した医師も、被差別カースト出身である。英語を身に付け、医師という絶対的な資格、地位を手に入れた。生家は貧しかったが、地方公務員の職を得た兄が学費を払い、彼を医科大学に進学させた。これは家族をあげての、教育を足掛かりとした社会階層の移動である。しかし、ときに大きな犠牲を伴うこともある。地元の言葉で教育を受けてきた学生がエリート大学に進学し、英語力の違いに苦労することもある。医科大学や工科大学に通う、被差別カーストや少数民族の青年の自殺が何度も報道されている。英語での授業についていけず、追い詰められたためと伝えられるが、都会の裕福な学生に囲まれ、出自と言葉という二重の差別と排除に苦しんだ結果との説もある。学生が大学になじめなかったのか、学生のために大学が環境を整えなかったのか、視点の置き方により異なる問題がみえてくる。

英語使用を帝国主義の残滓とする論者は多い。確かに現代インドと、植民地時代の英語の地位は重なる部分も多い。ともに社会的地位を得るための手段であり、また広く世界とつながる足掛かりでもある。しかし現在の英語の地位は、より複雑化している。イギリスによる支配を退けて70年以上が経つが、その後も英語の優位は、インド人自身により維持されてきた。独立後の英語には「インドの言葉」として、多言語社会をつなぐ「共通語」と、地位や知識と結びつき社会階層を分化させる言語という二面性がある。そのようななか、最近英語に手が届き始めた人々は、グローバルに活躍するためだけではなく、インド社会で少しでも「良い職」を得て社会階層を移動するために、英語教育を戦略的に利用している。近年の玉石混淆の英語で教える学校の増加は、英語の特権を享受してきた人々の危機感と、排除されてきた人々の上昇志向、さらには英語の需要拡大にチャンスを見出した教育産業とが、文化資本をめぐってせめぎ合う姿を象徴しているのかもしれない。

◉参考文献

Bedi, J., 2020, *English Language in India: A Dichotomy Between Economic Growth and Inclusive Growth*, London and New York: Routledge.

Bénéï, V., 2005, “Of Languages, Passions and Interests: Education, Regionalism and Globalization in Maharashtra, 1800-2000,” in J. Assayag and C. J. Fuller (eds.), *Globalizing India: Perspectives from Below*, London: Anthem South Asian Studies, pp.141-162.

Bhattacharya, U., 2014, “Mediating Inequalities: Exploring English-medium Instruction in a Suburban Indian Village School,” in M. O. Hamid, H. T. M. Nguyen and R. B. Baldauf Jr. (eds.), *Language Planning for Medium of Instruction in Asia*, London and New York: Routledge, pp.164-184.

Mukherjee, A. K., 2009, *This Gift of English: English Education and the Formation of Alternative Hegemonies in India*, New Delhi: Orient BlackSwan.

第21章

口話・手話、教授言語とインドの聴覚障害教育

古田弘子

ムンバイーの名門ターター社会科学研究所で博士号取得をめざす20代のジャヤ（仮名）。重度の聴覚障害のあるジャヤは、西ベンガル州で大学の修士課程まで英語で学んできた。ジャヤの家族は、専門職に就く父母と妹で、とくに母親は彼女が幼いときから仕事の時間を調整してジャヤを全面的にサポートしてきた。最新機能を備えた補聴器を装用させ日常生活のなかで根気よくことばを教え、家庭教師にもはっきりした口の動きと声で伝えさせるなどしてジャヤを聴覚口話《こうわ》法（残された聴覚を活用しながら、相手の口唇の動きを文脈のなかで読み取る読話《どくわ》と、不明瞭であっても音声による発話を行う口話を用いる方法）で育ててきた。ジャヤは家族とはベンガル語で話し、学校では英語を使う私立校で学んできた。ムンバイーではすべての場面で英語を使うジャヤは、口唇の動きの乏しい日本からの訪問者の英語を聞き取るために補聴器のボリュームをあげ、通じないときはさっと筆記に切り替える明るい女性である。ここでのジャヤの指導教員もまた、読話をよくしどこでも堂々と口話でコミュニケーションをとる聴覚障害者である。指導教員はムンバイーのあるマハーラーシュトラ州の公用語であるマラーティー語を母語とし英語に堪能である。ジャヤは指導教員をロールモデルとし、障害分野の研究職に就くことを目指している。

チェンナイの聴覚障害者のための高等教育機関で学ぶ10代のアルン（仮名）。重度の聴覚障害のあるアルンは、タミル・ナードゥ州の農村で育った。就学前施設で発話がないことを指摘され、県の中核都市の総合病院まで出向

き聴覚障害の診断を受けたときアルンは3歳であった。障害証明書を取得した後に県の障害福祉局から補聴器が支給されたが、音がうるさいばかりですぐに耳からはずれ使いようもなかった。就学までは周囲を見てすばやく行動することで大過なく過ごせたが、兄と同じ近隣の公立学校に入学すると、教師の話が全くわからなかった。中核都市の公立学校には聴覚障害児のためのリソースルーム（特別教室）があったが、父母のどちらかが付き添ってバスで通わねばならない。そこでアルンは、県内にあるヒンドゥー慈善団体が運営する聾学校に転入し寄宿舎に入舎した。入学後アルンは、真綿が水を吸うように生徒らの使う手話を覚えた。記憶力がよく体格にも優れていたアルンはすぐに頭角を現した。数年後、チェンナイのS学園に行けば高等教育まで受けられると聞いた両親は、思いきってアルンを連れて行き校長の神父に会った。後期初等学校からS学園に入学したアルンは、これまで使っていた手話とS学園の手話が相当異なっていたため最初は面くらったが、1か月後にはS学園の手話を流暢に使いこなすようになった。アルンが驚いたことには、S学園には教授言語を英語とする生徒らがいて授業はすべて別だった。だが、寄宿舎では生徒同士手話で語らいながら、その手話に混じる英単語に触れた。アルンは首尾よく学園内の高等教育機関に入学し、故郷の家族を喜ばせた。しかし、カレッジ入学後は今まで学んだことのない必修科目の英語がアルンを悩ませている。

1　インドの聴覚障害教育

聴覚障害は耳からの音声情報の取得を困難にし、子どもの言語獲得を難題とする。そのため、聴覚障害のある子どもの教育には特別な配慮が必要である。インドでは1970年代から人的資源開発省（2020年より教育省）により障害児を通常の学校で学ばせる統合教育スキームが始められたものの、その後も実際に教育を担ってきたのは特別学校などを運営するNGOであった。近年の初等教育普及化政策に加えて、2009年の「無償義務教育に関する子どもの権利法（The Right of Children to Free and Compulsory Education Act, 2009）」の制定が後押しとなり、政府はようやく重い腰をあげてインクルーシブ教育（通常の教育システムで障害児がともに学ぶ教育）に取り組み始めたところである。「２０１６年障害者の権利法」の第16条「教育」では、政府または地方組織にインクルーシブ教育を提供するよう要請し、（ｖ）では聴覚障害者の教育のために適当な言語並びにコミュニケーションの手段を保障しなければならない、と規定する。適当な言語並びにコミュニケーションの手段には、教授言語、口話（口唇を動かし音声で話すこと）や聴覚の活用とその方法、あるいは手話の使用方法に関する選択が含まれるだろう。

インド最初の聾学校は植民地下１８８４年にムンバイーで開校した。独立時点で24校あった聾学校は各地でその数を増した。社会正義・エンパワーメント省下の聴覚障害拠点機関であるアリ・ヤヴァール・ジュング国立聴覚障害研究所（ＡＹＪ研究所）のウェブサイトでは、就学前施設や職業訓練に特化した学校も含めた「聴覚障害児のための特別学校」として２０２１年８月時点で全３８７校を掲載している。一方、同サイトには掲載されず各州の障害者福祉を取り扱う部局に登録している聾学校もある。２０１１年国勢調査によれば、２６８０万人の全障害者のうち０歳から19歳の障害児が29％を占める。そのうち20％を占めるのが聴覚障害児であり１５５万人となる。このような膨大な人口に対して聾学校という教育環境で対応することには限りがある。

２　口　話

インドの中間層以上では、性能の優れた補聴器を購入することは可能であり、人工内耳埋め込み手術も珍しくない。しかし、これらの聴覚補償機器を活用するには、障害の程度に合わせた補聴器の選択、乳幼児期からの専門機関による聴覚リハビリテーション、加えて電池などの部品補充や頻繁な修理といったメンテナンスが欠かせないため、子どものきこえの状態につねに気を配る余裕と熱意のある家庭環境が必要である。その結果、聴覚口話法によるコミュニケーションを追求し、通常の教育環境に適応できるジャヤのような子どもはごく一握りとなる。

聾学校のなかには、学校名に口話学校（オーラルスクール）と冠する学校がある。生徒が聴覚補償機器を利用するための家庭環境、教員のスキル、学校の施設設備が十分であれば、科学技術の発展した現代社会で聴覚口話法を求める生徒のニーズに応えることには十分な意義がある。しかし、聴覚補償機器の活用が望めない環境にいる聴覚障害児に対して、昔ながらの口話法を無批判に押し付けることは、聴覚障害児の質の高い教育にアクセスする権利という観点からもはや容認されまい。

3 手話

聴覚口話法が難しいのであれば、手話はどうだろう。手話は国や地域により異なる。また、当該地域の音声言語とはまったく異なる言語体系を持つ「インド手話（インドのろう者の言語）」と、音声言語を話しながらそこに手話語彙のみを付加する「対応手話」があるが、インドの聾学校ではどのような手話が使われているのか。

聴覚障害教育においては、1880年のミラノ宣言（口話法の優位を宣言）以降、世界的に手話の使用が排除されてきた。インドの聾学校でも手話は、音声言語と比較して低位の、恥ずべき手真似であるとして否定され、口話法が用いられてきた。インドでは、ろう者の言語として手話を尊重し、学習に積極的に導入することを目指す聾学校はまだ少ないため、教員の手話能力も低い。多くの学校は、手話を公式には導入していないが、生徒同士や授業時間外では手話が用いられている。

手話の言語としての価値を認め聾学校の教育に取り入れる場合、どのような手話を導入すればよいのか。教育する側が手話を「対応手話」でとらえるならば、インドにある音声言語の数だけ手話が必要ということになるが、これはろう者の独自の手話とは異なるものである。大多数の聴覚障害児は、聴者の両親を持つため幼児期から手話にふれる環境を得ることが困難である。手話を母語とするネイティブ手話話者は、両親もろうであり家族内で手話を日常的に用いる「両親ろう」の聴覚障害者に限られ、その数は少ない。このため、ほとんどの聴覚障害児が手話にふれるのは聾学校に入学してからになる。

手話使用と教育の現状の一端をとらえるために、北東部諸州の聾学校の手話使用に関するワラン（2018）の報告をみてみたい。ワランによれば、ナガランド州では聾者聖書協会が唯一の聾学校を運営し、アメリカ人聾者から手話を学んだ創設者がアメリカ手話を導入している。またメガラヤ州では、聾学校の生徒らによりつくり出された手話、いわゆるニカラグア手話（小集団のろう児がつくる手話）が用いられる。さらにミゾラム州の聾学校の教員は「インド手話」との接触があり、トリプラ州ではどの手話との接触もないが、両州とも聾学校で地域手話を用いる。インドの多言語状況に加え、海外手話との接触、地域手話、学校独自の手話といった様々な要因が、聾学校における手話使用に影響を与えている。

広大な地域にろう者が散らばって住むインドで共通の手話はあるのか、また統一的手話を形成しようとする動きはあるのか。マンドゥケとチャンデカール（2019）は「インド手話」について以下のように述べている。1970年代から「インド手話」に関する研究に取り組んできたヴァシシュタらは、「インド手話」が欧米の手話との関連性を持たないインド亜大陸固有の言語であると報告した。さらに、2000年代に入ってからはいくつかの研究機関で「インド手話」の辞典編纂が試みられ、2011年にはろう者団体の後押しで、インディラ・ガーンディー・オープン大学にインド手話研究研修所が設立され、応用インド手話学の学士課程が開設された。また、一部の大学などではインド手話や手話通訳のディプロマコースも設立されている。

今後、「インド手話」を第一言語（母語）とし、第二言語を音声言語の文字のみ使用する手話バイリンガル教育の先端的実践も視野に入れながら、聾学校の教員が手話を体系的に習得し教育のなかで効果的に使いこなすことが目指されている。

4　教授言語

聾学校では、教授言語の選択は非常に重要である。なぜならば、舘井（２０１７）が一言語政策と呼ぶように多くの聾学校では当該教授言語しか学べないためである。これは、たとえば第10学年の中等教育修了試験などで、聴覚障害児の言語獲得の困難に配慮するという理由で、聴覚障害児に対してのみ教授言語以外の言語科目試験を免除することを指す。試験実施要項に、障害に対する特別な配慮として「検定料免除」、「試験時間延長」に加えて「言語科目の免除」が記されているのである。

写真１　チェンナイの聾学校。教授言語タミル語で手話を使用する授業（2018 年 8 月山田京子撮影、チェンナイ）

聾学校では実際にどのような教授言語が用いられているのか。前述のAYJ研究所の「聴覚障害児のための特別学校」には、各校の教授言語が記されている。教授言語が複数ある場合は、学校内で教授言語別のコースを開設し、担当教員も言語別に雇用される。全３８７校のなかで、主に州公用語である単一の言語で教授しているのは２８１校（73％）である。一方、州公用語と英語を教授言語（州公用語と英語の二言語、そこへヒンディー語を加えた三言語を含む）とするコースを設置している学校が65校（17％）であった。また、教授言語が英語のみの学校は7校（２％）と少ないが、その内訳はカルナータカ州に3校、メガラヤ州に2校、マハーラーシュトラ州とナガランド州に1校ずつであった。教授言語の選択には州による特徴がみられ、たとえばタミル・ナードゥ州では、タミル語のみの学校が40校中33校（83％）で、残りを英語・タミル語の二言語が占めるのに対して、マハーラーシュトラ州では、マラーティー語のみの学校が95校中71校（75％）であるのに対して、英語を含む二言語・三言語のコースのある聾学校が7校（7％）、英語を含まず他州の言語との組み合わせによる二言語・三言語のコースのある聾学校が7校（7％）と、教授言語がより多様である。このように、多言語国家インドの聾学校では教授言語の選択は、一部では英語のみの場合もあるが、各州の音声言語の使用状況とかかわりが深いことがうかがえる。

修了試験の科目から免除されることにより、聾学校では一般生徒に求められる二言語、または三言語の学習を提供しなくなる。すなわち、聾学校で学ぶことは質の低い教育を受けることを意味している。教授言語がどの言語であるかは、生徒のその後の職業生活に大きくかかわる。とりわけ英語を全く学習しないことは将来の選択肢を狭めるだろう。例を挙げれば、「２０１６年障害者の権利法」で障害者への留保枠が３％から５％に拡大したことで障害者の高等教育進学に注目が集まっているにもかかわらず、聴覚障害者の高等教育進学者の割合は低いままである。第一言語獲得の困難に直面する聴覚障害児の特性に考慮して第二言語の学習を免除するという「配慮」が、結果的に聴覚障害児の可能性を狭めているのである。

◉参考文献

舘井萠、２０１７、「インドの教育現場におけるろう文化」、『人間生活文化研究』、27、３１９〜３３６頁。

Mandke, K. and Chandekar, P., 2019, "Deaf Education in India," in H. Knoors, M. Brons, and M. Marschark (eds.), *Deaf Education Beyond the Western World: Context, Challenges, and Prospects*, New York: Oxford University Press, pp. 261-283.

Wallang, M. G., 2018, "Barriers in d/Deaf Pedagogy in the North Eastern States in India," in P. P. Trifonas, and T. Aravossitas (eds.), *Handbook of Research and Practice in Heritage Language Education*, Springer International Publishing, pp. 749-770.

第22章

ネパールの識字教育にみる言語と文字の複層性

安念真衣子

1　識字教室の一風景

農作業の手を休めて人々が集まってくる。教師は10年生以上を修了した村の女性で、学習者も近隣に住む20代から50代の女性たちである。教科書を開き、教師が音読する。それに続き学習者が教科書を指で追いながら復唱する。なかには全く違う文字を指差しながら復唱する人もいる。教師に指名されて学習者が一人ずつ順番に読みあげる。読み終わると皆の拍手が送られる。教師がデーヴァナーガリー文字やアルファベットが書かれたカードを順番に提示して学習者に読ませる。ときには、教師や学習者が自作した歌や詩を披露する。歌に合わせて踊りはじめる人もいる。他の人たちは手拍子をしてその場を盛りあげる。そして終了時間になると、皆それぞれの場に戻っていく。

これは、筆者の調査地であるネパールの農村でみられた成人識字教室の一風景である（写真1）。農作業や家事に忙しい人々が、公休日の土曜日以外に毎日1、2時間程度、夜間や日中に集い学んでいる。

ネパールでは、教育への不理解や学校へのアクセスの問題など様々な事情により就学機会を得られなかった人々を対象にした識字教育プログラムが実施されてきた。政府の識字教育プログラムによる教室や、国際機関やＮＧＯ

が運営する教室など、実施主体は多様である。使用される学習教材には、公用語のネパール語、アルファベットと英単語、それぞれの民族言語とその文字の学習などが含まれる。なぜ様々な言語や文字で識字教育が開催されているのだろうか。そしてそこに集う人々にとって何語、何文字の習得が期待されているのだろうか。本章では、識字教育における文字と言語に目を向けてみよう。というのも、生活空間のなかで複数の言語が状況に応じて使い分けられている多言語状況の南アジア社会において、綴り方とその教育は、社会的にも政治的にも重要な問題とされてきたからだ。

2　多言語状況にあるネパール社会

ネパールでは、現行の2015年憲法の第7条により、デーヴァナーガリー文字のネパール語が公用語と定められている。ネパール語は行政言語としても学校の教授言語としても広く使用され、ネパールの社会生活において最も重要な言語といえる。同時に、ネパールが多言語状況にあることも無視できない。2015年憲法の第6条はネパールで母語として話されているすべての言語を国語であると規定する。言語を正確に数えることはできないが、2011年の国勢調査の母語の項目では123の言語名が挙げられ、ネパール語の母語人口は全人口の44%であった。

写真1　成人識字教室の学習風景（2016年2月筆者撮影、カブレパランチョーク郡）

日常生活において人々は、会話の相手や状況に応じて二つ以上の言語を操っている。たとえば、家族や近隣住民とは民族言語でコミュニケーションをし、学校や公の場で自分と異なる民族の人々とはネパール語で意思疎通を図り、テレビやインターネットなどのメディアからはヒンディー語や英語で情報を得るといった具合だ。とりわけ英語は、海外移住が増加している同国において、将来の就労可能性を広げるために重要視されている。また、話し言葉と書き言葉で使い慣れた言語が異なる場合もある。会話には各々の母語が、文章には学校で習うネパール語や英語の方が、使い慣れた言語となる。さらに、言語を書き表すための文字も、標準化された綴り方を伴い公的に使用される特権的な文字と、使用場面や使用者が限定された文字といったように、文字間の位階を含みながら多様に存在する状況がある。

3　識字教育は何語、何文字の読み書きを習得する場か？

多言語および多文字社会における識字教育において、習得すべきとされる言語と文字は一意には決まらない。識字教育を主催する組織の方針によって習得すべきと考える言語と文字は変わりうるし、主催者と学習者、というような立場によっても「役に立つ」と考える言語と文字が変わりうるからだ。

ネパール政府が実施する識字教育プログラムでは、ネパール語の単語や文章がデーヴァナーガリー文字で書かれた教材が使用されてきた。１９７０年代に出版された教科書『ナヤゴレト』（ネパール語で新しい道を意味する）には、各単元に家族生活、農業、衛生などに関するキーワードが付され、それにまつわる挿絵と単語が記されている。学習者が自らの生活に照らしながら挿絵に基づいて議論し、その単語を習得するという学習法である。

しかし１９９０年代以降、公用語以外の言語習得を目的とする識字教育も実施されるようになった。その背景には、民主化運動を経て制定された１９９０年憲法が、ネパール語以外の諸言語に言及していなかったそれまでの憲法から換わって、ネパールを多民族・多言語国家と規定し、デーヴァナーガリー文字のネパール語を国家語および公用語と規定しただけでなく、国内で話されるすべての言語を国民語と規定したことで、諸言語の使用を権利として主張しやすい社会状況が生まれたことがある。名和（２０１７）によると国家語と国民語という語自体からその含意の違いを汲み取るのは不可能だが、言語的マイノリティの主張を部分的に取り入れつつ、ネパール語の地位をも保全しようとした憲法起草者の苦労の跡をうかがうことができるという。さらに当時は先住民運動が世界的に活発化した時期でもあり、ネパール国内で歴史的に差異化や不平等を経験した少数民族の人々も、それに呼応して民族運動を展開した。このような民族運動では、少数民族が自らを「先住民」として位置づけつつ、少数民族の権利としての「民族言語による教育」を奨励した。こうした背景のもとで、諸言語による正書法の確立へ向けた取り組み、その綴り方を用いた出版活動、教授言語として用いるための教材作成などが進められたのである。なお現行の２０１５年憲法では前述の通り、ネパールで母語として話されているすべての言語を国語として位置づけ、デーヴァナーガリー文字のネパール語を公用語としている。

さて具体例としてタマン語のケースを挙げてみよう。タマン語はチベット・ビルマ語派の言語であり、２０１１年の国勢調査では約１５４万人と、ネパール国内で5番目に話者の多い言語であった。もともと独自の文字体系を持たないため、表記に際しては既存の音声文字体系を用いるか、新しい文字体系を作成する必要があった。現在使用されているタマン語表記にはデーヴァナーガリー文字、およびチベット文字を基礎にしてつくられたタムイッグ（タマン語でタマン文字を意味する）がある。タムイッグによるタマン語の正書法は、１９９０年代にネパールのタマン協会およびインドのタマン仏教協会らにより整えられた。子音字と母音字を規定したこと、読点・終止符・疑問符など当初タマン語の語彙になかった記号をタマン語で命名したことなど、タムイッグ制定の経緯がタマン協会の記念誌に記録されている。経典に用いられるチベット文字由来のタムイッグで正書法を整え教育での使用を奨励したことは、ヒンドゥー教徒が多数派を占めるネパール社会で、比較的仏教徒の割合が高いタマンのアイデンティティを示し、ネパールの文化的多様性を強調する役割があったと考えられる。

したがって、タマン語話者を対象にした識字教育には、言語と文字の組み合わせが複数存在する。１９９０年代

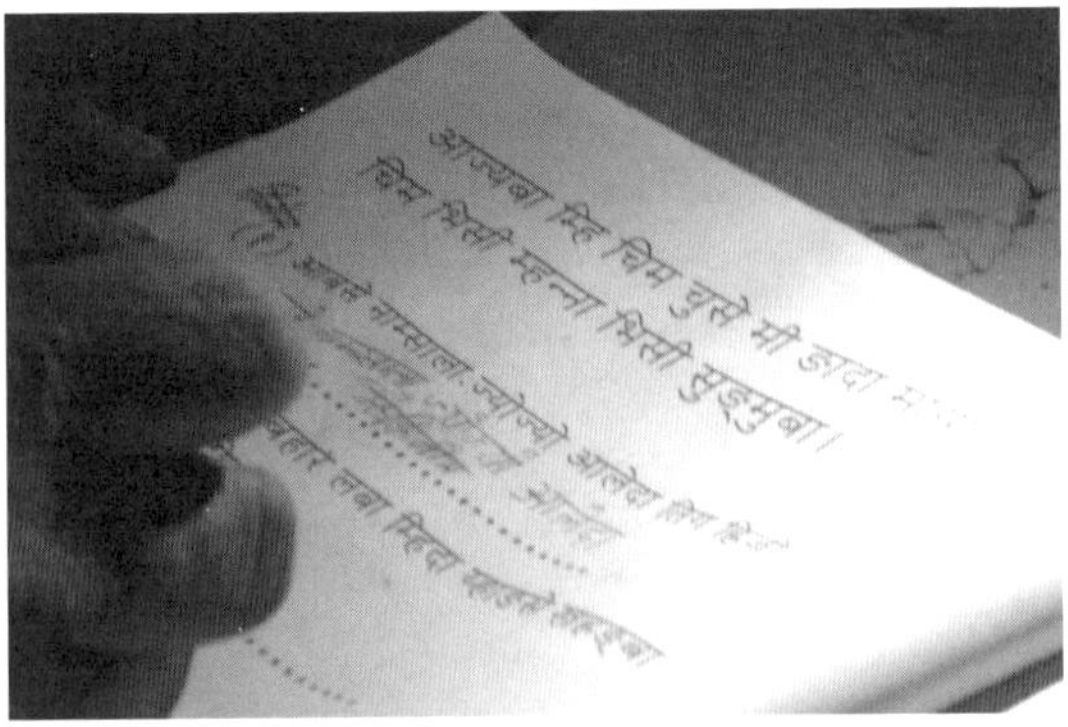

写真2　デーヴァナーガリー文字によるタマン語の教科書（2011年2月筆者撮影、カブレパランチョーク郡）

にＮＧＯの支援を受けて出版された教科書『ホイセール』（タマン語で日の出を意味する）では、タマン語の単語や文章がデーヴァナーガリー文字で記されている。２０１０年代に筆者の調査地でキリスト教団体が主催した教室では、教科書『ツァールギャラム』（タマン語で新しい道を意味する）が使用された。この教材にもタマン語の単語や文章がデーヴァナーガリー文字で記されている（写真2）。このプログラムは最終的にネパール語の学習へ移行することを念頭におきつつ、学習者にとっては母語のタマン語がより馴染みやすいとの考えから、タマン語によるデーヴァナーガリー文字の習得を目指すものであった。同じ学習者を対象としていても、政府の識字教育プログラムでは、はじめからデーヴァナーガリー文字でネパール語の習得を目指す教科書が使用された。他方、タマン語の単語や文章をタムイッグで記した教科書『ホイセール』も出版され教室が開催されてきた。ただし、タムイッグの学習はタマンの人々にとって「興味を持つ」効果はあるものの、日常的にタムイッグの読み書きに触れる機会が限られており、実際に学習を継続するのは難しいとの声もタマン協会の関係者からは聞こえてくる。

　教室を主催する組織は、いずれもより大きな学習効果を期待して学習方法を選択するが、それに加え、ネパール社会での汎用性や、学習者の取り組みやすさ、あるいは自民族の独自性とネパール社会における民族言語のプレゼンスの向上など、それぞれの観点から識字教育における言語と文字を選択する。どこに重点をおくかによって教育における言語と文字は変わるのである。

4　学習する言語をめぐる声

タマン語の識字教育に対するタマンの人々からの声は様々である。「母語の発展や保護の助けになる」という表現は、タマン語識字教育の目的について学習者から最もよく聞かれる言葉のひとつだ。これは主催する組織が識字教育の目的として掲げ、スタッフが教室開催の趣旨説明として話していた言葉でもある。

初等教育学校に入学後1年未満で中退した学習者のひとりマヤ（30代女性）は、タマン語の教室は教師も学習者同士もタマン語で話ができて楽しかった、教師の教え方もわかりやすかったと話していた。彼女はネパール語の教室にも幾度も通い、さらにA・B・Cを学びたいとも話して継続学習のプログラムでアルファベットも学習した。彼女にとっては、識字教育を受けること自体が主要な目的であり、教材がタマン語であるかネパール語であるかは副次的関心であった。他方で、学校教育を受けてきた若年層からは、「ネパール語ができて当然で、英語ができてより良いとされる。タマン語の識字教育を終えたからといって何になるだろうか」という声や、「喋ったり聞いたりするにはタマン語が楽だ。でも読んだり書いたりするには圧倒的にネパール語の方が楽。タマン語の読み書きは難しい」という声も聞かれる。

「母語」学習の重要性を理解しつつも、「母語」による「母語」の学習や「母語」による公用語の学習が、ネパール語によるネパール語の学習よりも必ずしも評価されているわけではないことが、学習者たちの声からは示唆される。

5　学習者の教育熱――子どもの英語教育への期待へ

ネパールでは現在、国境を越える移動が社会的にも経済的にも人々の暮らしと身近で密接なものとなっている。海外への移動をめぐっては、取得できる滞在許可証の種類が実質的に、修了した教育段階と学校の階層によって限定される場合があり、子どもたちの将来の移動可能性を広げたい人々にとって、教育面でも重要な関心事である。

１９９０年の民主化後、国外に就労機会を求めて人々が移住するようになった。とくに２０００年代から２０１０年代の海外移住者の増加は顕著で、２０１１年の国勢調査では全国民の約7％が6か月以上の不在となり、２０１２／１３年には外国からネパールへの送金総額は国内総生産の4分の1に達した。就労先としてインド、マレーシア、カタール、サウジアラビアなどが、また留学先として日本やオーストラリアが多く選ばれている。

筆者の調査地からも２０１０年代に若者が出稼ぎや留学のために海外移住した。カタールで警備員として就労したカビラージ（30代男性）は4年生まで、マレーシアで建設業に携わったカマル（30代男性）は5年生まで修了している。中等教育を中退して出稼ぎに旅立った若者もいる。湾岸諸国での就労は渡航費用が比較的安く学歴不問であるといわれ、低所得者層の選択肢となりやすい。一方、専門学校や大学への留学資格で日本へ渡航する場合、日本語学校での言語習得後に高等教育機関に在籍することになるため中等教育を修了しておく必要がある。ユブラージ（20代男性）は12年生修了後に、カルパナ（20代女性）は12年生修了後に渡航機会を待ちながら高等教育に在籍しそこを1年未満で中退して日本に留学した。なお、英米圏への留学には十分な英語力の習得が求められ、ネパール語を教授言語とする村の公立学校で学ぶ調査地の若者には実現性の低い選択肢だといえよう。

筆者が識字教室で出会った女性たちも、子どもが将来的に少しでも良い就労機会を得て社会階層を上昇できるよう、とくに英語教育を行う都市の「より良い」学校へ通学させることに熱を入れている。教育を受けていないために苦労したという自らの経験に裏打ちされて、彼女たちは学校選択に熱心である。身近な村の学校よりも都市の学校を良い教育環境であるとみなし、親族や寮を頼って子どもを都市へ住まわせることもある。海外移住の機会が広がることを期待して、ネパール語を教授言語とする公立学校ではなく、英語を教授言語とする私立学校への通学を叶えようとする傾向が大きい。その結果、通学のため都市で暮らす子どもと親との間で使い慣れた言葉が異なることもある。休暇中に自宅に帰った子どもに女性たちがタマン語で話しかけると、子どもはネパール語や英語で返答する。子どもの教科書や宿題の内容は英語で書かれている。母親が識字教育で習ったアルファベットの綴り方の丸付けを子どもがすることもある。

識字教育における言語と文字はプログラムにかかわる人々の様々な意図を含みながら選択されているが、その学習を経た女性たちもまた子どもの将来に「役に立つ」言語と文字は何なのか、考えをめぐらせながら教育へ取り組んでいるのだろう。

◉参考文献
名和克郎、2017、「近現代ネパールにおける国家による人々の範疇化とその論理の変遷」、名和克郎（編）『体制転換期ネパールにおける「包摂」の諸相―言説政治・社会実践・生活世界―』、三元社、35～87頁。

第23章

英語・グローバリゼーション・エンパワーメント

――インド北東部ナガの若者を事例に

太田　哲

本章はインド北東部に住むナガ族を事例にインド国内における少数民族の言語事情と直面する困難を概観する。また、グローバル化の影響によってナガ族の視点がインド国内に対するものからグローバルな舞台へと変化していく様子を英語というグローバル言語の習得の側面から述べていく。本章および第30章で述べる「ナガ族」はナガ族という一つの民族が存在しそれを指し示すというものではなく、いわゆる外名であり、アッサムの東に位置する山岳地帯に住む特定の諸民族に対して使われていた名称であるが、現在では「ナガ族」自身がナガ族アイデンティティを積極的に意識している。本章、および第30章では集団としてわかりやすく表記するために「族」という言葉を使用しているが、族、トライブ、先住民、ナガとしてのネーションなど複雑な歴史的背景があり、その経緯は木村（2000）が詳細に論じている。

ナガ族の居住地はナガランド州を中心に、隣接するマニプル州の山岳地域、アッサム州、アルナーチャル・プラデーシュ州、メガラヤ州、ミゾラム州に分布し、ミャンマー西部の山岳地域にも存在する。ナガ族を構成する民族集団（サブトライブ）は、ナガランド州のアンガミ族、アオ族、コニャク族、ロタ族などがおり、マニプル州にはタンクール族、マオ族、プマイ族などがいる。

1　ナガ族の使用言語の複雑性

ナガ族の言語は多様で、基本的にサブトライブごとに言葉がある。たとえばアンガミ族はアンガミ語、アオ族はアオ語などを話す。ナガランド州のナガ族は各サブトライブの言葉の他に「ナガ語」という共通言語を用いて違う部族の人々と意思疎通を行っている。ナガ語はアッサムとの交易によって形成されたアッサム語をベースとしたピジン語（接触言語）である。

写真１　ロンメイ族学校の制服（2015年8月筆者撮影、マニプル州タメロン）

ナガ系諸部族は基本的には部族ごとの言語があるが、なかにはタンクール族のように村ごとに村の言葉があり、共通言語としてタンクール語を話すというケースもある。タンクール族はマニプル州ウクルル付近に住む人々であるが、ハラン村はその村の言葉があり、シャンシャック村はシャンシャックの村の言葉がある。ハラン村の人とシャンシャック村の人はそれぞれの村の言語では意思疎通ができないので、共通言語であるタンクール語を話す。マニプル州のナガ族はそれに加え、州の公用語であるマニプル語の習得も求められる。マニプル語は州都インパールを中心に定住するメイテイ族の使用する言語でメイテイ族はマニプル州の多数派部族であり、州の政治、経済の主要なポジションにいる。マニプル州のナガ族がインパールなどで州政府関係の仕事をするのであればマニプル語を使える必要がある。インパールでメイテイ族とビジネスを行う場合にも必要となる。

日本では日本の教育機関であれば日本全国で日本語が教授言語として使用

され、日本国民の大多数が日本語を母語としているため、多くの人にとっては言語が経済や政治、アイデンティティ問題と関連して議論されることはないが、インドのように多民族、多言語の国においてはそのような問題が発生し、議論の対象となる。インド北東部地域のナガ族は母語、共通言語に加え、州の公用語の習得が求められるが、インド北東部自体がインド国内主要部から離れた地域に存在しているため、就学や就業のためインド主要部で生活するためには主要部で使用される言語の習得が求められる。首都デリーにおいてはヒンディー語であり、商都であるムンバイーであればマラーティー語、南部の主要都市チェンナイであればタミル語、東部の主要都市コルカタであればベンガル語などといった具合だ。しかしながら、インドでは英語を使う仕事も多いことから、ホテルやコールセンターなど主に英語を使う職場の従業員として働くぶんにはインド主要部の言語は会話ができる程度の能力があれば仕事をすることができる。

2　教授言語としての英語

以上のようにナガ族の使用言語を母語や北東部での共通語、インド主要部の都市部で使われている言語を中心にみてきたが、それに加えナガ族の使用言語で重要な地位を占める英語がある。日本の場合は多くの学校では日本語を教授言語としているので、日本語で算数や理科、社会などを勉強し、教科として英語を学習しているが、ナガ族は基本的には英語を教授言語として使用している。小学校に入学すると子どもたちは英語を教わり、基本的には英語以外の科目も英語を使用して勉強する。

ナガ族の間で教授言語が英語になったのはキリスト教宣教師による影響が大きい。現在ナガランド州やマニプル州のナガ族の大部分はキリスト教徒でその多くはバプティスト派である。ナガ族居住地域に１８３０年代後半からキリスト教バプティスト派の宣教師が訪れたが、初期のころはうまくいかず撤退するケースも多かった。１８５０

年代になるとアオ族の居住地域で布教活動を行った宣教師の影響で現地の人々が何人か改宗し、その後教会を設立した。ナガ族の間でのキリスト教改宗はその後も進み、教会組織も充実されていった。

宣教師たちがナガ族居住地域に布教する際、活動初期には布教活動がなかなかうまくいかなかった。改宗させるということは対象者の世界観にも影響を与えることであるので容易には行えないことは想像できる。そこで、宣教師たちは子どもたちに対し言葉や近代的な教育を施すということを行い、学校を開設した。また、ナガ族は文字文化がなかったため、ナガ系諸族の言語に対しローマ字表記の使用を手伝い、聖書の現地語訳にも尽力した。宣教師たちが開学した学校は後に植民地政府によって引き継がれていった。

以上のような関係もありナガ族居住地域では英語は必要不可欠のものとなっている。しかしながら、制度上の原則として英語の教授言語としての使用はあるものの、筆者がマニプル州ウクルル付近のハラン村の小学校を訪れた際、実際の授業を観察すると、ハランの村の言葉やタンクール語が多用されており、教員、児童ともに授業外での会話は英語以外で行われているので、子どもたちの英語の熟達度は高いものではなかった。

ナガランド州にしろマニプル州のナガ居住地域内にしろ仕事、生活をするうえでは英語を使用する機会は限られているので高等教育を受けていなければ英語での会話力はそれほど高くはない。しかしながら、学校による差はあるものの、教科書は基本的には英語で書かれているため会話の能力においては差があるが、英語の読み書きという点では基本的に高いといっていい。とくに都市部において私立や教会によって設立された学校などに通う生徒たちは英語能力が高く、大学に進学する人々も多い。ナガランド州の州都コヒーマや、マニプル州の州都インパールなどで進学する者や、インド北東部の山岳民族の人々の間での大きな教育拠点となっているメガラヤ州の州都シロンの大学に進学する人々もいる。また、学業成績が比較的高い人々のなかにはデリー、ムンバイーなどの大都市の大学に進学する者もいる。大学における教授言語は英語であり、大学卒の若者は基本的には英語能力が高い。

3　インド主要部におけるナガの若者

「人種」については様々な学説や議論があるが、本章の趣旨や文字数の関係上詳しくは論ぜず、インド国内で一般的に認識されている「人種」の枠組みとして述べるにとどめる。インド北東部の州の人々は「モンゴロイド系」として認識されており、外見的には東南アジア人や東アジア人に近い。そのためインド人の多数派を占める北インドを中心とした「アーリヤ系」や南インドの「ドラヴィダ系」などと外見上かなり違うため、インド国内では「他者」としてみなされる場合が多い。これはナガ族に限らず北東部出身の人々に共通した問題だ。北東部出身の人々がデリーにおいて様々な困難に直面している様子はマックドゥイエーラ（２０１２）の研究によって詳細に示されている。彼によれば北東部出身の人々は街中で物珍しく見られ、「チンキー」（中国人の蔑称）と呼ばれ不快な思いを日々経験している。これは筆者も経験しており、北東部出身の友人とデリーの街中を歩いていると、いわゆる「アーリヤ系」の青年や少年たちにすれ違いざまに「チンキー」と呟かれることが多くあった。

筆者の友人のナガ族の青年が言うには北東部の人々はデリーにおいて差別の対象となりやすく、彼も様々な嫌がらせをされてきた。たとえば、道を歩いていると何人かの集団に囲まれ理由もなく殴られたり突っかかられたりすることや、買い物をする際に会計の順番を後回しにされたりなど様々な経験をしている。また、女性は性的な目で見られる場合が多く、性的な嫌がらせや言葉などを浴びせられることも多い。

見た目が違うために揶揄の対象となるうえに蛮族的な扱いを受けることもある。山岳民族の人々は20世紀に入るまではインド文明との接触があまりなかった。そのためインド文明の影響が薄く、正統的なインド文明の一員としてはみなされず、劣った人々とみられる傾向にある。それに加え、食生活においても豚や牛などの肉を食べる習慣があり、牛を神聖視するヒンドゥー教徒にとっては牛肉は忌避される食材であり、豚肉はムスリムにとって忌避される食材であるのだが、多くのヒンドゥー教徒も豚を食べる習慣はなく、これらの肉を食する北東部の人々は野蛮な人々とみなされることもある。

4　グローバル化と英語力

筆者が調査を行ったデリーでは基本的にはヒンディー語が話されている。しかしながらナガ族の若者のヒンディー語能力は高くはなく、ヒンディー語を母語、第一言語とする北インド出身の人々はナガ族の人々を言葉もおぼつかない劣等な他者としてみてしまいがちである。デリーは首都であり北インドの経済の中心地である大都市でもあるので、デリーにいる若者たちは必ずしもデリー出身とは限らず、近隣のハリヤーナー州、ラージャスターン州、ウッタル・プラデーシュ州をはじめビハール州、ジャールカンド州などの地域の経済的に困窮している層の若者が出稼ぎに来ている場合が少なくない。

一方デリーに来ているナガ族の人々は大学や大学院などの高等教育を受けている者が少なくなく、そうでなくても少なくとも中等教育や専門学校を卒業しており、英語力においてはデリーにいる街中の一般の人々に比べ高い。ナガ族の人々からすれば自分たちの方が高い教育を受けており、しっかりした教育も受けておらず英語もろくに話せない近隣州の田舎出身の青年や少年たちを劣った存在としてみている傾向にある。しかし、デリーは自分たちではなく「彼らの世界」であるために、多数派の彼らに嫌がらせを受けるという不本意な思いを抱くことが日常生活で起こっている。

このようにインド国内においては多数派の「インド人」対少数派の自分たちという構図が成立し、政治、経済、文化の面で多数派の「インド人」が優位な立場に置かれている。しかしながら、インドが90年代に経済改革を行い、2000年代から急速に経済を成長させグローバル経済の一員として注目され始めると、今までのインド多数派対ナガ族という二項対立に加え、グローバル社会という新たな基軸が発生した。この基軸においては英語という言語が政治、経済、社会、文化に大きな影響を与え、英語力が一般的に高いナガ族の人々は優位な立場にある。

高い英語力と安価な労働力からインドでは英語圏のコールセンターが多く設置され、そこでは北東部出身の若者が多く働いている。また、経済発展から消費文化も活発となり、大都市にはショッピングモールやホテルが次々にオープンしている。それらのショップやホテルにおいても北東部出身の若者が多く働いている。それに加え、航空会社や国際クルーズ船などで働く者もいる。これらの若者は北インドの農村部から出稼ぎに来ている労働者の若者よりも高い収入を得ている。また、筆者の別の研究によれば文化面においてもアメリカを中心とする英語圏のグローバルポピュラーカルチャーを翻訳なしに理解できることからグローバル大衆文化資本も高い。一方でヒンディー語しか理解できない北インドの若者はボリウッド映画や音楽を楽しむのみで、その点においてはナガ族の若者は自分たちの方が「クール」であると自負がある。

以上のようにグローバル経済のなかにおいて、ナガ族の人々にとって英語力は経済的安定を得るための有効なスキルとなっている。スミス（１９９０）が指摘するように国内において少数派で地位が低い集団にとって、大きな枠組み――スミスはスコットランドにとっての欧州共同体という大きな枠組みを例に挙げている――の存在はその集団にとって多数派と少数派という二項対立の枠組みから外れる力を持っており、少数派の集団にとって有利に働く場合がある。ナガ族にとって英語という語学スキルはインドのグローバル経済参入によって経済的エンパワーメントに寄与しているといえる。

◉参考文献

木村真希子、２０００、「民族概念の戦略的利用に関する一考察―ナガの「先任民族化」を事例に―」、『年報社会学論集』、２０００巻13号、１９１~２０２頁。

McDuie-Ra, Dunkan, 2012, *Northeast Migrants in Delhi: Race, Refuge and Retail*, Amsterdam: Amsterdam University Press.
Smith, Anthony, 1990, "Towards a Global Culture?" in M. Featherstone (ed.), *Global Culture: Nationalism, Globalization and Modernity*, London: Sage, pp.171-191.

第Ⅳ部

教育と市民形成の諸相
── 国家と社会のかかわり

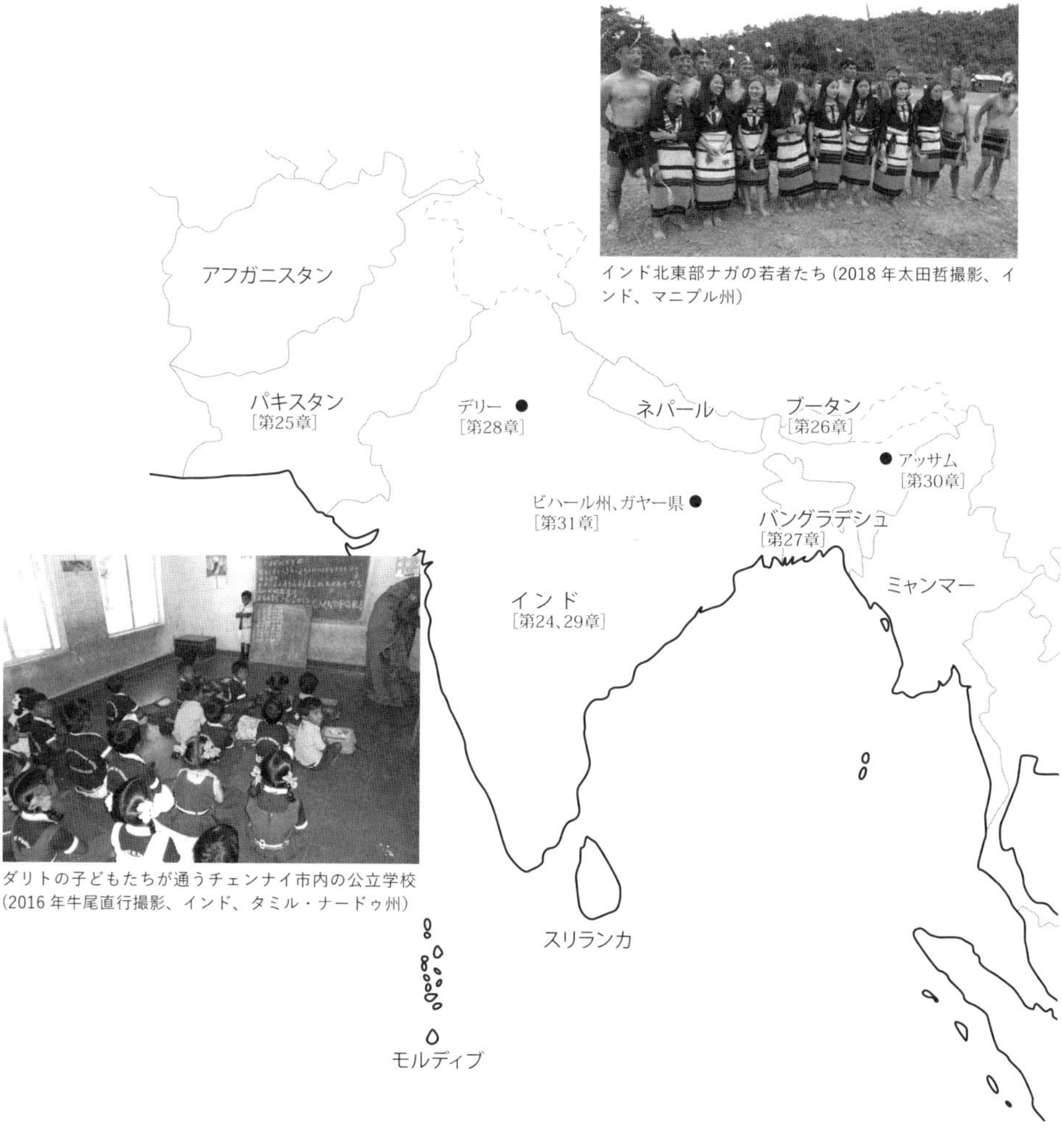

インド北東部ナガの若者たち（2018年太田哲撮影、インド、マニプル州）

ダリトの子どもたちが通うチェンナイ市内の公立学校（2016年牛尾直行撮影、インド、タミル・ナードゥ州）

南アジアの国々は、イギリス植民地政府や大国インドなどの影響を受けながら、国家統一と国民形成を図るべく、公教育制度の構築を進めてきた。しかし、国家によって設計された公教育制度やその実践は、多様な社会階層や、宗教、民族、カーストなどによって構成される南アジア諸国の人々の人権やアイデンティティを十分に保障するものではなかった。南アジアの国家と多様な社会集団（あるいはそこに属する個人）は、教育に何を期待し、何を実現しているのであろうか、またそこにはどのような課題があるのだろうか。第Ⅳ部では、これらの問いに答えながら、南アジアにおける教育と市民形成の諸相に迫ることにしたい。

第Ⅳ部前半では、南アジア諸国における国家主導の公教育制度の特徴と課題、およびそれを補完する公教育制度外の教育について紹介する。各国の教育政策、カリキュラム、教科書を手掛かりに、国家の考える国民像や国民形成の変遷をみていくと、国家統一の観点から、ナショナル・アイデンティティの形成が重視されるなか、特定の宗教組織を基盤とする政党による教科書介入（第24章・澤田）、宗教的マイノリティに対する配慮を欠いたカリキュラム（第25章・須永）、特定の集団に有利な同化主義的な教育政策（第26章・平山）など、公平性や中立性の面で課題が生じてきたことがわかる。一方、南アジアでは、国家主導の教育を補完すべく、個人や団体、宗教組織などが公教育制度の内外で多様な教育を提供してきた。これらの個人や組織のなかには、無認可の教育機関を通じて、貧困層や宗教コミュニティなどのニーズに合った教育機会を提供しているものもある（第27章・日下部、第28章・小原）。

第Ⅳ部後半では、南アジアの多様な社会集団、あるいはそこに属する個人の視点から、南アジアの教育を通じた市民形成の諸相を紹介する。ここでは、歴史的な被差別集団として差別・抑圧の対象とされてきた低カーストや、少数民族出身の若者たち、宗教的規範のなかで行動に制約を受けてきた農村の女性たちが、教育に何を期待し、そこにどのようにかかわり、何を得ているのかを描写している。第Ⅳ部の事例からは、マイノリティにとって、教育を受けるという行為は、単なる学歴や資格の獲得ではなく、抑圧や差別からの解放（第29章・牛尾）、帰属集団のアイデンティティの維持と継承（第30章・太田）、結婚までに与えられた猶予期間（第31章・野沢）など、多様な意味合いを持っていることがわかる。また教育という場は、帰属コミュニティを超えた新たなネットワークの形成や自己変容の場ともなっている。教育を受けたマイノリティのなかには、新たな雇用機会の獲得や政治的発言権の拡大に成功する者もいる。一方で、教育を受けたことが、マジョリティとの関係性やマイノリティ集団全体の地位向上に変化をもたらすわけではなく、むしろ新たな課題を生じさせることもある。

第Ⅳ部にみる南アジアにおける教育と市民形成の諸相からは、各国の歴史的、社会的、文化的背景の影響を大きく受けながら国家や地域社会などによって構築されてきた教育が、従来は十分な教育を受けられなかった多様な社会集団に、新たな機会と課題を提供し、南アジア社会に変化をもたらしている様子を感じ取っていただけるであろう。

（小原優貴）

第24章

インドの歴史教育と政治
――政権に翻弄される歴史教科書

澤田彰宏

1　国民国家インドでの歴史教育の難しさ

広大な国土に多くの言語、宗教と民族が混在しているインドでは、「多様性の中の統一」が国家のスローガンのひとつである。長い歴史の間には先住民族に加えて様々な外来民族の進出と定住があり、地域性も豊かに多様な文化が育まれてきた。このような複合的な社会・文化の歴史を持つインドでは、公教育においてどのような「インド史」を叙述し、生徒に自国の歴史として教えるかは自明なことではない。それは単に歴史学や教育学上の問題だけではない。歴史教育は「インド国民」の形成、つまり市民性教育の観点からも重要で、政治上のイデオロギーとも強くかかわっているからである。本章では歴史教育・教科書と政治の関係について紹介する。

インドの学制は初等教育8年、中等教育4年の全12学年である。歴史教育（科目）は概ね第6学年から始まり、社会科系科目で「社会科学」「社会研究／学」という科目の一部になっていることが多い。その教科書は他の社会科科目と複合のこともあれば、歴史として単独のこともある。

インドの学校教科書の作成と出版は、中央政府の教育省傘下の国立教育研究協議会（National Council of

Educational Research and Training, NCERT, 1961年設立）と各州政府の教育機関、そして民間の出版社などからなされている。連邦国家インドでは教育行政は一般に中央・州政府の共同管轄事項であるが、NCERTはナショナルカリキュラム作成なども行うインド全国に影響力を持つ唯一の国家的教育機関であり、その教科書もモデル的な位置づけにあるといえる。

インドには国家教科書検定制度はないが、NCERTの歴史教科書はこれまで、ときの中央政府の政権による書き換えの介入を受けたことがある。しかもそれは科学的な歴史学研究の成果を反映させるためではなく、主にヒンドゥー・ナショナリズム的勢力の主張に沿うような内容にするための書き換えであった。同時にそういった介入は歴史研究機関などの改組や歴史研究そのものにも及んだ。

2　政権の介入によって書き換えられた歴史教科書

政権による書き換えへの介入として特筆されるのは次の2つである。

（1）人民党期（1977〜80年）

人民党（Janata Party, JP）連立政権期間中の1977〜79年に介入が起きた。この政権はヒンドゥー・ナショナリズム的傾向のインド大衆連盟（Bharatiya Jan Sangh, BJS, 1951年設立）がその一翼を担っていた。

内藤（1981）によると、1977年5月に民族奉仕団（Rashtriya Swayamsevak Sangh, RSS, 1925年設立でヒンドゥー・ナショナリズム最大の勢力）の指導者の一人が起草した覚書がM・デーサーイー首相に届けられ、首相は検討を指示した。その覚書は「共産主義者の衣を被った宗派主義者（コミュナリスト）」による著書が「ムスリム偏重で民族運動の指導者を適切に扱っていないなどの点」で、学校の教材としての指定撤回と発売禁止を求めていた。

調査をしたNCERTは問題なしとしたが、当時の教育省は教科書の使用や再販を禁止した。禁止されたのはNCERTの歴史教科書3冊（R・S・シャルマー『古代インド』〔1977〕、R・ターパル『中世インド』〔1967〕、B・チャンドラ『近代インド』〔1971〕、第7～10学年が対象）と歴史書2冊（B・チャンドラ『独立闘争』〔1972〕、R・ターパル他『コミュナリズムとインド史叙述』〔1969〕）だった。BJSはRSSがその中核となっているヒンドゥー・ナショナリズム勢力の集合体であるサング・パリワール内の政治組織として発足した政党であり、教科書使用禁止にもRSSの意向が強く働いていたのは間違いなかった。さらにRSS系機関を核とするインド歴史文化研究協会（Indian History and Culture Society）が新たに設立され、政府系のインド歴史研究評議会（Indian Congress for Historical Research, ICHR）が完全改組された。これらに対して最大の歴史学会のインド歴史会議（Indian History Congress, IHC）などを中心に抗議や反論が起こった。

1980年1月の総選挙後に国民会議派政権が発足するとこの問題は自然消滅し、元の教科書が復刊されて以後も改訂を重ねながら使用が続けられた。

（2）インド人民党期（1998～2004年）

JP連立政権の後、BJSをもとに1981年に設立されたインド人民党（Bharatiya Janata Party, BJP）が連立与党として政権を掌握していた時期にも同様の介入が起こった。

粟屋（2004）によると、まず2000年10月にNCERTの歴史教科書4冊（R・ターパル『古代インド』、R・S・シャルマー『古代インド』、S・チャンドラ『中世インド』、A・デーヴ&I・A・デーヴ『近代インド』）のなかのいくつかの記述の削除が行われたが、その理由はそれら（シク教第9代グルやジャイナ教のティールタンカラをめぐる伝承や、古代の牛肉食や供儀のための牛の屠殺についてなど）が特定の宗教やカーストのグループの感情を傷つけるからだとされた。翌11月に12年ぶりに発表された新しいナショナルカリキュラム（National Curriculum Framework for School Education）では「価値教育（Value Education）」が重視され、その価値の源泉として「宗教」が中核に据えられた。そして２００２年９月以降、新たな歴史教科書（古代、中世、近代、現代、第６・７・９・11学年対象）が作成された。このときもまた政権やＲＳＳの意向に沿ったＮＣＥＲＴやＩＣＨＲの人事と組織の大幅な刷新があった。歴史研究に対しては、インド古代史のＤ・Ｎ・ジャーの著作『聖なる牛』（古代のアーリヤ人による牛食の実践を指摘。現在ヒンドゥー教徒の多くは牛を神聖な動物とみなしていて食べない）が２００１年にハイダラーバード高等裁判所により発禁処分となり、さらにジャー自身も脅迫を受けるなどの攻撃があった。

これらの介入に対しても歴史研究者を中心に新聞や週刊誌上などでの批判の論説が展開され、またＩ・ハビーブ他（２００３）のように、書き換えられた教科書の「誤り」の箇所を詳細に指摘した冊子も出版された。

２００４年５月の総選挙でＢＪＰが敗れ会議派中心の連立政権が成立すると、この問題は自然に終結した。会議派連立政権は、２００６年から新たに４冊の歴史教科書『私たちの（複数の）過去（*Our Pasts*）』（第６〜８学年）を出版した。この書名には「過去」を複数形にすることで、インド史は単一的ではない多様な民族と文化による複合的な過去から成立していることを示す姿勢があると考えられる。この教科書は２０２１年現在でも使用されている。

3　書き換えられた「インド史」とは何か

上記２度の介入はヒンドゥー・ナショナリズム勢力の政権時に起こったが、彼らはいったいどのような「インド史」を望んだのか。ここでごく一部だが、２００２年と０３年に書き換えられた３冊の教科書の記述をみてみたい。

ポイントは時代別に大きく次の３点になる。古代のアーリヤ人やその宗教文化のあり方と評価、中世のイスラーム勢力のインド（南アジア）への到来と支配、近代の英植民地期の民族・独立運動にかかわる事柄である。もちろん書き換えられたのはこれらの事項だけではないが、この３点はヒンドゥー・ナショナリストたちの主張と直接結

写真１　2002 年からの BJP 政権の介入により出版された歴史教科書の一部（第６・７学年用）（筆者所蔵）

び付く重要問題である。彼らの歴史観では古代はヒンドゥー期で「黄金時代」だが、中世はムスリム期、近代はイギリス期とインド・パキスタン（印パ）分離独立で、ともに「衰退」「暗黒」の時代とみなし、とくにムスリムを敵視する。一方で、ヒンドゥー教内部の多様性やその負の側面のカースト差別問題などは等閑視し、単一的なヒンドゥー教（徒）を描こうとする。

(1) 古　代

インダス文明の担い手については、現在でも文字が解読されていないために確実なことはわかっていない。アーリヤ人は馬に乗る遊牧民として、この文明の衰退期（ＢＣ１８００年ごろ）から３００年ほど後に南アジアに来住したとされる。しかし、第6学年用『インドと世界』では、遺跡の発掘品から「馬の存在も……骨が示している」と記すなど、インダス文明の担い手がアーリヤ人であるとしている。そして、インダス文明は「ＢＣ４６００年ごろに発展を始める」ととても古く、「エジプト文明の20倍」の巨大さであるとする。さらに「人々が現在と同様にリンガの形のシヴァ神を礼拝していた」とすでにこの時代に現在同様のヒンドゥー教文化が成立していたように記す（アーリヤ人のヴェーダの宗教に先住民の信仰などが混淆していき紀元前後にヒンドゥー教に発展したというのが定説で、シヴァ・リンガの崇拝はヒンドゥー教成立以降の実践）。

そして、ヴェーダの宗教のウパニシャッドを「どの宗教よりも最も深遠な哲学的著作」と高く価値づけをしてこの文化の栄光を強調し、また「牛を傷つけ殺すことはヴェーダ期には禁止され」と、この時代のアーリヤ人が牛を保護していたと記す（牛、とくに牝牛の保護運動は近現代のヒンドゥー・ナショナリストたちの重要問題である）。

（2）中　世

政治勢力としてのイスラームの初期のインド到来について、第7学年用『インドと世界』では「ムスリムの侵略」「トルコ人の侵略」のように「侵略（invasion）」の語を使っている。他には、アフガニスタンのトルコ系イスラーム王朝ガズナ朝のマフムードが「宗教的優位を主張するために寺院の富を略奪し、寺院を破壊し、神像を破壊した」と、そのヒンドゥー教寺院への攻撃が勢力拡大ではなく単に宗教的動機によるものだったように記す。またパルダ（男性による身内の女性の自由行動や対人接触の制限）やサティー（寡婦殉死）の慣習については、「ムスリムとの接触によりパルダが始まった。サティーの習慣も女性が侵略者の手に落ちることから守るためにより一般的に」なったなど、イスラーム到来以前のヒンドゥー社会では女性が自由であったかのように記述している。

（3）近　代

1947年の印パ分離独立に至ったのはイギリスの分断統治政策によって多数派のヒンドゥー教徒と少数派のムスリムの宗教的対立が進みながらも、独立運動の過程でムスリムがその政治的権利を確立しようとした帰結だった（独自のムスリム国家建設を唱えたムスリム連盟の「パーキスターン」決議は1940年）。しかし第9学年用『現代インド』では、1927年についての箇所に「二民族＝国民論」の語が現れ、28年にはムスリム連盟の指導者M・A・ジンナーが「インドの分割と、別個のムスリム国家の設立以外ない途を選択」とあり、ムスリム（連盟）が元来分離主義であるかのように書いている。

暴力を伴う反英運動を行っていたB・シンなど「革命家（revolutionary）」たちを「二つの爆弾を投げ込み祖国を興奮させた」のように英雄的に描く一方で、非暴力不服従で独立運動を指揮したM・K・ガーンディー（マハートママー）の暗殺（１９４８年1月）という大事件については短く記すだけである。しかし、粟屋（２００４）によるとこの教科書の初版では暗殺の記述自体がなく、それは暗殺犯のＮ・ゴードセー（ガーンディーがムスリムに譲歩しすぎたために印パ分離独立を招いたと考えていた）がＲＳＳ設立に思想的な背景を与えたＶ・Ｄ・サーヴァルカルと関係があったからではないかという。実際にサーヴァルカルは後にこの暗殺教唆の疑いで裁判にかけられている。

4　政治に翻弄されるインド史教育

インド中央政府は２０１４年以来ＢＪＰ政権であるが、21年現在までＮＣＥＲＴ教科書への直接介入はないようだ。しかし州レベルではＢＪＰ政権による教育への介入がすでに起きている。近藤（２０１８）によると、ラージャスターン州（13年からＢＪＰ政権）では16年5月に初等・中等教育の新教科書が出された。またウッタル・プラデーシュ州（17年からＢＪＰ政権）でも教育改革が行われている。それ以前からのＢＪＰ政権州（グジャラート州、カルナータカ州など）でも、やはり教育への介入があった。

ラージャスターン州での介入は朝日新聞でも一部報道された。公立校の社会科教科書ではセキュラー（世俗的、インド憲法前文にある国是のひとつ）な思想を持っていた会議派のジャワーハルラール・ネルー初代首相の記述が削除され、ガーンディー暗殺の記述はなかった。代わって加えられたのは上記のサーヴァルカルだという。この州の介入問題も、２０１８年の州選挙でＢＪＰから会議派に政権が替わると、やはり後者が教科書を改めるという形で終結した。その点では上記二つの中央政府のＮＣＥＲＴに対する介入の事例と同様である。

ある政権により歴史教育への介入が起こると、それに対し研究者などが反対の論陣を張り、それに対してさらに反論が出る。このように議論自体は盛んに行われるのだが、結果として学問的・論理的な合意がなされることも、歴史教科書を含む教育政策に反映されることもまずない。大げさにいえば、インドではどの政党が政権にあるのか、その宗教的イデオロギーは何か、それが公立機関のインド史教科書の内容が決定される最大要因かのようである。
　ヒンドゥー・ナショナリズム的なイデオロギーや歴史観に沿った教科書や教育政策を政治権力によって実現させようとすることは、当然批判されるべき問題である。その一方で科学的な歴史学の成果に基づいた教科書であっても、ときの政権の意向で使用が実現していることもまた事実である。このように政治に歴史教育が左右される状況は「インド国民」の形成にとっても、なにより教室で歴史を学ぶ生徒たちにとっても大きな問題であろう。

◉参考文献

粟屋利江、２００４、「インドにおける歴史教科書論争をめぐって」、『歴史と地理　世界史の研究』、第５７４号、１～16頁。
近藤則夫、２０１８、「『世界最大の民主主義国』の現在―インド人民党連合政権の政治―」、『国際問題』、第６６９号、５～14頁。
内藤雅雄、１９８１、「インドにおける歴史研究と歴史教育―特に最近の歴史教科書論争をめぐって―」、『歴史評論』、第３７３号、45～51頁。
――――、２００４、「インドにおける歴史研究と歴史教育―インド人民党支配下での歴史教科書問題―」、『専修史学』、第37号、1～27頁。
奈良部健「ガンジーもタージマハルも…　インドで進む歴史書き換え」、『朝日新聞』、２０１８年６月18日　https://www.asahi.com/articles/ASL5T1FBPL5SUHBI06J.html?iref=pc_ss_date（最終閲覧２０２１年８月16日）
Habib, Irfan et al., 2003, *History in the New NCERT Text Books...A Report and an Index of Errors*, Kolkata: Indian History Congress.
〈歴史教科書〉
NCERT, 2002a, *India and the World for Class VI*, New Delhi: NCERT.
NCERT, 2002b, *Contemporary India for Class IX*, New Delhi: NCERT.
NCERT, 2003, *India and the World for Class VII*, New Delhi: NCERT.
NCERT, 2006-08, *Our Pasts-I-IV*, New Delhi: NCERT.

第25章

パキスタンにおける学校教科書のなかの多文化共生

須永恵美子

1　教育と宗教の前提

パキスタン・イスラーム共和国という国名が示す通り、パキスタンはイスラームを国是とする国家で、憲法でも国教をイスラームと定めている。国民の約97％はムスリムであり、社会も教育現場もムスリムを前提としている。

一方、宗教の自由は保障されており、国民の残り約3％は宗教マイノリティとしてイスラーム以外を信仰し、教会や寺院もある。3％の内訳をみると、パンジャーブ州に多いキリスト教が1・6％、ヒンドゥー教徒が1・5％でこちらはシンド州に集住している。さらに、ゾロアスター教、仏教、シク教、土着の多神教を信奉するカラーシャなどを合わせて0・1％となっている。

わずか3％といってしまえばそれまでだが、パキスタンではマイノリティや多様性に関する知識や理解は圧倒的に不足している。オーストラリアやカナダのような多文化共生が声高に唱えられることもない。むしろ、1947年の建国以来、パキスタン人という国民を作り上げることが優先され、国内の文化的重層性は等閑視されてきた。それは、特定の領土を持たないイスラームという旗印で新設された国家の必然だったかもしれない。

2　科目としてのイスラーム学

パキスタンの教育では、ムスリムの児童・生徒に対しイスラーム学が必修科目となっている。公立でも私立学校でも、文系でも理系コースでもイスラーム学を学ぶ。イスラーム学を必須と定めたのは、1977～88年のズィヤー軍事政権であった。社会のイスラーム化を推進していた同政権は、愛国教育に結びつく社会系総合科目「パキスタン学」も導入した。

イスラーム学で扱うのは、アラビア語で書かれたイスラームの聖典クルアーン（コーラン）の解釈と朗読、ハディース（預言者ムハンマドの伝承）、アラビア語、一般的な信仰の基礎、イスラームの歴史や偉人などである。公式な統計はないが、パキスタンの6～7割はスンナ派で、残りはシーア派といわれている。クエッタやスカルドゥにはシーア派のなかでもイランと同じ十二イマーム派が多く、イスマーイール派はフンザやクエッタなどの北方地域に集住しており、カラーチーにはボーホラー派もみられる。スンナ派の法学派としては、ハナフィー学派が多い。イスラーム学の授業で習うのは国の公式見解としての普遍的なイスラームの姿であり、宗派や法学派の差分に踏み込んだ議論は行われない。

イスラーム学に出てくるパキスタン関係の事項としては、ラーホールの聖者ダーターー・ガンジュ・バフシュ（6年）や、シンドの聖者ファリドゥッディーン・ガンジ・シャカル（7年）の読み物がこれに当たる。国内の著名なモスクの写真が挿絵として使われることもある。

また、わずかではあるが、愛国教育の記述もみられた。

祖国とは、人々が住んでいる国のことです。…すべてのパキスタン人は兄弟です。シンドに住んでいる人、バローチスターン、パンジャーブ、ハイバル・パフトゥーンフワー、カシュミール、ギルギット・バルティスターンに住んでいる人。わたしたちはただパキスタン人として、お互いを愛するべきなのです。

（「祖国と祖国の人々への愛」イスラーム学4年）

同様に、6年生のイスラーム学では、「国のために奉仕すること」という読み物では、1965年と1971年のインド・パキスタン戦争を取り上げている。

宗教科目としてのイスラーム学だけではなく、英語や社会といった一般科目に含まれる宗教性も見落としてはならない。たとえば、ウルドゥー語（国語）の教科書では、1年生の「わたしたちのムハンマド様」をはじめとし、すべての学年で預言者ムハンマドやイスラームに関する話題が出てくる。ウルドゥー語の文法説明でも、アッラーの名前が出てくる箇所がある。ウルドゥー語の名詞には性があり、机なら男性名詞、椅子なら女性名詞と決まっている。

アッラー様はすべてのものを作りました。これを男性名詞と女性名詞と呼びます。たとえば、少年、雄鶏、アフマドは男性名詞で、少女、雌鶏、ナダーは女性名詞です。

（ウルドゥー語1年）

英語のカリキュラムでは、ムハンマドや彼の教友の人生を学ぶ項目が必ず含まれている。

預言者ムハンマド様（彼の上に平安あれ）はとてもお優しく、慈愛あふれる御方でした。彼は、若者にも年寄りにも誰に対しても優しく敬意をもって接しました。預言者ムハンマド様（彼の上に平安あれ）がアッラーの言葉を広めると、社会は良い方向に変わりました。

（「預言者ムハンマド様（彼の上に平安あれ）の慈悲と寛容」英語5年）

この「彼の上に平安あれ」というのは、ムハンマドの名を呼ぶ際の定形の尊称で、英語の教科書でもアラビア文字で書かれている。他に、8年生の会話文でも「ハロー」ではなく、「アッサラーム・アライクム」というムスリム式の挨拶になっている箇所があった。

このように、宗教科目かどうかにかかわらず、教科書全体がムスリムの児童・生徒を前提としており、宗教的マイノリティへの配慮が難しい場面が散見される。

3　マイノリティの教育

ムスリムの生徒がイスラーム学を学んでいる時間に、非ムスリムの児童・生徒は別の授業を受けることになっている。一方で、教員の確保や、別室で授業を受ける児童の心理的負担などが問題となってきた。

2020年度まで、小学校の総合教育という社会・理科を融合した科目には、イスラーム学が含まれており、非ムスリムの児童もこの科目を受けざるを得なかった。2021年度に新たに採用された統一カリキュラムからは、総合教育とイスラーム学が切り離された。

宗教的マイノリティの生徒向けの授業内容は、2020年までは倫理と呼ばれ、交通ルールや年長者を敬うこと、弱者を助けることなど、一般的な道徳観が教えられてきた。その他に、イスラーム、キリスト教、ヒンドゥー教など、複数の宗教の礼拝や教会・寺院、祭りの様子を比べる読み物などが含まれていた。

2021年度のカリキュラム改訂では、倫理は「宗教教育」という新設の科目に置き換わった。パキスタンの教育を統括する連邦教育・職業訓練省の公表しているシラバスによると、「宗教教育」にはキリスト教徒、ヒンドゥー教徒、バハーイー教徒、シク教徒、カラーシャの児童・生徒のためにそれぞれ個別のカリキュラムが用意されている。

4　様々な教科書にみられる多文化共生

パキスタンの教育では、一貫して「パキスタン人として一つである」という統一の原理が重視されている。教科書ではパンジャーブ人やパシュトー語といった民族や言語の違いを乗り越え、パキスタン人として団結する物語が繰り返される。そこには、建国の立役者であった詩人のイクバールや、政治家のジンナーがたびたび登場する。

祖国と祖国の人々を愛するために必要なことは、お互いの差異を忘れることです。宗教、言語、地域差にとらわれずに考えることです。わたしたちはムスリムであり、パキスタン人であることに誇りを抱いています。自らの立ち位置で、日夜努力しましょう。誠実さと正直さをもって自らの祖国と祖国の人々に貢献しましょう。

（「祖国と祖国の人々への愛」イスラーム学4年）

1930年12月、アッラーマ・ムハンマド・イクバールはアラーハーバードのムスリム連盟議長演説で、パンジャーブ、北西辺境州、シンド、バローチスターンといったムスリム多住地域が独立したムスリム国家を創るべきだという構想を打ち出しました。こういった理念が水面に出たのは初めてのことでした。この日から、分離国家のための闘争が始まったのです。

（「パキスタン運動の重要な出来事――イクバールのムスリム分離国家要求」社会5年）

１９４８年６月15日、（ジンナー）は国の演説において、パキスタン国民の州派主義と民族主義に警鐘を鳴らした。「わたしたちは今やパキスタン人であり、もはやバローチーでもシンディーでもパンジャービーでもベンガリーでもない。わたしたちの思考と様式はパキスタン人たるべきであり、パキスタン人であることを誇りに思うべきだ」。

（「市民の責任と理想的な国家」パキスタン学９～10年）

多様性を覆い隠し、団結した「パキスタン市民」像を求める一方で、読み物のなかから、多民族や多文化が共存している実態も浮かんでくる。たとえば、英語の３年生や、パキスタン学の９～10年生では、「非ムスリムの祭り」として、クリスマスやヒンドゥー教のディーワーリー、ラームレイラー、ホーリーなどが紹介されている。

すべての人々は祈ります。神の恩恵に感謝するために祈ります。人は祈るために様々なところに行きます。ムスリムはモスクで祈ります。クリスチャンは教会で祈ります。ヒンドゥーは寺院で祈ります。ユダヤ教徒はシナゴーグで祈ります。

（「礼拝」総合教育１年）

ムスリムはラマダーンの間、断食をします。キリスト教徒は受難節に断食をします。ユダヤ教徒はヨーム・キップールと　ティシャベアブに断食をします。

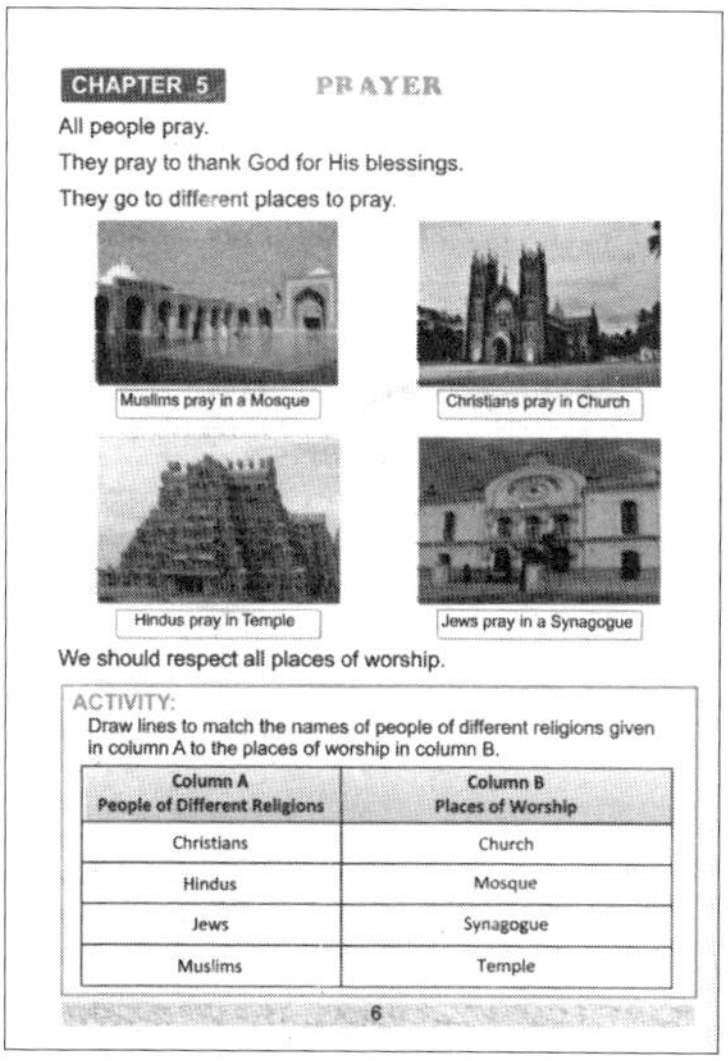

CHAPTER 5　PRAYER

All people pray.

They pray to thank God for His blessings.

They go to different places to pray.

Muslims pray in a Mosque

Christians pray in Church

Hindus pray in Temple

Jews pray in a Synagogue

We should respect all places of worship.

ACTIVITY:

Draw lines to match the names of people of different religions given in column A to the places of worship in column B.

Column A People of Different Religions	Column B Places of Worship
Christians	Church
Hindus	Mosque
Jews	Synagogue
Muslims	Temple

6

写真１　様々な宗教の礼拝場所の写真が掲載された総合教育の教科書

ヒンドゥー教徒はマハーシヴァラートリやディーワーリーなどの宗教行事の際に断食します。

（「断食」総合教育２年）

パキスタンの国旗を紹介する読み物では、マイノリティについて触れることが多い。

パキスタンの旗は緑と白です。三日月と星が緑の部分に描かれています。緑色はパキスタンのムスリム・マジョリティを表しています。白い色はパキスタン・イスラーム共和国における宗教的マイノリティを表しています。三日月と星はそれぞれ進歩と光を意味しています。わたしたちの旗は、ムスリムがマジョリティであるムスリム国家でありながら、同時にマイノリティの権利が守られ、決して無視されることはなく平等に扱われるというイスラームの理念を表した特筆すべき旗です。

（「わたしたちの旗」英語３年）

２０１８年から続くイムラーン政権は、持続可能な開発目標（Sustainable Development Goals: SDGs）を教育政策の柱として掲げており、人権や女性の権利についての読み物も増えている。

わたしたちは他の人を尊重しなければいけません。わたしたちは自分たちに似ている人だけでなく、わたしたちと異なる人のことも尊重しなければいけません。肌の色、話す言葉、他の宗教の信仰、どこか他の国や町や村から来たことなどは、その人を尊重しない理由にはなりません。

（「わたしたちはみんな尊厳と敬意を受けて平等に生まれてきた」総合教育２年）

歴史をみれば明らかなように、女性が国と国民の責務に参加できない国では、たいてい自由な人生を送る機会は奪われています。偉大なる指導者ムハンマド・アリー・ジンナーがムスリムの要望でムスリム連盟の中枢を支えていたとき、運動に従事する女性の数が極端に少ないと感じていました。…（中略）…「わたしはすべての男性、女性、そして子どもたちに伝えます。皆が全インド・ムスリム連盟の旗のもとに集まり、自らを律し、戦列のなかで連帯を生み出すのです」。

自らこの見本となるべく、偉大なる指導者は政治の場に妹ファーティマ・ジンナーをつねに同行させました。

（「パキスタン運動における女性の役割」ウルドゥー語7年）

現時点では、マイノリティや多様性についての言及は限られており、掲載されている分も型通りの説明ではあるものの、他者の尊重は今後の重要なキーワードとなっていくはずである。

なお、本書が出版された２０２２年は、パキスタンで大規模な教育改革が進行中である（本稿では、２０２１年7月末までの情報をもとに執筆している）。「すべての生徒に平等な教育を」をスローガンに、それまで州ごとに作成していたカリキュラムを全国で統一することが決まり、科目の統廃合も行われた。統一カリキュラムに基づく教科書の書き換え完了は２０２３年度を予定している。非ムスリム向けの科目が倫理から宗教教育に置き換わったように、マイノリティに関する科目も変更の対象となっている。

多文化の存在を見つめ、多宗教の共生を心地よく受け入れるため、パキスタンの教育現場がゆっくりと変わりつつある。

◉参考文献

Farooki, S. Yasmin, 2007, *Value Education for Children 1*, Lahore: Book Centre.

National Curriculum Council, 2020a, *Single National Curriculum, English, Grades I-V 2020*, Islamabad: Government of Pakistan Ministry of Federal Education & Professional Training.

———, 2020b, *Single National Curriculum, Religious Education, Grades I-V 2020, for Minorities*, Islamabad: Government of Pakistan Ministry of Federal Education & Professional Training.

———, 2020c, *Yaksān qaumī niṣāb, barā᾽e urdū 2020, avval tā pancham* (Single National Curriculum, Urdu, Grades I-V 2020), Islamabad: Government of Pakistan Ministry of Federal Education & Professional Training.

Punjab Curriculum and Textbook Board, 2017a, *English 3*, Lahore: Mahboob Book Centre.

———, 2017b, *English 5,* Lahore: Ali Brotheran Publishers.

———, 2017c, *English 8*, Lahore: Pakistan International Publishers.

———, 2018a, *Ma'āshratī 'ulūm 5*, Lahore: Shaikh Sons.

———, 2018b, *Urdū 1*, Lahore: R・R・Printers.

Sindh Textbook Board, 2013, *General Knowledge 1*, Karachi: Academic Offset Press.

———, 2015, *General Knowledge 2*, Karachi: Orient Enterprises.

———, 2017, *Islāmiyāt 4*, Karachi: Urdu Academy Sindh.

———, 2018a, *Islāmiyāt 7*, Karachi: Urdu Academy Sindh.

———, 2018b, *My English Book 3*, Karachi: Hamza & Hamza.

———, 2018c, *Pakistan Studies 9-10*, Karachi: Azam Sons.

———, 2018d, *Urdū 1,* Karachi: Gaba Sons.

———, 2018e, *Urdū 7*, Karachi: Shaikh Shaukat Ali and Sons.

Urdu Book Stall, 2018, *Islāmiyāt 6,* Lahore: Urdu Book Stall.

Zia al-Qur'an Publication, 2018, *Islāmiyāt 4,* Lahore: Zia al-Qur'an Publication.

第26章

教育のブータン化
――新たな教育に向けた取り組み

平山雄大

ブータンの学校教育は、インドの全面的支援のもとで1961年に開始された第1次5ヵ年計画のなかで、インドの教育制度・内容をほぼ直輸入する形で受け入れ全国展開がなされはじめた。しかし1980年代後半、第6次5ヵ年計画において全体目標のひとつに掲げられた「ナショナル・アイデンティティの保護・促進」を受け、政府はインド式の教育からの脱却を図り、ブータンが目指すべき新たな教育を積極的に展開した。その意気込みは、「生徒のなかに道徳的価値および愛国心を育み、三宝（仏・法・僧）の規範を遵守し、国王と国家に奉仕するブータン市民を育成する」、「我々の子どもたちに、ブータンの文化・精神の顕著な特色および言語的・地域的差異を横断する〝単一性〟に関する正しい理解を育む」といった同計画内の記述に如実に反映されている。

そして1990年代後半、第8次5ヵ年計画では「文化的・伝統的価値の保護・促進」が全体目標のひとつに掲げられ、新設科目「価値教育」科が学校教育の全学年に設置されることになった。現在、そのエッセンスはブータンが国家開発目標としている国民総幸福（Gross National Happiness, GNH）の名称を冠したGNH教育（Educating for GNH）と呼ばれる実践にも受け継がれている。

1　近代化の推進と外国の影響

ブータンの近代化はまず、「ブータン近代化の父」と称される第3代国王（在位1952～1972年）の治世に推し進められた。同国王は、近代国家の基盤を整える手段として一般に向けた学校教育の普及を重視していた。即位当初より国王は学校教育の拡充に非常に高い優先順位を与えており、ローズ（1977）は「まず自国の若者を教育し、それから近代化を」というのが当時の国家運営の大原則であったと指摘している。

同時期の開発計画、とくに外国からの支援・外国人の受け入れに関しては、初代首相ジグメ・パルデン・ドルジが1956年に『ニューヨークタイムズ』の記者に対して「ブータン人はまったくもって無学な人間なので、外国人の召使い以外には何者にもなれない」、「ブータンで教育制度を確立させ、それから外国人を招聘するというのがその解決策である」、「ブータンが外国人を受け入れられるようになるまで7年はかかるであろう」と述べており、そこには国の独立維持に対する危機感ゆえ、国の主体性を脅かすであろう外国（外国人）への過度の依存を忌避しようとする姿勢がみられる。その言葉通り1950年代には外国人への依存は避けられていたようで、教育現場においても、確認されうる限り公立学校ではインドをはじめとした諸外国から教員を招聘するようなことはなされていない。

その後、1958年のインド初代首相ジャワーハルラール・ネルーのブータン来訪を機に「まず自国の若者を教育し、それから近代化を」という国家運営の大原則は転換を余儀なくされ、ジグメ・パルデン・ドルジの言う「7年」を待たず、1961年よりインドの全面的な支援を受けての国家開発が実行に移されることになる。学校の制服に関しては、一部の例外を除き男性用は「ゴ」、女性用は「キラ」と呼ばれるブータンの大部分の地域で着用されていた民族衣装が採用されたものの、教育制度・内容はインドのものがほぼ直輸入され、招聘された多くの外国人（主にインド人）教員のもとで、英語を教授言語としたインド式の教育の普及が進んだ。そのため、たとえば地理や歴史の授業で教えられるのはブータンの地理・歴史ではなくインドの地理・歴史であり、修了認定試験もインドのものがそのまま用いられていた。

一方で、いかにブータンに根ざす固有の価値観や文化を守り、他国との違いを明確にして自国の独自性を保ちながら国家開発を行うかは、政府にとって大きな関心事項であり続けていた。人口約70万人の小国ブータンは、「ヒマラヤの桃源郷」、「世界一幸せな国」などのキャッチコピーを付して語られることが多いが、その近現代史はこれらから想像されるような平穏なものではなく、国家存続をかけた苦難の連続であった。とりわけ、中国とインドという世界有数の人口規模を誇る大国に挟まれ、同じチベット仏教国であり文化的にも精神的にも最もつながりの強かった二つの隣国、チベットが中国の侵攻を受けた結果中国の西蔵自治区となり、シッキムが併合されインドのシッキム州となっていく20世紀半ば以降の脅威は相当なものだったと考えられる。つまりブータンにおいては、他国同様ないしそれ以上に、自国固有の価値観・文化を保護しナショナル・アイデンティティを確立することは、国家主権を維持し独立を保つための武器として絶対的に必要であった。

このような社会状況に、1980年代より顕著になった外国人（主にインド人）出稼ぎ労働者への過度の依存をめぐる問題や南部地域に多く居住していたネパール系住民（ネパール系非国籍取得者）の実態に関する問題が付加された結果、1987年から実施された第6次5ヵ年計画の全体目標のひとつに「ナショナル・アイデンティティの保護・促進」が掲げられ、それに沿った教育改革が遂行されていく。

2　インド式の教育からの脱却

すでに、1981年に策定された第5次5ヵ年計画の教育目標のひとつに「国の豊かな文化的・精神的遺産を保護・促進する。また、教育を受けた人々がこれらの遺産から疎外されるのを防ぐ」というものが、さらに同計画の以降20年間（2000年まで）の開発の展望が綴られた箇所には「教育は根本的目標、すなわち国の伝統的価値観および豊かな文化の保護を受け持たなければいけないと政府は確信している。高度な技術の開発はこの目的と矛盾せず、教育は、これらの目的が同時に満たされるようにしなければならない」という記述があり、教育改革に向けた意欲の萌芽がみられる。

その想いが形になっていくのは、1980年代後半以降のことであった。冒頭に抜粋した言葉に端的に表現されている通り、第6次5ヵ年計画では愛国心教育や市民性教育ともいえる教育の導入が強く謳われ、「単一性」をキーワードに国家への帰属意識の醸成を目指す教育、換言すると総人口の4分の1から3分の1程度を占めていたであろうネパール系住民への配慮に欠けた教育が学校に取り入れられた。併せて1988年には新たな市民権法の適用、1989年には公の場での民族衣装の着用、国語であるゾンカの習得・使用、「ディグラム・ナムジャ」と総称される礼儀作法の遵守に関する布告の発令や、南部地域の学校でゾンカの授業の代替として容認されていたネパール語の授業の廃止などが矢継ぎ早に行われた。これら一連の動向を民族同化政策と捉えたネパール系住民は、南部各地において反対デモを繰り広げ、社会はにわかに不安定になった。そして、そのような状況のなか多くの者が難民としてネパールに流出することになる。

同時期には、ブータンの地理や歴史を教えるための教科書の編纂もなされはじめた。この、学校教育の制度・内容をブータン社会に即したものに変えていこうとする一連の取り組みをシンゲ・ナムゲル（2011）をはじめとする有識者は「教育のブータン化」と呼んでおり、ブータン人教員の養成の強化、初等教育低学年への「環境教育」科の設置および後述する「価値教育」科やGNH教育の展開、各種教科書の編纂・出版、ブータンの価値観、環境、歴史に合致するカリキュラムを開発するうえで大きな制約となっていたインドの修了認定試験をブータン独自の修了認定試験に置き換えていく努力なども、その一環と捉えている。

1990年代前半には第7次5ヵ年計画のもとで国家開発が実施されるが、おそらくは社会混乱を発生させたことに対する反省および国際社会の非難からの回避を目指す取り組みの表明として、同計画においては一変してナショナリズムに関連する記述が姿を消している。「ナショナル・アイデンティティ」という用語に代わる形で同計画において新たに登場し全体を通して強い存在感を示しているのは、「持続可能性」や「環境と持続可能な開発」という国際的な開発目標を強く反映させた用語であった。

続く第8次5ヵ年計画では、第6次5ヵ年計画の「ナショナル・アイデンティティの保護・促進」を置き換える形で「文化的・伝統的価値の保護・促進」が全体目標のひとつに掲げられ、その結果、1999年より「価値教育」科が必修科目として全学年に設置されることになった。ブータンに根ざす価値観や礼儀作法、チベット仏教の基礎、高僧の生涯、王室の歴史、国内の伝統的建築物、さらにメディアリテラシーなどについて学ぶ同科目の導入は、1980年代後半に標榜された「単一性」をキーワードとする教育の科目化にほかならない。その導入には、同年6月より開始されることが決まっていたテレビ放送およびインターネットサービスを通した外国文化流入に対する懸念も強く影響を与えたという。

ちなみに、第8次5ヵ年計画においては一部科目の教授言語を英語からゾンカに変更することや読書週間の確立によるゾンカの普及なども計画されたが、多言語社会のなかでのゾンカの整備・普及は一筋縄ではいかず、徹底されることはなかった。

3　GNH教育の展開

GNHとは、第4代国王（在位1972～2006年）によって1970年代に提唱された国民の幸福を重視した開発理念である。同国王によってGNHが初めて対外的に発信されたのは、1979年にインドのボンベイ（現ム

写真１　校舎の壁に掲げられている、国家教育政策のビジョンおよびミッション（2020年筆者撮影、ワンデュポダン県）

ンバイー）の空港にて行われた記者会見の場だとされており、その後間を空けて徐々に国内外で注目されはじめた。

なかでもとりわけ大きな出来事としては、２００２年から実施された第９次５ヵ年計画内で「ＧＮＨの最大化は哲学であり、国家開発目標である」と宣言されたこと、２００８年に発布されたブータン王国憲法第９条第２項に「国家はＧＮＨの追求を可能とする諸条件を促進させることに努めなければならない」と定められたことが挙げられる。国の目標かつ責務としてのＧＮＨの提示は、ブータンの国家としての独自性・主体性確立のある種の終着点といえよう。ＧＮＨという特徴的な指針を持つ国として世界各国から注目されることは、国の安全保障に直結している。

これらを踏まえＧＮＨの４本の柱（持続可能で公正な社会経済開発、環境の保全、文化の保護と振興、良い統治）が定められ、９分野（精神的幸福、健康、時間の使い方、教育、文化の多様性と活力、良い統治、コミュニティの活力、環境の多様性と活力、生活水準）33項目の指標が作られ、各種政策の施行にあたり、それが「国民の幸福に資するものか」どうかを審査するスクリーニングツールなどの開発もなされた。現在はあらゆる政策にＧＮＨの概念が盛り込まれ、多くの取り組みにＧＮＨという名称が付されるようになっている。教育面に関しても例外ではなく、２００９年初頭に開催された全国教育会議においてＧＮＨの概念をカリキュラムのなかに組み込む旨の提案がなされ、急ピッチで整備がなされた。具体的には、価値教育を科目の枠を越えて横断的に教授することが標榜され、従来の内容に10のコア・ライフスキル（自己認識、感情への対処、ストレスへの対処、共感、意思決定、問題解決、創造的思考、批判的思考、効果的なコミュニケーション、対人関係スキル）育成を加えたＧＮＨ教育が２０１０年より導入された。それに伴い、「価値教育」科は一部の学年のものを除き必修科目から選択科目へと移行した。

ＧＮＨ教育は、ＧＮＨの４本の柱のひとつである文化の保護と振興を担うものであり、カリキュラム内のすべての科目に価値教育および先述のコア・ライフスキルの要素を注入するものである。瞑想・マインドトレーニングの実践なども含め内容は多岐にわたるが、その根底には、２００９年に教育省（Ministry of Education, MoE）が主催したＧＮＨ教育ワークショップの声明にある「ブータンの教育制度が、鋭い批判的・創造的思考、生態学的リテラシー、国に古くからある深遠な知恵と文化の実践、瞑想学習、世界の包括的理解、自然および他者への心からのケア、現代世界に効果的に対処するコンピテンシー、適切な生活への準備、情報に基づいた市民参加を含めたＧＮＨの原理と価値を効果的に育成する」という一文に代表されるように、ブータンに根ざす固有の価値観を有しながら現代社会の諸問題に適切に対応できるブータン人の育成を通して、ＧＮＨの最大化という国家開発目標に寄与するというストーリーがある。

政府は、ブータンに根ざす価値観をゾンカで「タ・ダムツィ」「レイ・ジュンレ」と表現している。前者は相互関係のなかでの他者への献身・信頼、後者は因果応報といった意味合いの用語であり、まとめて利他、自己犠牲、慈悲、奉仕、善行の精神とも表現できる。この言葉は最新の国家教育政策のビジョンにそのまま記され、現在は学校教育全体を通して涵養を図る大きなテーマとなっている。

◉参考文献

Namgyel, Singye, 2011, *Quality of Education in Bhutan: Historical and Theoretical Understanding Matters*, Thimphu: DSB Publication.

Rose, Leo E., 1977, *The Politics of Bhutan*, New York: Cornell University Press.（レオ・Ｅ・ローズ、２００１、『ブータンの政治――近代化のなかのチベット仏教王国――』、山本真弓監訳・乾有恒訳、明石書店）

第27章

イスラームの現代化とムスリムネス
――バングラデシュのマドラサを中心に

日下部達哉

1　イスラームの現代化とムスリムネス

本章では、南アジアのマドラサ（イスラーム神学校）がいかにムスリムのあるべき姿としての「ムスリムネス」を創出し、イスラームの現代化を図ることでムスリムの今日的規範を形成、イスラームの通奏低音をいかに形成しようとしているのかを描いていく。

まず、直近で起こった世界的な事件であるアフガニスタンを例に話を進めたい。２０２１年8月、アフガニスタンではターリバーンが支配地域を拡大し、政権を奪取するに至った。国際社会は、武力による政権奪取とその後に展開されるであろう圧政を予見し、危惧を強めた。暫定政権として統治機構の整備を進めるターリバーンは、国際社会の受け止め方を気にするかのように、前回政権（１９９６～２００１年）における大幅な女性の権利制限を緩め、「女性の教育をシャリーア（イスラーム法）の範囲内で認める」とした。また西側諸国に協力していたアフガン人をはじめとしたすべての人々を恩赦するなど、来るべき統治へ向け、穏健姿勢を打ち出すという主張の変化をみせた。ただし主張と行動とには乖離があり、女性の教育を認めると言いつつ、女性の外出制限をしたり、大学の教室をカーテンで区切り、男女共学にならないようにしたりするなどの措置をとった。この乖離についてアフガニスタンのマドラサ校長にオンラインでインタビューしてみたところ、情報に触れにくい農村部で生活しているターリバーン兵たちと、都市部でグローバルな情報、モノ、人に触れる機会のあるターリバーンの首脳陣との乖離がそのまま表れているということであった。ということはつまり、ターリバーンも都市部にいるような指導層では、国際社会の反応をうかがいながら、どこまで自分たちの信じるムスリムネスとの折り合いをつけられるか、慎重に分析していることがうかがえる。

こうしたイスラームの現代化に即したムスリムネスの創造は、世界中のムスリムたちがやっている。たとえば、アラブ首長国連邦では、２０１７／１８年におけるすべての公私立学校のイスラーム教育の教科書改訂により、イスラーム法学の原理を教えるのみならず、離婚、売買、金融などの具体的なケースを想定するようになり、過激主義やグローバリゼーション、イスラーム経済など、より社会とのかかわりに焦点を当てた内容になっている。また欧州でも、オランダのイスラーム学校では、ムスリムに対するセクシャリティ教育が開始されている。

背景には、ウェブ、SNSといったサイバースペースの世界的発達によって、日々刻々と変化する現代世界で、イスラームとは異なる規範、規律、道徳、ある場合は法的な判断までもが共有されやすくなってきている状況があるだろう。とりわけ若いムスリムたちは、以前より安価で手軽にグローバルな情報に触れている現状がある。たとえば生活のあり方、政治的な考え方である。それによって直ちに、表立って酒を飲み、豚肉を食するということにはならないだろう。しかし今日における医療や技術の発達、多様な思想の出現、共有による生死や性別の境界のゆらぎは、現代ムスリムネスにも大きく影響する可能性がある。先のオランダの例でいえば、ムスリムの隣人が考えるセクシャリティを知識として知っておくことは、共生の作法として必要なことになる。またアフガニスタンの事例は、政変という、極度に大きな国家的振幅のなかで、国際社会向けにアピールをするためではあったが、ターリバーンの中枢部が世論を気にして、ムスリムネスの写像を変化させた例である。言行不一致な面があるが、国際社会向けに言うだけは言っておかないとその後、政権運営に支障をきたすと判断していると思われる。このように、イスラームの宗教原理が変わることはなくとも、ムスリムネスは地域の実情に応じ、その土地のイスラーム指導者層が柔軟に変化させているのである。

2　南アジアにおけるマドラサの現状と役割

アフガニスタンだけを切り取ると、つねに過激派の文脈でとらえられがちだが、ムスリムネスを現代の実情に沿って、読み替えたり、増し加えたりして、生まれ変わらせることは、多くのイスラーム地域で行われている。地域のムスリムネス創出の淵源部に位置づいているのがマドラサといわれるイスラーム教育機関である。マドラサは、10世紀ごろから、現在のイラン、ホラーサーン地方で建設され始めたのが嚆矢となっており、現在では世界中に存在する。近代教育とは異なり、イスラーム教育は、就学年齢を問わず何歳からでも始められ、進級も個人の進捗に応じて決められる。またその種類が多様（マドラサ、マクタブ、コーラニックスクールなど）でもあるため、受け手は自分に合った形態を選択できる。また無認可のイスラーム教育であれば、授業内容は学校側が決められる。イスラーム教育機関は、この制度的柔軟性に助けられ、世界各地でイスラーム復興運動に連動した独自性の高いイスラーム教育改革を進行させており、多彩な地域展開がみられる。

南アジアには、全域にムスリムが居住するが、現在、デーオバンド、バーレルヴィー、アハレ・ハーディス、ジャマテ・イスラミア、アハマディアという主要な五つのセクトが存在し、デーオバンド系マドラサが最大派閥となっている。インド、パキスタン、バングラデシュの巨大なデーオバンド系マドラサには、南アジア全域、あるいはその他地域からの学生、イスラーム学者であるウラマーたちが行き来している。

国ごとに、その扱いは異なっているが、こうした、イスラーム教育に大きく傾斜した内容を教えるコウミ・マドラサという主に無認可のマドラサと、一般学校の内容も並列的に教育するアリア・マドラサとに分かれている。教育内容が宗教教科に偏っているコウミ・マドラサを、いかに教育制度のなかに位置づけ得るのかについては、政府との協議が80年代から今日まで続いている。一方、アリア・マドラサの方は、修了証を、通常の学校と共通化するなどして、普通学校教育機関としての性質も備えている。

　コウミ・マドラサが無認可のまま運営されている理由はむろん、その存在意義として、宗教教科が中心に教えられているからである。バングラデシュでは1億6000万人の人口のうち9割がムスリムであり、ラマダンやイードといった断食や祝祭期間には、祈りを捧げるために、宗教関連人材の需要が喚起される。また、卒業生などが新たなコウミ・マドラサを設立し、宗教教育を広めることにより、人々のムスリムネスもまた強化される。

　ここでは、コウミ・マドラサの活動が活発に行われているバングラデシュを例にとって説明していきたい。バングラデシュでは、教育省マドラサ教育委員会がアリア・マドラサを管轄しており、「学校」としても機能する。アリア・マドラサは、通常の学校教育制度とは別の系統として位置づけられており、イブテダイ(ibtedayee)という小学校レベルからカミル(kamil)という大学院レベルまで整備されている。一方、無認可であるコウミ・マドラサの方は、バングラデシュ・コウミ・マドラサ委員会という、いくつかの派閥を統べる委員会が管轄し、それによって、国が認定するものとは異なる、独自の学位授与認定のための試験の作成、採点などの運営業務、さらには、政府側との学位認定の共通化交渉などの渉外業務も行われる。

　写真1は、バングラデシュ最大のコウミ・マドラサであるハタザリ・マドラサ

写真１　バングラデシュ最大のマドラサ、ハタザリ・マドラサの授業風景（2018年筆者撮影、チッタゴン）

の授業風景である。ほぼ全校生徒二〇〇〇人程度が、一斉に閣下を意味する言葉であるフズールと呼ばれるウラマーの講義を受けている風景だが、高学年では、より小規模なセミナー形式で授業が行われる。

村人は、数人いる子どものうち、ある子どもは小学校に就学させているかもしれないし、ある子どもはマドラサに通わせているかもしれない、また、ある子どもは中退し、卒業を待たずして農作業に従事しているかもしれない。一般に農村の世帯では、「うちはムスリムだから全員の子どもをマドラサに送る」といったような選択は宗教関係職者の世帯でない限り通常では考えにくい。数人の子どもがいれば一人を送る程度である。それも、宗教意識だけで通わせるわけではない。世俗の学校で成績がふるわないから、あるいはより、クルアーン（コーラン）の暗誦中心で、初等中等レベルでは余計な演繹を行わないようなマドラサの教育方法が合っているから、という理由もある（基本的には入学のタイミングや進級試験の受験なども個々の生徒に任される）。しかし、「なぜ子どもをマドラサに行かせたのか」というインタビューを行うと、「ムスリムの義務として」や、「親である自分が天国へ行くため」といった説明の論理がついてくる場合が多い。

写真1のような、国を代表する大規模なマドラサだと、ウェブサイトを持ち、母国語、アラビア語に加え、英語でも解説がなされている。特徴的なのが、ファトワといわれる、ムスリムの社会生活上の問題を、ウラマーがイスラーム法に照らして判断した結果が掲載されていることである。興味深いファトワの例としては、宇宙空間でのムスリムの過ごし方、ブルキニというムスリム女性用水着がハラール（合法）なのかといったものがある。つまり、世界の社会情勢の移り変わりに応じて、また、ムスリム移民が多くいるようなところでは、ホスト社会でのあり方、政府との対話などを通じて、都度イスラーム法的判断が下され、日々ムスリムネスが更新され続けているのである。こうした更新に基づいて、マドラサの指導者らは、マドラサに学ぶ生徒たちに、いかなるムスリムになるべきかを伝えていく。

筆者が大学院で指導する学生のなかには、バングラデシュやインドネシアからの留学生がおり、世界のポップ・

ミュージックや映画、日本のファスト・ファッション、動画投稿サイトで流行する動画などのトレンドが好きで、よく話をする。そのようなことに流されて、格好を真似したり、夜遊びしたりしてみてもいいようなものだが、生活態度はきわめて真面目で、とくに女性は、決してジルバブというインドネシアの被りものを公の場で取り去ることはないし、1日5回のお祈り（ナマーズ）を欠かさない。こうしたムスリムネスを守っているのは、母国で受けたイスラーム教育が彼らのなかで生き続けているからである。しかし、ムスリムのなかには「他のムスリムには黙っておいてくれ」と言って、酒を飲むこともあれば、豚肉を食べる人もいて、ムスリムネスにも本音と建前の部分があるらしい。

南アジアに視点を戻すと、9・11事件をはじめとする大規模なテロ事件や紛争は、個々人のムスリムネスを刺激し、バングラデシュの国政選挙においてイスラーム原理主義政党が躍進するなどの大きな影響を与え、各地でヒンドゥー襲撃事件といったようなものまで勃発している。そういった政治的な出来事のみならず日常生活のなかでも、ことあるごとに「ムスリムとしてのあるべき姿」は取り沙汰される。それはモスクなどの表象やイスラーム関連の言説に日々触れていたことに加え、マドラサでムスリムネスの素地が涵養されていたことも原因の一つといえる。

3　世界とつながるマドラサ——ムスリムネスの地域性と共鳴性

また、新しい傾向として、バングラデシュのコウミ・マドラサにも多様性が生まれている。たとえば、英語教育や科学教育、またコンピューターの教育に力を入れるようなマドラサ、さらには新たなカテゴリーである、女子マドラサも多く生まれてきている。普通の学校も増加しているため、顧客としての生徒の奪い合いという、マドラサ経営上の問題もあるだろう。

こうした改革のプロセスを表した図1から紐解いてみる。マドラサは、なにも校舎にいる生徒たちにクルアーンを教えているばかりではない。イスラーム政党が政治的メッセージを増幅するために、マドラサの生徒を動員し、都市部でデモを展開することもあれば、マドラサのウラマーが、地域の冠婚葬祭において祈りを捧げたりする場合もある。

社会の情報を慎重に収集・分析し、ワズ・マフィル（Waz Mahfil）と呼ばれる、ウラマーの講話を聴くためのマドラサの祭典のような場所で演説する際、呼びかけ方を十分に考えたうえで、更新された、あるべきムスリムのふるまいを社会に再循環させる。そうすることで、グローバルな情報に触れ続けている若者たちにも、つねに最新のムスリムネスを守るように喚起することができるのである。

では、バングラデシュでは、そうしたイスラームの地域性が、その場所だけで創出されているのかといわれれば、筆者はそれだけではないと考えている。日々創出されている新しいムスリムネスは、地域の実情に応じた地域性を帯びる一方、世界のマドラサやイスラームの情報とつながり、「共鳴性」があることも示唆されている。たとえば、エジプトのアル・アズハル、インドのデーオバンド学院といった、地域の総本山のような巨大なマドラサには、海外のムスリム学生が留学し、教員交流も盛んに行われる。さらにこれらのマドラサは、英語による機関紙を世界中に発送したり、ウェブサイトにおいてファトワを発したりと、バックグラウンドでイスラーム知見の交流がある。また、ツイッターやフェイスブックなどのSNSで形成された仮想空間でも、盛んにイスラームに関して、討論されていることが示唆されており、南ア

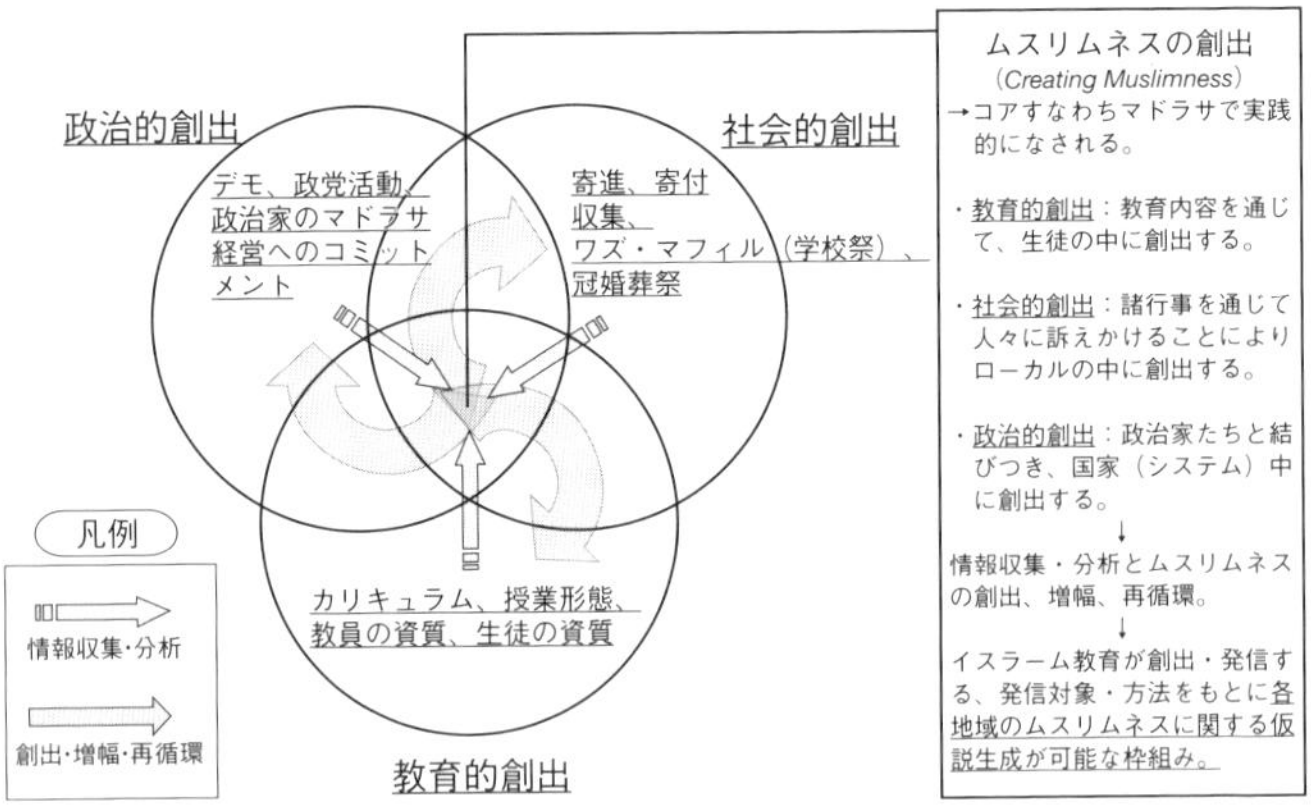

政治的創出
社会的創出
教育的創出
デモ、政党活動、政治家のマドラサ経営へのコミットメント
寄進、寄付収集、ワズ・マフィル（学校祭）、冠婚葬祭
カリキュラム、授業形態、教員の資質、生徒の資質
凡例
情報収集・分析

(Creating Muslimness)
→コアすなわちマドラサで実践的になされる。
・教育的創出：教育内容を通じて、生徒の中に創出する。
・社会的創出：諸行事を通じて人々に訴えかけることによりローカルの中に創出する。
・政治的創出：政治家たちと結びつき、国家（システム）中に創出する。

情報収集・分析とムスリムネスの創出、増幅、再循環。

イスラーム教育が創出・発信する、発信対象・方法をもとに各地域のムスリムネスに関する仮説生成が可能な枠組み。

図1　ムスリムネスの創出・増幅・再循環

ジアのムスリムネスは、世界の多彩なムスリムネスと共鳴し合いながら形成されていると考えられ、今後の研究の進展が待たれる。

こうしたマドラサの動きは、セクトの違いによって主張に差はあるものの、きわめて平和裏に、そして秩序だったものとして組織的に展開されている。こうしたムスリムネスの空間的展開、また言論展開からイスラームを一瞥することだけでも、ごく普通のムスリムが何を学んでいるか、より理解が深まる。またこうした見方を知ることによって、アフガニスタンの政変で起こっている過激な出来事を切り取って、イスラームのこととして世界に流してしまう一部のマスメディアの見方が誤りであることがわかるだろう。近い将来、日本に住む我々の隣人としても、ムスリムは一層存在感を増していくこととなる。多様な人々が共生できる社会構築のためにも、我々がムスリムネスのあり方から学ぶことは多い。

第28章

誰が貧困層の教育を担うのか
――インドの低額私立学校の拡大と新政権の公立学校改革

小原優貴

筆者が２００８年から２０１０年にかけて調査をしていたインドのデリーでは、２０１０年のコモンウェルスゲーム（イギリスと旧イギリス領諸国を中心とする国々からなる連合体が4年ごとに開催する競技大会）を控え、「建設中（Work in Progress）」の壁がそこかしこでみられた。インディラ・ガーンディー国際空港は生まれ変わり、商業施設やホテル、メトロの高架橋の建設があちらこちらで進められていた。政府観光局の宣伝文句である「素晴らしいインド（Incredible India）」の具現化に向けて、街のあらゆるものが変化しているように思われた。しかし、一見華々しい変化の裏では、政府関係者による不正や汚職が蔓延し、教育や医療、電気・水の供給、道路交通整備など、基本的な生活インフラや公的サービスの質が一向に改善しないことに、人々が不満をもらしていた。教育においては、政府の管轄する公立学校がその質の低さから信頼を失い、地域の起業家らが設置した低額の私立学校が、質の高い教育を求める貧困層の支持を得て、急速に拡大していた。

それから10年ほどが経過したデリーでは、州政府が進める公立学校改革が国際的にも注目されていた。改革を担うのは、２０１５年のデリー州議会選挙で、現ナレンドラ・モーディー政権の率いる国政与党、インド人民党を圧勝で破り、新政権となった庶民党（Aam Aadmi Party）である。庶民党は、２０１１年に大規模なインド不正反対運動を展開して国民の支持を得た活動家たちが結成した政党で、電気や水の適切な供給、低所得地域開発などのインフラ整備に取り組みながら、教育改革を最優先課題に位置づけ、公立学校改革を急ピッチで進めてきた。本章では、１９９０年代以降、政府によって教育の普遍化・無償化が進められるなか、低所得地域で拡大してきた低額私立学校と、庶民党の進める公立学校改革に着目し、デリーの貧困層の子どもたちを取り巻く教育状況について理解を深めていく。

1　インドの公立学校の質の問題と低額私立学校の拡大

インドでは１９９０年代の教育の普遍化政策によって、教育の無償化が進み、多くの貧困層が公立学校に通学するようになった。その結果、就学率は向上したものの、学校では、荒廃した建物、机や椅子の不足、教科書の配布遅延、トイレの不適切な管理といった設備環境の問題のほか、教員の欠勤や怠惰な勤務態度、生徒の規律に欠けた学習態度、成績不振など、様々な問題が生じていた。中間層の家庭は、公立学校には見向きもせず、授業料の高い私立学校に子どもを送り、貧困層の子どもたちとの差異化を図っていた。一方、インド各地の低所得地域では、公立学校よりも質の高い教育を求める貧困層のニーズを満たすように、低額で教育を提供する私立学校が拡大していた。筆者が調査したデリーの低所得地域では、２０００年代に低額私立学校の拡大がみられ、地域の起業家や主婦、私立学校の経営者、副業が認められていないはずの公立学校の教員などが、これらの学校を運営していた。デリーの公立学校は、午前は女子校、午後は男子校となり、時間帯によって、校長、教員、生徒が入れ替わる二部制がとられていた。公立学校の教員は、この制度をうまく利用して、午前中は経営者として低額私立学校を運営し、午後になると教員として公立学校で授業をしていた。低額私立学校の運営は、低所得地域において、新たな就業機会や収入源となっていたのである。

低額私立学校の多くは、貧困層からの授業料収入を主な財源とする零細資本の学校で、敷地面積、教員資格、教

写真１　低額私立学校の教室の様子（2009 年筆者撮影、デリー）

員給与などに関する学校の認可条件を満たすことができず、公教育制度の枠外で機能してきた（写真1）。２０１０年に施行された無償義務教育に関する子どもの権利法（ＲＴＥ法）では、学校認可条件を満たさない学校の閉鎖が命じられたが、法の施行後もインド各地で活動を継続している。低額私立学校が、公教育制度外に位置づく違法な存在でありながらも、貧困層から支持を得る理由は何なのであろうか。デリーでは、中間層対象の高額の私立学校の多くが英語を教授言語としており、「英語を教授言語とする私立学校」は質の高い学校の象徴とみなされている。筆者が調査した低額私立学校でもほとんどが英語を教授言語と謳っており、このことが、保護者がこれらの学校を選択する要因のひとつとなっていた。そうはいっても教員の英語力にはばらつきがあり、多くの教室では、ヒンディー語が教授言語として用いられていた。多くの場合、低額私立学校は、公立学校の教育の質に対する優位性から評価されていた。調査で会った貧困層の親や子どもたちからよく聞いたのは、「公立学校では、適切な教育が行われていない」という言葉であった。公立学校では、「教室が生徒で溢れかえっている」「規律がない」「良い教員（教える能力があるという意味）はいるが、学校に来ない」といった声も聞かれた。一方、低額私立学校では、教員は経営者に直接雇用され、経営者の判断で給与などの待遇が変わることから、公立学校に比べてより勤怠管理が徹底されていた。こうしたこともあり、教員の多くは無資格教員であったが、「生徒一人ひとりに注意を払っている」という理由で評価されていた。

２０１８年に教育ＮＧＯプラタムがインド28州の農村地域で行った調査では、第5学年に在籍する児童のうち、第2学年レベルの読解力のある児童の比率が、私立学校では65・1%であったのに対して、公立学校では44・2%であったことが明らかにされている。農村地域の「私立学校」の多くは、低額私立学校であると考えられるが、この調査結果は、公立学校に対する「私立学校」の優位性を示しており、同時に、「私立学校」自体も、必ずしも十分な質を担保できていないことも示している。また低額私立学校の授業料を支払うことが困難な貧困層は少なからず存在し、そうした貧困層の教育機会が保障されないまま、低額私立学校が無制限に拡大することは大きな問題である。低額私立学校が、公立学校の機能不全を理由に発展してきたことを考えると、貧困層の教育権の保障問題を根本的に解決するためには、公立学校改革に本腰を入れることが不可欠である。

2　庶民党の公立学校改革

デリー州政府の新政権、庶民党が着手したのは、まさにこれまで放置されてきた「公立学校」の改革であった。庶民党は、教育を最優先課題として位置づけ、2014~15年から2019~20年の間で、教育予算を倍増し、デリーの州予算に占める教育予算の割合は、23%から28%にまで上昇した。これらの予算は、まずはインフラ整備に投じられた。デリーの公立学校の教室は就学者数に対して不足しており、新たな学校の建設が計画されていたが、デリーには学校を新設できる土地がほとんどなく、既存の学校を中心に約2万の教室が増設された。机や椅子の更新、運動場やプールなどのスポーツ設備、コンピューター教室などの整備、防犯カメラの設置などのインフラ整備のためにも予算があてられた。

続いて、庶民党が優先したのは、教育の実質的な変化の鍵を握る教員への予算配分であった。適切な人数の教員を確保するため、約1万7000人の教員を新規に雇用し、デリーの公立学校の課題とされてきた教員1人あたりの生徒数は、2014~15年から2019~20年の間で31・2人から25・8人になった。また教員を教育以外の業務から解放するために、各学校に2人から3人の事務職員を雇用するための予算が配置された。加えて、教員や校長の職能開発を目的として、州教育研究訓練協議会（SCERT）が提供する教員研修プログラムの見直しや、国内外の著名な教育機関への派遣などに予算が投じられた。

庶民党の次なる改革は、教授法の見直しであった。デリーでは前期中等教育の1年目（第9学年）で49・2％の生徒が落第しており、その要因として、教授法の問題や、後期初等教育段階（第6学年から第8学年）における学習の遅れなどが指摘された。従来、教員はシラバスを終わらせるプレッシャーから、学習が遅れている生徒に対処する余裕がないまま、知識伝達型の授業を展開していた。2016年に州政府が第6学年の生徒を対象に行った学力調査では、約3割の生徒がかろうじて文字や単語を読み書きできるレベルで学習に遅れがみられること、その一方で、より高度な学力の生徒も存在し、生徒の学習レベルには大きな開きがあることがわかった。そこでデリー州政府は、第6学年から第9学年の生徒の学力向上を目的とした「挑戦（Chunauti 2018）」計画を展開し、習熟度別クラス編成を導入した。また後期初等教育段階でみられる学習の遅れは、前期初等教育段階の学習の遅れの影響であるとして、2018年には、第3学年から第9学年のとくに学習の遅れがみられる生徒を対象とした4か月の基礎学力（読み書き計算）向上プログラム、「基礎ミッション（Mission Buniyaad）」を実施した。これらの計画やプログラムでは、習熟度に合わせた教授学習教材の活用や、そのための教員研修、保護者の協力を促すためのワークショップなども行われた。ボストンコンサルティンググループ（2021）の調査報告によると、プログラム実施後の基礎学力評価では、いずれの学年の生徒も、平均結果が上昇していたことが報告されている。

子どもたちに必要なのは、学力向上プログラムだけではなかった。目の前の学習に集中し、学ぶ意欲を継続するためには、子どもたち自身が、身体的・精神的に健康であることが大前提となる。しかし、今日インドの子どもや若者は、グローバル化や情報化による急速な社会変化、学歴競争、高い若年層の失業率、様々な社会規範などによりストレスにさらされ、社会不安を抱えている生徒が少なくない。インドでは、若年層の自殺が大きな社会問題となっている。またインドでは、学校を含む社会システムが階層によって分断され、他者理解の機会が奪われる一方、社会的道徳的意識を持つ市民の育成が十分になされてこなかった。その結果、犯罪、暴力、差別、不正などの問題が後を絶たず、人々の社会生活に深刻な困難をもたらしている。

こうしたなか、庶民党は、2018年に、公立学校の就学前から初等教育段階（第8学年まで）の児童を対象に、生徒の幸福感の向上と、社会に幸福をもたらす市民の育成を目的とした「幸福のカリキュラム（Happiness Curriculum, HC）」を導入した。毎日、一定の時間が幸福のカリキュラムのために確保され、生徒は、瞑想、物語、ディスカッション、グループワークなどの活動を通じて、自己の感覚・思考・行動などに意識を向けながら、集中力、自己制御力（ストレスや不安などの感情のコントロール）、批判的思考力、共感力、表現力などのライフスキルを身に付け、周囲環境や他者とのかかわり方を学ぶ。幸福のカリキュラムでは、学習活動の進め方を示した教員ガイドラインはあるが、教科書や試験はない。教員は、決められたシラバスに沿って一方的に教えるのでも、一つの正しい答えを導き出すために教えるのでもなく、生徒の多様な意見や考えを引き出しながら、生徒の探究的・経験的学びを支援することが期待される。カリキュラム導入後に教員がとくに感じた変化として、「生徒がより共感的になった」「ほかの生徒、教員、保護者との関係が向上した」「授業や勉強に対する関心が向上した」ことが報告されている。庶民党の改革は、総じて、教員の生徒理解を促す教授学習活動を取り入れた点に特徴がある。この改革が、デリーの公立学校の質や、生徒の学びや幸福に、長期的にどのような変化をもたらすのか、注目が集まる。

3　誰が貧困層の教育を担うのか

本章では、公立学校の機能不全を支えるように発展してきた低額私立学校と、抜本的な「公立学校」改革に取り組む州政府の動きに着目し、デリーの貧困層の子どもを取り巻く教育状況についてみてきた。本章で取り上げた

「公立学校」は、厳密には、州政府（庶民党）の管轄下にある「州立学校」で、デリーの公立学校の３分の１を占めるに過ぎない。残りの３分の２は、中央政府（インド人民党）の管轄下で、複数の都市自治体が設置・運営する公立学校である。つまり、本章でみてきた庶民党の「公立学校」改革は、厳密には「州立学校」改革であるが、２０１８年以降は都市自治体の設置・運営する公立学校にも「挑戦」計画や「基礎ミッション」が導入されている。

デリーにおける教育改革は、公立学校の生徒の学びの質や実質的な成果という面では、まだまだ道半ばであるが、庶民党の改革の行動力は、これまでの政権ではみられなかったもので、変化の兆しを感じさせるものである。

一方、デリーでは２０１９年の新型コロナウイルスの拡大によって、学校閉鎖が長期化するなか、公立学校や低額私立学校におけるオンライン化対応に遅れがみられ、貧困層の子どもの学びが停滞していることが確認されている。コロナ禍において、貧困層の子どもの教育を誰がどのように保障していくのか、デリーの今後の展開が注視される。

◉参考文献

Boston Consulting Group, 2021, *School Education Reforms in Delhi 2015-2020 Interventions Handbook*. https://web-assets.bcg.com/f6/c4/b2ac61934f93bea1c9f90a1f544e/school-education-reforms-in-delhi-2015-2020-interventions-handbook.pdf（最終閲覧２０２２年１月４日）

Pratham, 2019, *Annual Status of Education Report (Rural) 2018* https://img.asercentre.org/docs/ASER%202018/Release%20Material/aserreport2018.pdf（最終閲覧２０２２年１月４日）

State Council for Educational Research and Training (SCERT) and Directorate of Education (DoE), 2019, *Happiness Curriculum*, New Delhi: SCERT. http://edudel.nic.in/welcome_folder/happiness/HappinessCurriculumFramework_2019.pdf（最終閲覧２０２２年１月４日）

第29章

アンベードカルとダリトの教育

牛尾直行

B・R・アンベードカル（Dr. B. R. Ambedkar, 1891-1956）をご存じであろうか。マハトマ・ガーンディー（M. K. Gandhi）を知っているかと問われたら、日本人の多くは「インドの独立に尽力した偉人」と回答できるかもしれない。長きにわたるイギリス植民地支配からの解放を目指して活躍をしたフリーダム・ファイター130名余りのうちの筆頭に挙げられるのはガーンディーかもしれないが、ダリト（Dalit）にとっての筆頭はアンベードカルだろう。ダリトとは、狭義には「不可触民」と呼ばれたカースト外の被差別民を主に指すが、現在は広く「抑圧された者」という意味で「不可触民」のみならず社会的・政治的・宗教的に弱者層として扱われる広い意味でのマイノリティを意味する。日本では山崎（1979）や山際（翻訳、1983）がアンベードカルについての書籍を出版しているが、ガーンディーの知名度には遠くおよばない。本章では、アンベードカルが現代インドの教育にどのような痕跡を残しているのか、解説をしていく。

1　アンベードカルの生い立ちと教育思想

アンベードカルは1891年、現在のマハーラーシュトラ州プーナ地方でマハールの家に生まれた。マハールというのはその地方に多く居住している主な「不可触民」カーストの一つであったが、彼の祖父と父は英植民地政府の軍人であったため比較的余裕があり、アンベードカルと兄を高校にまで進学させた。しかし高校まで上がったアンベードカルも、「不可触民」差別のため、教室では隅っこの床にズック袋を敷いて座らせられ、学校の飲み水には手を触れられず、教師にも無視をされた。喉が渇くとそのたびに「穢れ」ていないカースト身分の誰かが水を飲むのを手伝ってくれるのを待つしかなかった。言葉をかけるだけで「穢れる」からだ。彼は１９２０年代から様々な会議やグループを組織してダリトの社会的な解放のために尽力していくことになるのだが、その背景として、「不可触民」であるがゆえに上述の教育機関において十分には扱ってもらえなかった体験があったことは想像に難くない。

ダリトの集会などでアンベードカルの思想を紹介するときに、よく使われるフレーズがある。それは、「教育、教育、教育を！（Educate, Educate, Educate!）」である。教育だけでなく、「教育を！扇動を！組織せよ！（Educate!, Agitate!, Organize!）」という表現もよく使われるが、それにしても、教育が最初に来ることは変わらない。それは、「不可触民」を中心とする社会的に抑圧されている者（ダリト）が社会的な解放を勝ち取るには、まずは自らが教育を受けることによって本来の人間性に立ち戻る意識を持ち、なるべく多くの教育を受けて自らの力をつけるという意味があった。また第二の意味では、長い歴史のなかで「不可触民」を隷属状態に捨て置いた上位ヒンドゥー層を教育し直して、自分たちがヒンドゥー社会の悪弊を続けていることに気づいて改めろという意味も含めて、教育の意義を強調した。彼は「教育は人を大胆にし、調和を教え、生得の権利を理解させるばかりでなく、自由に向けた苦闘について教えてくれる」と述べている。彼は生涯を通じて被抑圧民教育協会や民衆教育協会を設立し、ダリトの教育普及に尽力した。「不可触民」の高等教育の普及に注力したといわれることも多いが、１９２３年ボンベイ（現ムンバイー）地区初等義務教育法の欺瞞を指摘し、公が確実にすべての者に就学の義務を課す仕組みにしなければ義務教育の意味がないと、当時の国民会議派の下での初等義務教育法を批判している。

2　ガーンディーとの齟齬

一方、「不可触民」のことを「ハリジャン」（神の子の意）と呼び、カースト制の廃止はせずに「不可触民」制の廃止だけを訴えたガーンディーとは対立した。ガーンディーは、ヒンドゥー教の教義の誤った解釈としての「不可触民」差別を戒め、「不可触民」差別をやめるようインド民衆に呼びかけたが、カースト制度そのものの廃絶を目指していたアンベードカルにとって、それはカースト差別社会・慣習の枠組みを残したままでの融和的態度に映ったのだ。独立後のインドの形を話し合った1930年代初頭の円卓会議では、独立後の選挙制度などについての両者の考え方の違いが浮き彫りになり、生涯二人が和解をすることはなかったという。1990年代ごろからガーンディーvs.アンベードカルといった構図で、二人のカースト観・「不可触民」解放観の違いを論じる書籍がインド国内で複数出版されている。

3　独立後の共和国憲法と留保制度

1947年8月、独立後のインド共和国憲法を制定する制憲議会の憲法起草委員会委員長にアンベードカルが任命された。彼は、憲法を起草していく段階で、かねてより主張していた分離選挙区制は憲法に盛り込まなかった一方で、「不可触民」制の廃止（第17条）や指定カースト・指定部族に対する議席や公職ポストの留保規定（第330〜342条）を設けた。この憲法規定が、現在まで発展・継続されている議席や入学枠の留保制度（Reservation System）を生み出している。

留保制度とは、たとえば高等教育機関・大学の一つの学部入学枠が100名分あった場合、その入学枠のうち一定割合、たとえば20名分を指定カーストや指定部族に割り当てる仕組みである。人口比に応じて割り当てる前提があるので、両カテゴリーに計22・5％程度が留保される。すると当然ながら、それまで100名の学籍を独占して入学してきた上位カーストの入学枠が20名分削られてしまうことになるため大きな反発が生じる。筆者が初めてインドを訪れた1990年の夏は、そのような事情を全く知らないただの旅行者にも「このマンダル裁定って何だ？」と気づかせるほどの大騒ぎがあった。マンダル裁定とは、マンダル（B. P. Mandal）を委員長とする第二次後進諸階級委員会が1980年に提出した報告書で出した判断である。その際の留保の議論は、上述の20数％の話ではなく、「その他の後進諸階級」（Other Backward Classes, OBCs）と呼ばれる、カースト・ヒンドゥーのなかでも低位な状態を強いられている貧民層やヒンドゥー以外の宗教的マイノリティなどを含めた広範な国民を対象とした優遇制度の適用について議論が交わされていたのだ。指定カーストと指定部族、ＯＢＣｓを合計すると、国民の約5割にもなる集団をマイノリティとして扱い、その優遇制度を論じていることへの違和感が当時の私には拭えなかった。

4　留保制度は本当にダリトのためになっているのか？

前述の通り留保制度は、議席や公職ポスト、主に高等教育機関の入学枠などに一定割合の留保した席を設定し、カースト・ヒンドゥーとの熾烈な競争を経なくても、その席がダリトに確保されるシステムで、インドでは1900年代初頭の分割統治政策としてインド統治法時代から実施されている。私もインドで教育関係の調査をしている際に、相手の方に「大学入学時に留保制度を利用した？」と尋ねると、「使ったよ」と正直に答えてくれる場合が多い。しかしそれは私が外国人で、周りに人がいないからで、一般には自分が指定カースト留保枠を使用したとか、宗教を偽ってＯＢＣｓ留保枠を使ったことは隠している。彼ら彼女らにとってあまり誇らしいことではないようだ。

独立時にアンベードカルは憲法で指定カーストや指定部族の権利擁護のために留保制度を各方面で利用可能にした。しかし、現在はナレンドラ・モーディー政権がカーストに関係なく収入が一定以下ならば留保制度を利用可能にしようと提案したように、その対象は当初より大きく拡大され、その目的すら「政治的な票集め」と揶揄されるほどになっている。

留保制度に対する批判には様々ある。一つは、独立後数十年経ち、特定の階層・集団に特権を付与するのは逆に彼らの自立を阻害している、というものである。彼らが留保席を利用することによって、大学入学時も公職入職時も、さらには公職の昇進時も低いパフォーマンスでも大丈夫なことに依存し、かえって彼ら自身の地位向上を阻害しているという批判が古く（1970年ごろ）からある。「ハリジャン・エリート」が公務員への狭い階段を幸運にものぼれた者として優遇され、アンベードカルが目指した「不可触民」全体の生活向上ではなく、自らのコミュニティから離れて特権的に生活するだけだったら、そのような留保＝権利擁護にどれほどの意味があるか、議論があろう。また他の批判としては、対象者の選定基準が曖昧である点が議論される。指定カースト・指定部族であったらある程度明確だが、OBCsとなると様々なカテゴリーがあり、偽ることができるようである。さらに、一定程度の収入基準を超えるとクリーミー・レイヤー（ミルクティーなどの最上層の白い部分）と呼ばれ、制度利用対象者から外れるが、よっぽど戸主が映画監督や大学教授、高級官僚（Indian Administrative Services, IAS）などで誰の目にも高収入であることが明らかな場合でない限り、世帯の収入はある程度ごまかすことができる。インド南部の大きな国立大学で調査をしていた際、教授に「この大学にクリーミー・レイヤーは何％ぐらいいるのか？」と尋ねると、留保制度を利用して入学してきたダリト学生の多くはそれだと教えてくれた。

5　アンベードカリズムとダリト・ボイス

20年近く前に宿泊したムンバイーのマリーンドライブ沿いのホテルのボーイは、「僕はアンベードカルの孫だ」と言っていた。もちろん比喩表現で、ダリトとしてアンベードカルの思想的系譜を受け継ぎながら活動をしているという意味だったのだろう。彼から聞いた言葉がアンベードカリズムであった。当時ムンバイーで訪問したバムセフ（The All India Backward and Minority Communities Employees Federation, BAMCEF）の事務所で聞いたのもアンベードカリズムという言葉だった。両者とも、「運動の支柱としている考え方・思想は何か？」と尋ねた際に耳にした言葉だった。その意味内容を深く尋ねようとしたけれども、私の会話能力の限界か、よく理解できなかった。おそらく、その語は「ダリトの地位向上のための戦略」的な意味合いだったと解釈している。アンベードカルは1956年12月に亡くなる直前に30万人のマハールとともに仏教に改宗するが、前述のアンベードカリズムを引き継いだ者たちと話をする限り仏教への改宗という戦略はなく、どのように自分たちダリトの政治的・経済的権利を向上させるかの議論に終始していた。

もう一つアンベードカルの思想的系譜を受け継ぐ者として思い出されるのが、『ダリト・ボイス（*Dalit Voice*）』編集長のラージェシェーカル（V. T. Rajeshekar Shetty）氏である。彼は長く全国的英字新聞『インディアン・エクスプレス（*Indian Express*）』紙の記者を務めた後、故郷のカルナータカ州バンガロール（現ベンガルール）で活動をするとともに『ダリト・ボイス』誌の発行（隔週刊）を担っていた。10年ほど前まで彼の事務所に通ってインド南部のダリトについて教えていただいた。よく留保制度を批判する私に、「留保は我々の大切な権利だ。しかし留保だけで我々の地位向上が果たせるわけではない。闘争と教育が必要だ」とつねに語っていた。晩年にはアンベードカルが放棄した分離選挙よりも、ダリトスタン（ダリトの国）の分離独立が必要だと語っていたことが思い出される。

上記の例はどちらもアンベードカルの残した思想や制度が10～15年前まで明確に引き継がれていた例である。

6 RTE法とマイノリティスクールに垣間見るアンベードカル

最後にインドの教育制度にはっきりとアンベードカルの留保やダリトの権利保護の考え方が表れている例を紹介しよう。第一は2010年からインドのほぼ全土を対象とした無償義務教育が開始されていることに関連する、私立小学校などの学籍留保である。2009年に無償義務教育に関する子どもの権利法（RTE法）が成立し、6～14歳のすべての子どもに基礎教育を修了するまで近隣の学校で無償義務教育を受ける権利が法的に保障された。さらにRTE法は、社会的弱者層の子どもに政府から補助を受けない非補助私立学校の学籍の25%を留保しなければならないという一つの風穴を開けたのだ。RTE法施行後約10年が経過し、従来まで富裕な家庭の子どもばかり入学させそのステイタスを保ってきた非補助私立学校が、どれほどのRTE枠の子どもの入学を受け入れているのか、詳しくは第II部14章で言及しているが、留保枠というダリトの権利擁護の仕組みはこんなところにも現れている。

写真1　ケーララ州の山間部にある小規模なトライバル・スクール（2019年筆者撮影）

第二の例は、マイノリティ教育機関（Minority Educational Institution, MEI）がインドには多くあり、それがダリトの教育機会を保障していることである。インドで一般にマイノリティとは宗教的マイノリティと言語的マイノリティを指すが、憲法第30条はマイノリティがMEIを設立・運営する権利を保障している。インドの学校を訪問していると、ムスリムのための学校、クリスチャンのための大学などがたくさんあり、たとえば指定部族のための山間の教師一人だけの小規模校（One Teacher School, 写真1）にまでＭＥＩの考え方が広く適用されていることがわかる。このようにアンベードカルの権利擁護の考え方がインドの公教育の各所に今も継承されている。

7　おわりに――変わりゆくアンベードカル像

筆者はインドの書店を訪れた際にアンベードカル関係の書籍を見つけると、なるべく購入するようにしている。その数、英文文献だけで約60冊に上る。本章をまとめるにあたって、それを出版年代別に並べてみた。非常に雑駁な表現をすれば、２０００年までに出版された書籍におけるアンベードカルは、ダリトのリーダー的な目指すべき理想のように描かれていた。ところが２０００年ごろを境として、アンベードカルを再定義する論考が増えてきたように思われる。サバルタン（従属集団）研究の増加に伴ってダリト研究の量と質も変化する一方で、弱者の権利擁護・優遇が政治の道具のように扱われ、現代の文脈においてアンベードカリズムも変化と再評価を余儀なくされている。インドの公教育のなかでダリトの教育がいかに変化していくか、彼も天国から注視しているのではないか。

◉参考文献

ダナンジャイ・キール、１９８３、『不可触民の父　アンベードカルの生涯』、山際素男訳、三一書房。

山崎元一、１９７９、『インド社会と新仏教―アンベードカルの人と思想―』、刀水書房。

Prasad, R. C., 1993, *Ambedkarism*, Delhi: Motilal Banarsidass Publishers.

Thorat, Sukhadeo and Kumar, Narender (eds.), 2008, *B. R. Ambedkar: Perspectives on Social Exclusion and Inclusive Policies*, Delhi: Oxford University Press.

第30章

多様性と現実
――インド国家と北東部少数民族

太田　哲

「多様性のなかの統一」はインド国家としての重要な柱の一つである。実際筆者が「インド」の人々と交流した際、様々な場面、様々な年齢の人々からこの言葉を耳にした。これだけこの「多様性のなかの統一」というスローガンは人々の間で浸透しているといっていい。インドは多民族、多言語、多宗教と多様性に満ちており、この多様な背景を持った人々を一つの国家として統一することは容易なことではない。本章ではナガ族がナガ族としてのアイデンティティを形成する経緯を歴史的に概観し、現在においてナガアイデンティティがどのような形で創られながら継承されているのかをみていく。多様性を強調する多文化共生主義は理想的な理念であるが、スミス（1990）が指摘しているように多様性のなかの統一には一定の条件があり、国家の枠組みや価値、ルールを守る限りにおいては自らのエスニシティの文化や権利などが保障されるという仕組みである。

インドにおいても同様に、インドという国家の枠組みがあり、その価値観を損なわない範囲での自由が認められる。しかしながら、問題は何をもってして「インド」とするかである。冒頭で「インド」の人々とかぎ括弧つきで記したのは、筆者が実際に聞いた「多様性のなかの統一」というフレーズは北インド、西インド出身の人々からということもあり、「北インドに多いインド・ヨーロッパ語族のアーリヤ系言語を話すインド人や、南インドに多いドラヴィダ系言語を話すインド人」という意味合いを含めている。

しかしながら、本章で扱うインド北東部に居住するナガ族の人々は国籍的にはインド人ではあるが、民族的、政治的、歴史的などの理由からインドという枠組みに対してしばしば居心地の悪さを感じており、なかには武装グループも存在し、自治などを要求する勢力もある。

1　ナガ族の歴史とナガアイデンティティの形成

ナガ族と本書では記しているが「ナガ族」という単独のエスニックグループは存在せず、いくつかのエスニックグループの集合体であることは第23章に記した。本章ではアッサム東部の山岳地帯に住むいくつかの少数民族が外部の人々からナガと呼ばれるようになり、呼ばれた本人たちが次第に「ナガ民族」としてのアイデンティティを形成していく過程を概観する。

アッサム東部の山岳地帯に住むいくつかの山岳民族が「ナガ」という名で呼ばれるようになった経緯については諸説があり、統一的見解には至っていない。ライカン（２０１６）によると、インド北東部の山岳部に住む人々を指す言葉として、「ナガ」という語が使われたと思われる最初の記録として、紀元2世紀ごろのアレキサンドリアの天文学者・地理学者・数学者などで知られたプトレマイオスの『地理学』に、サンスクリット語で裸を意味するナンガというものがある。また、18世紀末イギリス人がチベット－ビルマ語で「人」や「人々」を意味するノックを語源とすると考え、これらの人々をナガと名づけたという説もある。その他にも平地に住むアホムやアッサムの人々からの呼び名が起源という説などがあるが、いずれの説にも議論の余地があり、現在においても定説はない。

19世紀に入るとイギリスがアッサムやビルマ（現ミャンマー）にも勢力を拡大し、ナガ丘陵にも影響力を持ち始めた。ナガの人々はイギリスに抵抗を示したが、近代的な火力の前には降伏を余儀なくされ、イギリス人の調査団、植民地官吏、宣教師などが村に訪れるようになった。その意味ではイギリス人がナガの人々にとって本格的な「他者」との出会いであるといえよう。アイデンティティ形成に必要なものは「他者」の存在であり、イギリスの出現はナガにとって他者の出現となりナガ族としてのアイデンティティ形成に寄与したといえる。もちろん、イギリス以前からマニプル、アホム、ビルマなど周辺の王国がこの丘陵地帯を通過し、反対側の平地にまで勢力を拡大した歴史はあるが、これらの王国の制度は近代国家制度とは異なっていたため、ナガの人々の日常生活に入り込むほどの存在感はなかったと考えられる。

イギリスの支配がこの地域において強まり、バシュム（2005）によると第一次世界大戦時には2000人のナガの人々が徴用され、フランスに労働力として派遣された。ナガの人々が外地に赴いたことによってナガナショナリズムを喚起することとなったことをバシュムは指摘している。そして1918年には村の首長やフランスから帰還した人々が中心となって、ナガクラブという団体を形成し、1929年にはイギリスがインド統治法の実施状況を調査・報告するために設置したサイモン委員会がナガランドの州都であるコヒーマを訪れた際、イギリスの英領インドに対する統治法を改正するにあたり、ナガ族は統治法の範囲からの除外を要求した。

第二次世界大戦時において、ビルマは日本軍によって占領され、日本軍はさらにその勢力をインド北東部の都市インパールにまで広げようと試みた。俗にいうインパール作戦である。インパール作戦の主戦場はコヒーマ付近とその南側に位置するインパールの間の山岳地帯であり、まさにナガ族の居住地であった。日本軍はナガの村々に駐屯地を設営し、日本軍の軍人たちが付近の空き地にテントを張り寝泊まりをしていたことをナガのお年寄りたちが証言している。日本軍がナガ族の村々に来たという記憶は現在も残っている。

ナガ族の人々にとって日本軍の兵士たちはイギリスの次に現れた「他者」である。日本軍が撤退し、1945年に第二次世界大戦は終結し、その後インド、ビルマでは独立の機運が高まり、インドは1947年、ビルマは1948年にイギリスから独立した。独立の機運はナガ族の間でも高まり、1946年にナガ国民評議会（Naga National Council, NNC）を組織し、1947年にインド総督に対し覚書を送り、ナガによる暫定政府の設立を要求し、８月14日（インド独立の1日前）にナガ国家の独立を宣言した（バシュム、２００５）。しかしながら、この宣言は国際的には認められず、ナガ丘陵の多くの部分はインドの統治下に入った。

１９４９年12月、ＮＮＣの指導者であったアンガミ・ザプ・ピゾはインド共和国からの独立、独自の国旗・貨幣などを主張したが、インド政府はそれを認めなかったため、ピゾをはじめとするＮＮＣのメンバーは１９５０年に独立を宣言した。バシュム（２００５）によると、それに対しインド政府は１９５５年に当時ナガ丘陵地を管轄していたアッサムに戒厳令を布き、軍隊を派遣し、強硬手段で臨んだ。ナガの多くの村が焼き討ちにあい、多くの村人が犠牲になった。ピゾはインド軍の手から何とか逃れ、ロンドンに移り、ナガ独立のロビー活動を行った。その後、ＮＮＣはいくつかの分裂を経るのだが、そのなかでもナガランド国民社会主義評議会ＩＭ（National Socialist Council of Nagaland, NSCN-IM）が有力な勢力となっている。ＩＭとはＮＳＣＮが分派した際の共同代表者アイザック・チシ・スー（Isak Chishi Swu）とトゥインガレン・ムイバ（Thuingaleng Muivah）の頭文字から取っている。ナガの自治や独立を主張するグループは武力などを用い強硬手段に出ることもあったが、現在では多くのグループはインド政府と休戦協定を結び、対話による交渉を行い、その交渉は現在も続いている。

2　ナガアイデンティティの維持と近代教育

前節においてナガ族としての意識とアイデンティティの形成をみてきた。ナガ族というエスニックグループは以前では存在せず、イギリスによって括られた枠組みであるが、ナガという一つの括りを作るからには何もないところから無理やり創造するのは難しく、それなりの文化的共通性があり、それらを外部の人間が見つけ出し他のエスニックグループに対し線引きをする作業が行われた。ナガの人々間での文化的共通性は首狩りの習慣や、モランという若者の寮の存在がその例として挙げられる。ヴォン・フューラー－ハイメンドルフ（１９５０）によると男子がある一定の年齢に達すると村にあるモランで集団生活を行い、そこで狩りの方法や、戦争の方法、村の言い伝えなどを成人の男性から教わり、数年間の訓練を受けた後、卒業し、成人男性の仲間入りとなる。バシュム（２００５）によれば女子用のモランも存在し、そこでは道徳や手工芸などを教わるそうだ。

ナガ族の人々に対して近代教育を授けたのはキリスト教宣教師であることは第23章で述べた。近代教育以前においてはモランで村の伝統や習慣を教え、それが代々伝えられたが、近代教育においてはキリスト教の世界観や科学的思考を教えたため、戦争の方法、戦士としての心得、自然崇拝を基盤としたナガ独自の宗教観などは避けられる傾向にあった。そのためいままで行われていた口述でのナガの文化、習慣の継承は、かつてのようにはいかなくなった。

写真１　新年フェスティバルでのタンクール族伝統衣装
（2018年１月筆者撮影、マニプル州グリハン村）

しかしながら、ナガの文化、習慣、芸術、工芸などは西洋の人類学者や植民地官吏たちによって記録され、ナガの人々自身も西洋の人々から文字を学び、自分たちの言語を文字化するようになった。口述での継承が絶たれ、文化の継承が困難になったが、ナガの人々のなかに、中等、高等教育を受ける若者がインドがイギリスから独立後、次第に増えるようになった。

インドとナガ族との歴史的経緯や政治的関係は冒頭で述べたが、インドにとってナガ族を含むインド北東部の人々は一般的に「他者」として存在している。あるいは存在すらしていないかもしれない。インドのボリウッド映画作品やテレビドラマを見ても北東部の人々はほとんどといっていいほど登場しない。メディアでの認識は極めて低いといえる。しかしながら、インド主要部の大都市などにおいては外見の違いからしばしばハラスメントの対象となり、日常生活においても居心地の悪さを感じることが多い。ナガの人々に

写真２　フンプン村での学生組織60周年記念行事。伝統衣装を取り入れた若いデザイナーのファッションショー（2017年12月筆者撮影、マニプル州フンプン村）

とってはインド主要部の人々は「他者」であり、「我々」ではない。ナガの人との会話でしばしば耳にするのは「あのインド人たち〜」というフレーズである。もちろんナガの人々はインド国籍であるので、国籍的には「インド人」である。しかしながら、ナガの人々にとってインド人とはインド国籍の人を指すのではなく、彼／彼女らのいうインド主要部にいるアーリヤ系、もしくはドラヴィダ系の人々のことを指している。

このように、エスニックマイノリティとして弱い立場にあるナガの人々にとって、ナガの文化、伝統はインド主要部の人々や文化と差異化させるための重要な要素であり、それらの継承はナガの人々にとって重要なものとなっている。現在ナガの人々は地域差はあるものの、小学生から自分の所属する村や地域の言語や詩歌、物語、文化などを学んでいる。また、高等教育を受けたエリート層が中心となって伝統知識や祝祭行事の復活などを通して若い世代へ文化の継承を行っている。これらの「伝統」は小磯（２０１５）が指摘するように西洋人が記録した書物を通してエリート層が再構築したものが多く含まれているので、「創られた伝統」の一例といえる。これらは観光の分野などで広くみられ、ナガランド州ではナガ族の祭りというイベントを大々的に催し、国内外から観光客を誘致している。また、観光客を意識しない村落内での祭りにおいても筆者の観察したところではデリーなどの都市で大学や大学院の教育を受けた若者が中心になって、村の踊りなどを村の若者たちに教えていた。

伝統という観点からいえば、近年環境と結びつける動きも出ている。伝統的知識は近代教育の浸透とともに薄らいでいったが、農村の人々の間では受け継がれている農業技術もある。その一つに3月と4月には木の伐採は行わないというものがあり、それが近年デリーなどの大都市の大学や大学院で環境学を学んだ若者によって科学的に理にかなっているということが述べられるようになった。かつては迷信的と思われていたナガの伝統知識が西洋の科学によってその合理性が証明され、それらがナガの人々に自信を持たせるようになった。伝統が否定的な意味合いから肯定的な意味合いへと変化し、伝統がナガ族のアイデンティティへと結びついていく。その流れの先導役を担っているのが都市部で高等教育を受けた若者たちである。

デリーなどの大都市で高等教育を受ける若者は学業に秀でた者が多く、将来のエリート層となる。ナガ族の様々な居住地域から若者が大都市に就学のために集まり、そこでナガ族としてのアイデンティティをさらに深めていく。そのプロセスにおける重要な役割を担っているのは学生組織である。たとえばデリーのような大都市となると、ナガ族を形成する小民族集団ごとの学生組織があり、さらにナガ族全体をカバーするナガ学生連合という組織がある。これらの組織はナガ族としての連帯を強化し、ナガの学生がトラブルに巻き込まれたときに助け、文化、教育の向上などナガの学生のために尽力している。学生組織を通して得られた知識や人脈は学業を終え各地域に戻った後でも継続している。

高等教育を受けるため大都市に移動する若者たちはマイノリティとしての経験をし、ナガアイデンティティを形成していく。さらに西洋由来の知識や科学的知見に触れ、それらをナガアイデンティティに接合し、「インド」と対峙する手段としている。

◉参考文献

小磯学、2015、「インド共和国ナガランド州の観光の現状について―祭りとアイデンティティの考察―」、『神戸山手大学紀要』17、175～190頁。

Raikhan, Home, 2016, *Naga History: Through a Clan and Tribe*, Guwahati: Spectrum Publications.
Smith, Anthony, 1990, "Towards a Global Culture?," in M. Featherstone (ed.), *Global Culture: Nationalism, Globalization and Modernity*, London: Sage, pp. 171-191.
Vashum, R., 2005, *Nagas' Right to Self-Determination* (2nd ed.), New Delhi: Mittal Publications.
von Fürer-Haimendorf, C., 1950, "Youth-Dormitories and Community Houses in India: A Restatement and a Review," in *Anthropos*, 45(1-3), pp. 119–144. http://www.jstor.org/stable/40450833（最終閲覧２０２１年８月13日）

第31章

インドにおけるジェンダー規範と農村の女性の教育

野沢恵美子

２００１年に出会った、インドでも貧しい州のひとつ、ビハール州ガヤー県の農村の少女たち、シーター、ニタ、マヤは当時12～15歳くらい。くらい、というのは、誰も自分の誕生日を知らないからだ。公立学校が足りず、給与遅配のため教員も欠勤し機能不全に陥っていたなか、彼女たちはＮＧＯの無償の学校に通っていた。親に教育経験がないため家庭での学習支援はなく、家庭と学校の文化・価値観の違いにときに翻弄されながらも毎日楽しく学校生活を送っていた。

15歳のシーターは、クラスでトップの成績を修め、将来は経済的に自立した女性になりたいと語っていた。ニタも同じ15歳だが、飛び級をして昨年前期中等教育を修了し、後期中等教育に進学したばかり。しかし地元の小さなカレッジに登録をしたものの授業はほとんど行われず戸惑うばかり。夢は医師になることだが、都会の医科大学を目指す同世代は幼いころから私立学校に通い、塾や家庭教師にもつき、自分とはまるで違う環境にいることをまだ知らない。４年生のマヤは大人しく真面目な12歳。ある日通学路で上級生男子に性的な言葉を浴びせられ、以来学校に来なくなった。心配した教師が家を訪ねると、女子生徒の安全を守れないような学校にはもう通わせない、と父親に追い返された。数週間後に再び訪ねると、マヤは数日前に結婚し、遠くの村に行ってしまった後だった。その後、マヤが学校に戻ってくることはなかった。

1　ジェンダー規範と教育格差

インドでは教育の普及、とくに女子教育の普及は長年の課題である。女子の就学率は男子よりも低く、結果として男女の成人識字率にも差がある。ジェンダーによる就学格差の背景には、女性隔離の規範、家事労働の負担、児童婚、ダウリー（持参金）があると指摘される。女性を守るためという理由で隔離する文化規範のもとでは、女性の外出や男性との同席が制限されてきた。といっても男女とも同じように働かなければ生活できない階層では女性も肉体労働に従事するし、また現代では夫が都市に出稼ぎに行き、日々のやり繰りは妻が行う家庭も多く、どの程度実態を伴うか疑問はある。しかし少なくとも建前上は、妻や娘は家長の許可を得ずに外出すべきではない、という考えが農村では根強い。また水汲み、調理、洗濯および農作業のほぼすべてが手作業で、家長夫妻、数人の息子夫婦とその子どもが同居する拡大家族では女たちが家事を分担している。女児も家事労働を担い、弟、妹の世話をし、家畜の放牧をするため、親族の用事などで両親が留守にすると、その間学校に来なくなる生徒もいる。

近代化以前、児童婚は女性の純潔を重んじる高位カーストの間で行われ、10歳にも満たない少女が20も歳の離れた夫のもとに嫁いだという記録もある。しかし現代の農村では、基本的には親が決めた同じカースト出身の同年代の相手と結婚する。法的には18歳になるまで結婚できないが、18歳未満で結婚する女子は少なくなく、30代の女性では12〜17歳くらいで結婚したと話す人が多い。ただし児童婚は肉体的・精神的な負担が大きいため、結婚儀礼と夫方への移住の間に数年あけることも多い。結婚儀礼後も実家に留まり、祭りなど行事のときに数週間夫方に滞在する生活を数年送り、やがて学校の修了や第一子の出産を機に夫方に移るのである。だが冒頭のマヤのように、10代前半で夫方に移り初等教育が中断してしまうこともある。児童婚がなくならない理由として、村の人たちは女性の上方婚と花嫁側から花婿側に持参するダウリー慣習を挙げる。インドでは同じカースト内でも女性よりも男性の社会的階層や地位が高い結婚（上方婚）が好まれるが、高学歴の娘に見合った相手は限られ、また男性の学歴や社会的地位とともにダウリーも高くなる傾向がある。支払えるダウリーの範囲内で結婚相手を探すためには、娘にあまり学歴をつけるわけにはいかないのだ。さらに花嫁側からのダウリーを花婿の学費に充てることもあり、その場合には両者ともに思春期のうちに急いで結婚を決めることになる。結婚は人生の大きな岐路であるのはもちろん、世代を再生産させる文化的な制度であり、さらに家族にとって重要な経済活動でもある。花嫁が持参するダウリーによって進路が開けることもある花婿に対し、花嫁は結婚により教育機会を奪われかねず、ジェンダーを軸に結婚と教育は異なった様相を呈する。結婚相手や時期について決定権を持たない10代の娘たちは、「とにかく学校に通い続けたい」と口にする。もちろん知識を身に付け、将来のために修了資格が欲しいという願望があるし、親から独立した、同世代の友人たちとの時間・空間を持つこともできる。さらに、学校に通いたいと訴えることが、自分の人生決定に影響を及ぼす重要な手段ともなり得る。学校に通っている間は結婚を遅らせたり、結婚儀礼後も実家に留まったりすることが容認されやすく、未来が決定づけられるまでの時間的猶予を得られるからだ。

写真１　公立学校から帰って、制服のまま母親と牛糞燃料を作るビハール州農村の少女（2010 年筆者撮影）

１９４７年のインド独立後しばらくは、政府も教育制度の構築と学校建設に追われてジェンダー格差に注意を向ける余裕がなかった。しかし急激な人口増が問題視された１９７０年代ごろから、女子教育が人口抑制に効果的との論調が高まった。教育を受けた女性の結婚が遅く、産児数が少ない傾向にあるためだ。生殖管理の手段として教育を捉えるこの言説を批判し、女性活動家らは、教育は人格形成や未来の選択肢の拡大につながるとの立場から、各地で女子教育推進活動を行った。さらに中央政府は2000年ごろから、女子就学率向上のための政策を集中的に施行した。ビハール州でも現職の州首相が就任した2005年以降開発路線の政策をとり、子どもたちが徒歩で安全に通学できるよう学校建設、教員の雇用が進んだ。こういった政策の効果もあり、女性教員が増加し、全体の就学率が伸び、ジェンダー格差も縮まってきた。農村でも10～20代の若い女性の多くは、少なくとも数年は学校に在籍し、簡単な読み書きができるようになってきている。とはいえ経済階層やカーストによっても濃淡はあり、被差別カースト、少数民族コミュニティでの就学率、識字率は平均よりも低いままである。

女子教育に対する村の人々の態度も近年変化をみせ、娘にも、息子のお嫁さんにもある程度の学歴を求めるようになっている。経済状況やカーストによる違いもあるが、理想としては後期中等教育（12年生）修了、現実的には前期中等教育修了（10年生）くらいの学歴を息子の結婚相手に望む親が多いようだ。生まれてくる子どもの最初の教育者である母親には、相応の知識が求められるからだ。子どもの教育における母親への期待は普遍的にみえて、実は近代になって形成されたものである。近代以前は、高位カーストでも娘には読み書きなどの教育はせず、子どもの教育のような重要なことは「女に任せるわけにはいかない」と考えられていた。だが18～19世紀の英国統治下、イギリス人たちから、教育からの締め出しは、サティー（寡婦の夫への殉死）とダウリーと並ぶ女性への抑圧で、「インド文明の遅れ」の象徴と批判された。これにインドの社会改革主義者や近代化を目指す一部のヒンドゥー・ナショナリストたちは敏感に反応し、ヒンドゥー女性の「解放」を唱え、近代的な女性にも教育は欠かせないと主張するようになった。チャタジー（1993）は、近代的な国家建設という「外」を男性が司る一方で、「内」なる家庭を担う女性には、次世代の育成が期待されるようになったと論ずる。そこで求められる知識はジェンダーで異なり、男子は近代国家建設に役立つ科学や経済、法律など、一方女子教育で強調されるのは、妻・母として家庭を守るのに必要な保健衛生と、将来世代に伝えるインド文化の知識やそれを守る態度だった。

現代では植民地時代とは異なり、公立、私立ともに大半の学校が共学で、男女ともほぼ同じカリキュラムで学んでいる。またここにきて、女子の就学率が男子よりも高いという、以前とは異なる傾向がビハール州など各地でみられるようになっている。ビハール州の農村の青少年のなかにも、初等、中等教育の途中で学校を離れる者がちらほら見受けられる。家計のために働かざるを得ない者がいる一方で、親戚や知人に誘われ、親の反対を押し切って村を出て、都会で低賃金の仕事に就いたり、季節労働のように村と都市とを行ったり来たりする者もいる。背景には、学校を修了しても社会的資本であるネットワークのない農村の青年には定職に就く機会がなく、少額でも手っ取り早く現金収入が得られる手近な仕事が魅力的にみえる構造がある。息子たちが家を離れ移動できる一方で、行動制限の規範の強い農村の娘たちには家を離れる自由はほぼない。就学率の男女の逆転は、娘が規範や家事労働によって家に縛られ、その結果学校を離れることも少ないことを反映しているかもしれない。とはいえ、上述のマクロデータには表れない、たとえば進学に有利な私立校や、高収入が見込まれる専攻分野には男子学生が集中するといった格差は依然あり、就学率だけで教育の男女格差が解消していると結論づけるべきではない。

2　女性の教育とエンパワーメント

教育へのアクセスでは改善がみられるが、それがそのまま女性のエンパワーメントを意味するとは限らない。ビハール州よりも一足先に女子の就学率が伸びた西ベンガル州村落で研究したダ・コスタ（２００８）は、親は息子よりも娘の方が学校にきちんと通い、家族に尽くし、頼りになると認識しているが、それでもなお息子の教育を優先させていると論ずる。家族を養うのは男性の務めというジェンダー規範と、夫方居住、財産の父系相続が基本の社会では、息子の教育が家や親にとっての将来の安定の礎と信じられているからである。ビハールの村落でも、「貧困」のために進学を諦める10代の少女たちの兄が、都市の高等教育に進学しているケースがみられる。「貧困」が娘の教育においてのみ足枷となっているのである。

写真２　村の自助グループのまとめ役を務めるビハール州農村の女性。携帯電話は必須（2010年筆者撮影）

だが男が一家を支え、女は家庭を守るという強固なジェンダー規範も、揺らぎをみせている。教育を受けた若い男性の多くは農業労働を拒み、ホワイトカラーの職業を希望するが、機会に恵まれず、結局は不安定な仕事を転々としている。その一方で、農村の女性にはホワイトカラー的な雇用がわずかずつながら拡大している。政府やＮＧＯが、教育を受けた女性を、教員、自助グループのまとめ役やアシャと呼ばれるヘルスワーカーとして、パートタイムで雇用しているのだ。村々では、小学校の非正規教員、アーンガンワーディー・センター（母子保健センター）の助手、アシャ、自助グループのまとめ役として学校で身に付けた知識を活用する女性たちの姿がある。そしてそういった女性たちの夫の少なくない数が不安定な仕事に就き、なかには完全に妻の収入に頼っている場合もある。だが彼女たちの雇用は多くが不安定で、一家を支えられるほどの収入はない。拡大家族のなかでなんとかやり繰りしているが、子どもの就学など出費がかさむ際には妻の実家に金銭援助を頼むこともある。また女性が主な稼ぎ手の家庭でも、家事労働、子育ては妻が担い、揺らいだジェンダー規範は単に女性の負担を増やしているのではないかと思われるケースもある。

少ない収入で家計をやり繰りし、なんとか子どもの教育費を捻出しようと日々もがいている。冒頭で紹介した、20年前に目を輝かせて「経済的に自立したい」と語ったシーターもそうした女性の一人である。30代となり、３人の子どもを育てながらアシャと自助グループでの仕事を掛け持ちするが、経済的にぎりぎりで、ときに精神的に追い詰められることもある。医師を志していたニタは、小学校の非正規教師になったが、赴任先の学校は遠く、姉の嫁ぎ先に身を寄せたり、学校近くに部屋を借りたりと住居が定まらず、いつもどこかしら体の不調を抱えている。４年生で嫁ぎ学校を辞めたマヤには、その後一度も会えていない。

インドでは近年、女子教育において少なくとも数字上は改善がみられ、国際社会でのジェンダー平等への関心の高まりを反映するように、州やＮＧＯのプログラムを通じて、農村の女性にも非正規ながら雇用の機会が増えている。だがセン＆ドレーズ（２０１５）の期待するように、教育が女性の自律的な自己決定を可能にしているかというと、もう少し様子をみる必要があるだろう。家事、子育て、生計と重い責任に疲弊しながらも、若い女性たちは携帯電話片手に学校時代やＮＧＯで築いたネットワークを通じて、少しでも条件の良い仕事を探し、新しい機会に挑戦しようとしている。部分的な自己決定と新たな負担を担う彼女たちは、まだらに変容するジェンダー規範の産物であり、自ら規範を変容させるエージェンシー（行為者）でもある。少子化の進む農村でも教育熱が高まり、シーターやニタの一番の願いも、子どもたちの健全な成長と将来の安定だ。10代の希望に満ちた学校生活と苦い現実を経験した今も、彼女たちは、自分の受けてきた教育の価値については全く疑念を抱かず息子も娘も十分な教育を受け、自立した人間になってほしいと話す。ままならない現実のなかでもがきながらも、教育に光を見出そうとする姿がそこにはある。

◉参考文献

アマルティア・セン、ジャン・ドレーズ、２０１５、『開発なき成長の限界―現代インドの貧困・格差・社会的分断―』、湊一樹訳、明石書店。

Chatterjee, P., 1993, *The Nation and Its Fragments: Colonial and Postcolonial Histories*, Princeton: Princeton University Press.

Da Costa, D., 2008, "'Spoiled Sons' and 'Sincere Daughters': Schooling, Security, and Empowerment in Rural West Bengal, India," *Signs: Journal of Women in Culture and Society*, 33-2, pp. 283-308.

おわりに

本書の構想が始まった２０２０年夏。世界中の人々が未知の感染症に怯え、翻弄される日々を送っていた。南アジアでも新型コロナウイルス感染症が拡大し、各国で様々な対策がとられた。インドやネパールでは２０２０年3月以降に数か月におよぶロックダウンが行われたものの、新規感染者数が増加し続け、２０２１年4月ごろにはデルタ株の感染拡大によって多くの死者が出た。一方、スリランカでは、２０２１年に入るまで急激な増加はみられなかったが、同じくデルタ株の流行によって２０２１年8月にはロックダウンに追い込まれた。

こうした新型コロナウイルス感染症の拡大とその対策は、南アジアの子どもや若者の教育環境、そして生活全般を大きく変化させることとなった。しかし、ここで注目してほしいのは、その変化がこれまでの南アジアの子どもや教育が置かれた状況の延長線上にあると考えられる点である。

たとえばインドの場合、２０２０年3月にすべての教育機関の閉鎖が宣言され、長期間の休校措置がとられた。学校はZoomやSkype、ＳＮＳなどを使ったオンライン教育の環境を整えようとした。オンライン教育によって新たな学びの機会が生まれたのも確かである。しかし、その恩恵を享受できたのは、資金力のある私立学校に通う上位階層の子どもに限られる傾向にあった。都市貧困地域や農村部に暮らし公立学校に通う子どもの多くは、パソコンやスマートフォン、安定的なインターネット接続環境がなく、教育が受けられない状態となった。また休校によって給食が提供されなくなった学校もあり、それはとくに経済的弱者層の子どもの栄養状態に直結する問題となった。学校に通えなくなった農村部の少女のなかには、教育よりも早期に結婚することを親に求められるようになった子もいる。一家の稼ぎ手が亡くなり収入源を失った家庭では、家計維持のために子どもが労働に従事し、学校が再開されてもそのまま中途退学するケースが増えた。さらには医療崩壊が起き多数の死者が出た都市では、身近な空き地が火葬場となり、貧困層の子どもがお金に誘惑され、火葬場の作業員として遺体運搬を行っているといった報告もある。

このような状況は、未知の感染症によってもたらされた全く新しい変化にもみえるが、これまでの南アジアが抱えてきた教育環境の学校間格差や家庭の経済格差、子どもの栄養失調、少女の早婚、中途退学や児童労働といった事象が、異なる形で顕在化したともいえるだろう。とはいえ、南アジアに暮らす子どもは新たな感染症に翻弄され、なす術もなくより過酷な状況に追い込まれるかといえば、必ずしもそうならないのではないかと思う。

それは新型コロナウイルス感染症がもたらした変化の直前までの様相を描いた本書が示してきたように、これまで南アジアは子どもや学校、教育が抱える問題に対し、漸進的ではあっても、グローカルに広がる様々な思想や価値、制度や実践を組み合わせながら粘り強く取り組んできたからだ。人々は教育にかかわる制度や法、社会状況が目まぐるしく変化するなかで、必ずしもうまくいくわけではないことも含めて、戦略的に教育を利用して人生を切り拓こうとするたくましさをみせている。本書は、そうした教育という切り口からみえる南アジア社会の潜在力の一端を示すものであり、それが読者の方々にとって、ポストコロナ時代の教育や社会のあり方を模索する手がかりになることを期待している。そしてそこにこそ、本書にかかわる多くの執筆者たちが興味を惹かれ、研究を続けている南アジアの魅力、すなわち、不確定さや不安定さに翻弄されながらも、打開策を模索する南アジアのエネルギーを感じることができるのではないだろうか。

本書は、人間文化研究機構南アジア地域研究推進事業東京大学拠点（ＴＩＮＤＡＳ代表：田辺明生先生）の研究班の一つである教育と社会班の成果の一部をまとめたものである。ＴＩＮＤＡＳ教育と社会班では、編者代表である小原優貴をはじめ、野沢恵美子、安念真衣子、茶谷智之の４名の編者と監修者である押川文子先生を中心に、多種多様なテーマや調査フィールドを持つ研究者が集まって、南アジア社会と教育のつながりを制度と人々の実践、その背景にある思想や価値に着目しながらとらえてきた。そこでの議論があったからこそ、本書において、南アジアの教育や学校における個別具体的な出来事が、広く社会、経済、政治、文化そしてグローバルな動きとつながりながら変化するダイナミックな様相を示すことができたのではないかと思う。本書が研究者のみならず、学生や一般読者の方々にとって、南アジアの教育や社会への関心が高まる契機となったのであれば幸いである。

本書の編集を担当してくださった玉川大学出版部の兼子千亜紀さんには、研究成果を読者にわかりやすく伝えるため、幾度となく的確な助言をいただいた。また南アジア地域研究推進事業に関わる先生方、ＴＩＮＤＡＳ拠点研究員の関戸一平さんをはじめ、これまでＴＩＮＤＡＳ教育と社会班の研究にご協力くださったすべての方々にも深く感謝申し上げたい。

２０２２年２月

編者を代表して　茶谷智之

■より深く学びたい人のための参考文献・資料

【南アジア社会一般】
『ようこそ南アジア世界へ』
石坂晋哉・宇根義己・舟橋健太（編）、昭和堂、2020年
大きく変化を遂げる南アジア地域を総合的に理解するためには最適な一冊。歴史、宗教、政治、経済、教育、ジェンダー、文化、哲学・思想など興味のあるテーマから読み始めると、南アジアの魅力に引き込まれるはず。

『カーストから現代インドを知るための30章』
金基淑（編著）、明石書店、2012年
文化人類学者が現地で記録したカーストと現代インド社会とのつながり。そこに描かれたカーストの多様な実態は、差別を内包する前近代的な身分制度というカーストの一面的な理解の刷新を促してくれる。

「バジュランギおじさんと、小さな迷子」（映画）
Bajrangi Bhaijaan, カビール・カーン監督、2015年
幼いころから声の出せない障がいを持つパキスタンの少女。インドで迷子になったそのムスリムの少女と彼女を助けようとするヒンドゥー教徒のインド人青年。そんな2人が国の対立や宗教の違いを乗り越えて困難に立ち向かう。

【教育制度と学校】
『「学校化」に向かう南アジア―教育と社会変容―』
押川文子・南出和余（編著）、昭和堂、2016年
南アジアでは、教育を通じた地位達成への期待を受けて、教育の多様化が急速に進んでいる。南アジアの教育発展とその背景にある人々の教育への期待を「学校化」という切り口で、制度と社会の両面から総合的に捉える。

『バングラデシュの就学前教育―無償制度化の構造的特徴と人びとの教育選択―』
門松愛、明石書店、2021年
バングラデシュで無償の就学前教育が2010年に制度化された。財源が限られるなかでの政策展開、有償の就学前教育との内実の相違、人々の教育選択を分析し、無償の就学前教育があることの意義と限界を検討した。

『アジア教育情報シリーズ　3巻　南・中央・西アジア編』
大塚豊（監修）、小原優貴（編著）、一藝社、2021年
インド・ネパール・バングラデシュ・トルコ・アラブ首長国連邦・キルギス・イスラエルの7か国の教育情報を、外国語（英語）教育、道徳教育、大学進学、日本語教育の観点から、フィールド調査での知見を交えて考察する。

『インドの無認可学校研究—公教育を支える「影の制度」—』
小原優貴、東信堂、2014年
インドでは公立学校の機能不全を背景に、貧困層の間で低額私立学校（無認可学校）が拡大している。無認可学校の存続にかかわる営為の総体を、公教育制度の矛盾・欠陥を反映する「影の制度」と捉え、その意義と役割を解明する。

【農村社会と教育】

『バングラデシュ農村の初等教育制度受容』
日下部達哉、東信堂、2007年
世界各地の開発途上国で進められてきた初等教育の普及。バングラデシュの農村社会にも浸透する初等教育に農村住民はどのような意味を見出しているのか。開発途上国における教育の意味を改めて考えさせられる。

『「子ども域」の人類学—バングラデシュ農村社会の子どもたち—』
南出和余、昭和堂、2014年
バングラデシュ農村の子どもたちの生活世界と社会化に関するフィールドワークに基づき、子どもとおとなの接点領域を「子ども域」と定義し、学校教育普及期の「子ども域」の役割を議論する。著者制作映画DVD付録。

【教育と若者】

『インド地方都市における教育と階級の再生産—高学歴失業青年のエスノグラフィー—』
クレイグ・ジェフリー、佐々木宏・押川文子・南出和余・小原優貴・針塚瑞樹（訳）、明石書店、2014年
インドでは高い学歴を得たものの、安定した職に就くために必要な経済力、文化資本、ネットワークを持たず、経済発展の恩恵に浴することのできない若者が多く存在する。インド地方都市の下層ミドルクラスの青年たちをめぐる教育と階級の再生産の実態に迫る。

『ブータン王国の教育変容—近代化と「幸福」のゆくえ—』
杉本均（編）、岩波書店、2016年
「幸福の国」を演出し、牧歌的で反近代的な側面が語られがちなブータン。一方で、1970代以降の急速な近代化の過程は、異なる様相も呈してきた。ブータン社会の伝統と新しい価値観の相克、教育をめぐる諸問題と若者たちの意識の変化に迫る。

「きっと、うまくいく」（映画）
3 Idiots, ラージクマール・ヒラーニー監督、2009年
インドのエリート工科大学で出会った男子3人。勉強や就職活動

がうまくいかない。それでもきっとうまくいく。そう思いながら今を生きる3人組が繰り広げる騒動は面白おかしくもあり、学歴競争が過熱するインドの教育が抱える問題を鋭く描き出している。

【ジェンダーと教育】

『インド　ジェンダー研究ハンドブック』
粟屋利江・井上貴子（編）、東京外国語大学出版会、2018年
インドのジェンダー問題について理解を深めたい方にお勧めしたいハンドブックである。政治、経済、歴史、文化など多様な領域とジェンダーとのつながりがみえてくるインド社会の奥深さを実感できることだろう。

『マララ―教育のために立ち上がり、世界を変えた少女―』
マララ・ユスフザイ、パトリシア・マコーミック、道傳愛子（訳）、岩崎書店、2014年
武装勢力ターリバーンの銃撃を受けて重傷を負いながらも、少女の教育を受ける権利を訴え続けたマララ・ユスフザイの手記。パキスタンの状況を知る彼女の言葉から、教育機会についていま一度考え直してみるとよい。

『選択する力―バングラデシュ人女性によるロンドンとダッカの労働市場における意思決定―』
ナイラ・カビール、遠藤環・青山和佳・韓載香（訳）、ハーベスト社、2016年
バングラデシュ人女性が労働市場に包摂される過程で経験する選択と制約を論じる。女性たちが移住先の英国で自らの伝統的な文化的規範に縛られて家内労働に従事する一方、バングラデシュにおいて縫製工場労働者として自国の社会変化の契機を作り出すという逆説を明らかにする。

『ネパール女性の社会参加と識字教育―生活世界に基づいた学びの実践―』
長岡智寿子、明石書店、2018年
人々の生活のなかで文字の読み書きはどのような意味を持つのか。ネパールにおいて教育開発政策として行われている識字教育事業について、その経緯を整理しつつ、社会参加を促進する学習活動という視点から考察する。

【言語と教育】

『現代パキスタンの形成と変容―イスラーム復興とウルドゥー語文化―』
須永恵美子、ナカニシヤ出版、2014年
ウルドゥー語出版活動の発展とイスラームとの結びつきからパキスタンという国の輪郭を描く。教科書言説の分析から浮き上がるパキスタン政府の歴史認識からは、教育とパキスタン社会のつながりを学べる。

「ヒンディー・ミディアム」（映画）
Hindi Medium, サーケト・チョードリー監督、2017年
英語で授業を行う私立進学校をめざす家族の奔走を描いたコメ

ディー。私立進学校ではなく、ヒンディー語で授業を行うヒンディー・ミディアム学校に通うことが、インド社会でどのような意味を持つのか楽しく学べる。

『「私たちのことば」の行方―インド・ゴア社会における多言語状況の文化人類学―』
松川恭子、風響社、2014年
インド・ゴア社会では、旧宗主国のポルトガル語、話し言葉の主流であり公用語であるコーンカニー語、書き言葉の主流である英語やマラーティー語が並存する。宗教、カースト、経済的地位などで言語選択される多言語状況の実相を描き出すことを通じて、人と社会のあり方を考察する。

『発展途上国の聴覚障害児早期教育への援助に関する研究―わが国のスリ・ランカに対する援助を中心に―』
古田弘子、風間書房、2001年
幼児期からの言語・コミュニケーション支援が求められる聴覚障害児に対する教育分野で、日本政府がスリランカで行った1980年代の聾学校幼稚部、1990年代の聴覚障害プレスクールの開設支援の効果を検証した。

【貧困・格差と教育】

『インドにおける教育の不平等』
佐々木宏、明石書店、2011年
インドの地方都市において教授言語や公立／私立の異なる学校に通う若者たち。本書が導入する若者のライフチャンスという視点から描き出される教育の様々な実態は、インドにおける教育の不平等の理解を促してくれる。

『依存からひろがる人生機会―インド・スラム地域の人間開発と「子育ての民主化」―』
茶谷智之、春風社、2020年
教育や福祉の機会を目の前にしながらも差別や排除を受ける現実。個人ではどうすることもできない困難に、スラムの人々は手当たり次第に他者に頼って立ち向かう。発展を遂げるインドの都市スラムの躍動を描く。

『開発なき成長の限界―現代インドの貧困・格差・社会的分断―』
アマルティア・セン、ジャン・ドレーズ、湊一樹（訳）、明石書店、2015年
保健医療や教育、社会福祉などにおいて不平等が存在するインド。これらの不平等が解消されないような仕組みが生み出される社会の歪み。豊かな層と剥奪に苦しめられている層との社会的分断の実態を鋭く描く。

「The Price of Free」（映画）
デレク・ドニーン監督、2018年
ノーベル平和賞を受賞したカイラーシュ・サティヤールティーが、インドの児童労働撲滅をめざす活動を描いたドキュメンタリー映画。映画を見れば児童労働撲滅に人生を捧げる彼の熱量に圧倒されるこ

とだろう。

『未来を拓く学び「いつでもどこでも誰でも」―パキスタン・ノンフォーマル教育、0からの出発―』
大橋知穂、佐伯印刷、2021年
パキスタンのノンフォーマル教育プロジェクトに12年間携わったＪＩＣＡ専門家が、パキスタンの教育の現状やノンフォーマル教育の特色を整理し、プロジェクトの成果や課題を写真やコラムを交えてわかりやすくまとめている。

【政治と教育】

『古代インドの歴史』
Ｒ・Ｓ・シャルマ、山崎利男・山崎元一（訳）、山川出版社、1985年（初版1977年、第2版1980年）

『中世インドの歴史』
Ｓ・チャンドラ、小名康之・長島弘（訳）、山川出版社、1999年（初版1978年、改訂版1990年）

『近代インドの歴史』
Ｂ・チャンドラ、粟屋利江（訳）、山川出版社、2001年（初版1971年、改訂版1990年）
三書ともＮＣＥＲＴから出版された中等教育用のインド（南アジア）史教科書で、当時のインドを代表する歴史学者が執筆している。学校教科書であるが、その詳細で広範な歴史叙述はインド史の概説書としても今なお有用。

『体制転換期ネパールにおける「包摂」の諸相―言説政治・社会実践・生活世界―』
名和克郎（編）、三元社、2017年
2006年の内戦終結以降、多民族・多言語・多宗教・多文化性を前提とした連邦民主共和制に向けた転換期を迎えたネパール。「包摂」をめぐる現象を民族誌的状況に位置づけつつ、多様な人々の主張と実践が織りなす布置を論じる。

パキスタン	スリランカ	ブータン	モルディブ
2億2,090万人（2020）	2,192万人（2020）	75.4万人（2018）	53.4万人（2019）
2,637億ドル（1,194ドル）（2020）	807億ドル（3,682ドル）（2020）	24.5億ドル（3,243ドル）（2018）	57.6億ドル（2019）/（9,140ドル）（2018）
農業、繊維業	農業（紅茶、ゴム、ココナツ、米作）、繊維業	農業、林業、電力（水力発電）、観光	漁業及び観光
パンジャブ人、シンド人、パシュトゥーン人、バローチ人	シンハラ人、タミル人、スリランカ・ムーア人	チベット系、東ブータン先住民、ネパール系等	モルディブ人
イスラーム（97%、国教）、その他（キリスト教、ヒンドゥー教、シク教、カラーシャ等）（3%）	仏教（70.1%、最重要宗教）、ヒンドゥー教（12.6%）、イスラーム（9.7%）、キリスト教（7.6%）	チベット系仏教（83.1%、国教）、ヒンドゥー教（14.5%）、キリスト教（2.0%）他	イスラーム（国民のほとんどがムスリム、国教）
ウルドゥー語（国語）、英語（公用語）	シンハラ語、タミル語（公用語）、英語（連結語）	ゾンカ語（国語）、英語（第二公用語）	ディベヒ語（公用語）
62.4%（男性：73%、女性：51.5%）（2018-2019年、10歳以上）（PBS 2018-2019）	95.7%（男性：96.9%、女性：94.6%）（2011年、10歳以上）（SCPH 2011）	71.4%（男性：78.1%、女性：63.9%）（2018年、6歳以上）（NSB 2018）	97.7%（男性：97.4%、女性：98.0%）（2014年、10歳以上）（MBS 2014）
連邦教育・職業訓練省	教育省（初等中等教育）、高等教育省（高等教育）	教育省	教育省
初等教育（Primary）5年、前期中等教育（Middle）3年、中期中等教育（Secondary/High school）2年、後期中等教育（Higher secondary/College）2年。無償義務教育10年間	初等教育（Primary）5年、前期中等教育（Junior secondary）4年、後期中等教育（Senior secondary）2年、高等学校（Collegiate）2年、無償義務教育9年間	初等教育（+就学前教育[Pre-Primary (PP) 1年+Primary 6年]）、前期中等教育（Lower secondary）2年、中期中等教育（Middle secondary）2年、後期中等教育（Higher secondary）2年、義務教育制度：なし	初等教育（Primary）7年、前期中等教育（Lower secondary）3年、後期中等教育（Higher secondary/Upper secondary）2年。無償義務教育10年間
1.5%（PFDES 2020-2021）	1.88%（SBE 2019）	6.05%（MoE 2020）	3.4%（MoE 2019）
初等教育（1-5年）：66%（男子：68%、女子：63%）（PSLSM 2020）	初等教育（1-5年）：99.5%（男子：100%、女子：98.9%）（UNESCO 2018）	初等教育（PP-6年）：92.9%（男子：91.6%、女子：94.3%）（MoE 2020）	初等教育（1-7年）：100.2%（男子：100.2%、女子：100.2%）（MoE 2019）
前期中等教育（6-8年）：38%（男子：40%、女子：36%）、中期中等教育（9-10年）：27%（男子：29%、女子：26%）（PSLSM 2020）	前期中等教育（6-9年）：84%（男子：85%、女子：84%）、後期中等教育（10-11年）：70%（男子：67%、女子：72%）（SESA 2017）	中等教育（7-12年）：75.7%（男子：71.2%、女子：80.2%）（MoE 2020）	前期中等教育（8-10年）：100.0%（男子：100.0%、女子：100.0%）、後期中等教育（11-12年）：37.2%（男子：20.8%、女子：56.0%）（MoE 2019）

■各国基礎データ

		インド	ネパール	バングラデシュ
人口		13億8,000万人（2020）	2,970万人（2019）	1億6,468万人（2020）
GDP（　）内は1人当たりのGDP（単位：米ドル）		2兆6,230億ドル（1,901ドル）（2020）	323億ドル（1,126ドル）（2019/2020）	2,149億ドル（1,968ドル）（2020）
主な産業		農業、工業、鉱業、IT産業	農林業、貿易・卸売り業、交通・通信業	衣料品・縫製品産業、農業
民族		インド・アーリヤ系、ドラヴィダ系、モンゴロイド系等	パルバテ・ヒンドゥー、マガル、タルー、タマン、ネワール等	ベンガル人、少数民族等
宗教		ヒンドゥー教（79.8%）、イスラーム（14.2%）、キリスト教（2.3%）、シク教（1.7%）、仏教（0.7%）、ジャイナ教（0.4%）他	ヒンドゥー教（81.3%）、仏教（9.0%）、イスラーム（4.4%）他	イスラーム（90.4%、国教）、その他（ヒンドゥー教、仏教、キリスト教）9.6%
主要言語／公用語／国語		ヒンディー語（連邦公用語）、英語（準公用語）、他に憲法で公認されている主要な言語が21	ネパール語（公用語）	ベンガル語（国語）
識字率（男女別）		73.0%（男性:80.9%、女性:64.6%）（2011年、7歳以上対象）	65.9%（男性:75.1%、女性:57.4%）（2011年、5歳以上）	72.3%（男性:74.3%、女性:70.2%）（2017年、7歳以上）（BBS 2021）
教育所管省		教育省	教育科学技術省	初等大衆教育省（初等教育、識字教育など）、教育省（中等教育以上）
教育制度（教育段階区分・義務無償教育の期間）		前期初等教育（Primary）5年、後期初等教育（Upper-primary）3年、前期中等教育（Secondary）2年、後期中等教育（Senior secondary）2年。無償義務教育は初等教育8年間	基礎教育（Basic）8年（+就学前教育［Pre-Primary］1年）、中等教育（Secondary）4年。無償義務教育は基礎教育8年間	初等教育（Primary）5年、前期中等教育（Junior secondary）3年、中期中等教育（Secondary）2年、後期中等教育（Higher secondary）2年。無償義務教育は初等教育5年間
GDPに占める教育支出の割合		3.1%（GoI MoF, 2019-2020）	5.1%（UNESCO 2018）	3.03%（MOPME 2019）
就学率（純）（男女別）	初等教育	前期初等教育（1-5年）：90.1%（男子:89.7%、女子:90.4%） 後期初等教育（6-8年）：70.5%（男子:69.7%、女子:71.4%）（NIEPA 2020）	基礎教育（1-8年）:92.7%（男子：93.7%、女子：91.6%）（MoEST 2018）	初等教育（1-5年）：97.9%（男子：97.6%、女子：98.2%）（MOPME 2019）
	中等教育	前期中等教育（9-10年）：50.2%（男子:50.2%、女子:50.3%） 後期中等（11-12年）：27.8%（男子:27.5%、女子:28.0%）（NIEPA 2020）	中等教育（9-12年）：46.4%（男子:46.1%、女子:46.6%）（MoEST 2018）	前期・中期中等教育（6-10年）：68.8%（男子：63.6%、女子：74.4%）、後期中等教育（11-12年）：37.2%（男子：38.1%、女子：36.4%）（MoE 2018）

パキスタン	スリランカ	ブータン	モルディブ
初等教育（1-5 年）：6.7%（PSLSM 2020）	初等教育（1-5 年）：1.6%（UNDP 2016）	初等教育（PP-6 年）：1.40%（男子 2.40%、女子 0.30%）（MoE 2020）	初等教育（1-7 年）：6.7%（UNDP 2016）
初等教育（1-5 年）：1:44（UNESCO 2018）	初等教育（1-5 年）：1:14（SESA 2017）	初等教育（PP-6 年）：1:15（MoE 2020）	初等教育：1:10（MoE 2019）
76.9%（男性：89.3%、女性：66.9%）（UNESCO 2019）	83.1%（男性：85.8%、女性：82.7%）（UNESCO 2018）	100%（男性：100%、女性：100%）（UNESCO 2018）	88.8%（男性：92.5%、女性：87.7%）（UNESCO 2019）
・Pakistan Bureau of Statistics (PBS), Labour Force Survey 2018-2019 ・Pakistan Finance Division Economic Survey (PFDES) 2020-2021 ・Pakistan Social & Living Standards Measurement Survey (PSLSM) 2018-19 National / Provincial (Social Report) 2020	・Sri Lanka Census of Population and Housing (SCPH), 2011 ・Statistical Bulliten on Education (SBE), 2019 ・The World Bank, Sri Lanka Education Sector Assessment: Achievements, Challenges, and Policy Options (SESA), 2017	・National Statistics Bureau 2017 (NSB), Population & Housing Census of Bhutan National Report 2018 ・Policy and Planning Division, Ministry of Education (MoE) Annual Education Statistics, 2020	・Maldives Bureau of Statistics (MBS), Statistical Release III: Education 2014 ・Ministry of Education (MoE), School Statistics 2019

		インド	ネパール	バングラデシュ
中途退学率	初等教育	前期初等（1-5 年）：3.5%、後期初等（6-8 年）：5.0%（NIEPA 2020）	基礎教育前期(1-5 年):3.8%（男子：4.0%、女子：3.6%）基礎教育後期(6-8 年):3.9%（男子：4.3%、女子：3.6%）（MoEST 2018）	初等教育（1-5 年）：18.6%（男子：21.4%、女子 15.7%）（MOPME 2019）
教員 1 人に対する生徒の比率	初等教育	前期初等（1-5 年）：1:23、後期初等（6-8 年）：1:17（NUEPA 2016）	基礎教育前期（1-5 年）：1:19、基礎教育後期（6-8 年）：1:34（MoEST 2018）	初等教育（1-5 年）：1:25（MOPME 2019）
最低限の資格を保有する教員の比率（男女別）	初等教育	73.1%（男性:73.7%、女性:72.7%）（UNESCO 2019）	97.3%（男性:98.4%、女性:96.0%）（UNESCO 2019）	50.4%（男性:49.2%、女性:51.2%）（UNESCO 2017）
参考文献		・Government of India (GoI), Ministry of Finace (MoF), Economic Survey 2019-2020 ・National Institute of Educational Planning and Administration (NIEPA), School Education in India, U-DISE Flash Statistics 2017-18, 2020 ・National University of Educational Planning and Administration (NUEPA), School Education in India, U-DISE Flash Statistics 2015-16, 2016	・Ministry of Education, Science and Technology (MoEST), Flash I Report 2075 (2018/19), 2018	・Bangladesh Bureau of Statistics (BBS), Statistical Yearbook Bangladesh 2020, 2021 ・Ministry of Education (MoE), Bangladesh Bureau of Educational Information and Statitics, Pocket Book on Basic Education Statistics 2017, 2018 ・Ministry of Primary and Mass Education (MOPME), Bangladesh Primary Education Annual Sector Performance Report, 2019

※人口、GDP、主な産業、民族、宗教、主要言語／公用語／国語、識字率については、日本外務省 HP 掲載の各国・地域の基礎データを参照（その他の文献を参照した場合には、その旨記載）。教育関連のデータについては、各国政府の報告書および UNESCO Institute for Statistics Database または、UNDP Human Development Report, Database を参照

【わ行】

【な行】

【は行】

【ま行】

【や行】

【ら行】

【た行】

【さ行】

■索　引

針塚瑞樹（はりづか・みずき）［第 16 章］
別府大学文学部 准教授
専門分野：教育人類学

平山雄大（ひらやま・たけひろ）［第 19 章、第 26 章］
お茶の水女子大学グローバル協力センター 講師
専門分野：比較教育学、ブータン地域研究

深町澄子（ふかまち・すみこ）［第 2 章］
お茶の水女子大学大学院人間発達科学研究科 博士後期課程
専門分野：保育・児童学、音楽教育学、特別支援教育

古田弘子（ふるた・ひろこ）［第 7 章、第 21 章］
熊本大学教育学研究科 教授
専門分野：障害者教育

南出和余（みなみで・かずよ）［第 8 章、第 18 章］
神戸女学院大学文学部英文学科 准教授
専門分野：文化人類学、映像人類学、バングラデシュ地域研究

渡辺雅幸（わたなべ・まさゆき）［第 13 章］
びわこ学院大学教育福祉学部子ども学科 講師
専門分野：比較教育学

【執筆者】（五十音順）
牛尾直行（うしお・なおゆき）［第 29 章］
順天堂大学スポーツ健康科学部 准教授
専門分野：教育制度学

太田哲（おおた・さとし）［第 23 章、第 30 章］
多摩大学グローバルスタディーズ学部 教授
専門分野：文化人類学、若者文化、ポピュラーカルチャー、インド北東部

小野道子（おの・みちこ）［第 3 章］
東京大学大学院総合文化研究科 学術研究員
専門分野：子どもの安全保障、地域研究（パキスタン・バングラデシュ）

門松愛（かどまつ・あい）［第 9 章］
名古屋女子大学 講師
専門分野：比較教育学

日下部達哉（くさかべ・たつや）［第 27 章］
広島大学教育開発国際協力研究センター 副センター長・准教授
専門分野：比較教育学、イスラーム地域研究

佐々木宏（ささき・ひろし）［第 12 章］
広島大学大学院人間社会科学研究科 准教授
専門分野：教育社会学

澤田彰宏（さわだ・あきひろ）［第 24 章］
東京大学大学院総合文化研究科グローバル地域研究機構南アジア研究センター 特任研究員
専門分野：南アジア地域研究、北インドの宗教文化

須永恵美子（すなが・えみこ）［第 17 章、第 25 章］
東京大学附属図書館アジア研究図書館上廣倫理財団寄付研究部門 特任研究員
専門分野：パキスタン地域研究

辻田祐子（つじた・ゆうこ）［第 6 章、第 14 章］
日本貿易振興機構アジア経済研究所新領域研究センター ジェンダー・社会開発研究グループ 主任研究員
専門分野：南アジア地域研究

中島悠介（なかじま・ゆうすけ）［第 11 章］
大阪大谷大学教育学部教育学科 准教授
専門分野：比較教育学・高等教育論

【監修者】

押川文子（おしかわ・ふみこ）［監修のことば、第 10 章］
京都大学東南アジア地域研究研究所 名誉教授
専門分野：近現代インド社会研究
主な著作：『「学校化」に向かう南アジア―教育と社会変容―』（編著、昭和堂、2016 年）、『暮らしの変化と社会変動』（編著、日本経済評論社、2015 年）、『南アジアの社会変容と女性』（編著、アジア経済研究所、1997 年）。

【編著者】

小原優貴（おはら・ゆうき）［はじめに、第 5 章、第Ⅳ部序文、第 28 章］
日本学術振興会・お茶の水女子大学 特別研究員（RPD）
専門分野：比較教育学、南アジア地域研究、NGO/NPO 論
主な著作：『インドの無認可学校研究―公教育を支える「影の制度」―』（単著、東信堂、2014 年）、「インドにおける教育のデジタル化とオンライン学習の展開」（『大学出版』129 号、2022 年）、Almeida, S. and Ohara, Y., 2020, “Research in Early Childhood Education for Sustainability: Policies and Perspectives from India,” in S. Elliott et al. (eds.), *Researching Early Childhood Education for Sustainability: Challenging Assumptions and Orthodoxies*, Oxon: Routledge, pp. 82-93.

茶谷智之（ちゃや・ともゆき）［第 4 章、第Ⅱ部序文、第 15 章、おわりに］
兵庫教育大学大学院学校教育研究科 講師
専門分野：文化人類学、南アジア地域研究、子ども家庭福祉論
主な著作：『依存からひろがる人生機会―インド・スラム地域の人間開発と「子育ての民主化」―』（単著、春風社、2020 年）、「教育―高まる教育熱の行方―」（石坂晋哉・宇根義己・舟橋健太編『ようこそ南アジア世界へ』昭和堂、2020 年）。

安念真衣子（あんねん・まいこ）［第Ⅰ部序文、第 1 章、第 22 章］
国際ファッション専門職大学 講師
専門分野：南アジア地域研究、文化人類学
主な著作：「『当たり前』を問い直す―ネパールの農村生活を通じた『読み書き』についての一考―」（桑山敬己編『人類学者は異文化をどう体験したか―16 のフィールドから―』ミネルヴァ出版、2021 年）、「現代ネパールにおけるリテラシー実践―読み書きをめぐるタマンの行為主体性に着目した民族誌的研究―」（博士論文、2017 年）、「ネパールにおける教育熱の高まり―都市近郊農村における女性の日常生活を通して―」（『アジア教育研究報告』14 号、2016 年）。

野沢恵美子（のざわ・えみこ）［第Ⅲ部序文、第 20 章、第 31 章］
中央大学法学部 准教授
専門分野：比較教育学、社会言語学、ジェンダー論
主な著作：『「つながる」ための言語教育―アフターコロナのことばと社会―』（共編著、明石書店、2021 年）、『英語とつきあうための 50 の問い―英語を学ぶ・教える前に知っておきたいこと―』（共編著、明石書店、2020 年）、「文化の持続可能性と部族言語―インド・サンタル語の事例を通して―」（宮崎里司・杉野俊子編著『グローバル化と言語政策―サステイナブルな共生社会・言語教育の構築に向けて―』明石書店、2017 年）。

教育からみる南アジア社会
——交錯する機会と苦悩

2022年3月20日　初版第1刷発行

監修者———押川文子
編著者———小原優貴・茶谷智之・安念真衣子・野沢恵美子
発行者———小原芳明
発行所———玉川大学出版部
〒194-8610 東京都町田市玉川学園6-1-1
TEL 042-739-8935　FAX 042-739-8940
http://www.tamagawa.jp/up/
振替 00180-7-26665

装　丁———松田洋一
印刷・製本—港北出版印刷株式会社

乱丁・落丁本はお取り替えいたします。

ISBN 978-4-472-40622-5　C0037